2016年度教育部高校示范马克思主义学院和优秀教学团队建设项目重点项目“高校思想政治理论课教师社会实践模式研究”（项目编号16JDSZK022）

民营企业思想政治工作研究

——以河北建设集团股份有限公司为例

陈海英／编著

河北大学马克思主义学院与河北建设集团股份有限公司横向研究项目“基于河北建设集团实践的非公企业思想政治工作研究”（项目编号706800016079）

科学出版社
北京

内 容 简 介

本书通过理论分析和典型调查相结合，运用综合论证、案例分析等研究方法，以“理论分析—现状把握—经验借鉴—实践路径”的逻辑思维为主线，系统论述了民营企业思想政治工作的重要性及当前存在的主要问题，结合河北建设集团股份有限公司开展思想政治工作的经验提出当前民营企业加强思想政治工作的现实路径。本书能够为民营企业思想政治工作的开展提供理论依据，更好地发挥民营企业在社会主义市场经济发展中的重要作用。

本书可供民营企业思想政治工作者阅读，也可作为本科生和研究生的参考书。

图书在版编目（CIP）数据

民营企业思想政治工作研究：以河北建设集团股份有限公司为例 / 陈海英编著. —北京：科学出版社，2020.4

ISBN 978-7-03-064790-0

Ⅰ. ①民… Ⅱ. ①陈… Ⅲ. ①民营企业-政治工作-研究-河北 Ⅳ. ①D412.62

中国版本图书馆 CIP 数据核字（2020）第 057803 号

责任编辑：刘英红 / 责任校对：杨 赛
责任印制：张 伟 / 封面设计：黄华斌

科学出版社 出版
北京东黄城根北街 16 号
邮政编码：100717
http://www.sciencep.com

北京虎彩文化传播有限公司 印刷
科学出版社发行 各地新华书店经销

*

2020 年 4 月第 一 版 开本：720×1000 1/16
2020 年11月第二次印刷 印张：10 1/2
字数：202 000

定价：88.00 元

（如有印装质量问题，我社负责调换）

序　一

习近平同志主持召开民营企业座谈会时强调："在全面建成小康社会、进而全面建设社会主义现代化国家的新征程中，我国民营经济只能壮大、不能弱化，不仅不能'离场'，而且要走向更加广阔的舞台。""我国经济发展能够创造中国奇迹，民营经济功不可没。改革开放 40 多年来，民营企业蓬勃发展，民营经济从小到大、从弱到强，在稳定增长、促进创新、增加就业、改善民生等方面发挥了重要作用。"①可见，民营经济是社会主义市场经济发展的重要成果，是推动社会主义市场经济发展的重要力量，是推进供给侧结构性改革、推动高质量发展、建设现代化经济体系的重要主体，也是我们党长期执政、团结带领全国人民实现"两个一百年"奋斗目标和中华民族伟大复兴中国梦的重要力量。但是，近年来一些民营企业在经营发展中面临着市场、融资、转型等方面的困难和问题，民营企业如何保持定力、增强信心、破解发展中的困难，变压力为动力，推动企业发展并走向更加广阔的舞台，强有力的思想政治工作显得尤为重要。

实践证明，思想政治工作在实际工作中发挥着重要的作用，是企业凝聚力和生产力的体现，是企业和谐发展的基础和重要保证。正是基于此，习近平同志在全国国有企业党的建设工作会议上强调："要把思想政治工作作为企业党组织一项经常性、基础性工作来抓，把解决思想问题同解决实际问题结合起来，既讲道理，又办实事，多做得人心、暖人心、稳人心的工作。"②"得人心、暖人心、稳人心"思想的提出既丰富了思想政治工作的内涵，又为新时期思想政治工作的开展指明了方向。民营企业作为社会主义市场经济的组成部分，更需要按照这个要

---

① 佚名：《民营经济只能壮大不能弱化——论学习贯彻习近平总书记民营企业座谈会重要讲话》，《人民日报》2018 年 11 月 3 日。

② 习近平：《习近平谈治国理政》第 2 卷，人民出版社 2017 年版，第 178 页。

求，结合企业自身的发展和广大员工的实际需求，在企业思想政治工作的定位、组织建设、活动内容及方式方法创新等方面，赋予企业思想政治工作以更大的活力，以保证企业长足、健康、顺利的发展。

民营企业要想实现长足的发展，需要从以下几方面努力：第一，应当准确把握思想政治工作的功能定位。企业的思想政治工作不是可有可无的，更不是企业发展的累赘，而是企业快速发展的"助推器"，要把企业的思想政治工作与企业生产经营战略、目标同步，充分发挥思想政治工作的优势，增强企业的凝聚力和向心力，为员工的工作和生活营造良好的氛围，为企业健康发展形成强大的工作合力。第二，创新思想政治工作理念，牢固树立以人为本的工作理念，把企业和员工看成一个不可分割的整体，把企业的利益、企业的发展和员工的利益、员工的发展结合起来，为员工的成长成才提供平台，使企业员工个人的发展与企业的发展实现同步，只要是遵纪守法、勤劳肯干的员工都有实现价值的机会。第三，健全企业党组织，进一步建立健全现代企业管理制度，坚持制度面前一律平等，用规范的制度管理企业。民营企业同样要建立职工代表大会制度，让每位员工平等地行使权利并表达自己的诉求。第四，建立困难员工救助制度，让困难员工受到尊重并感受到组织的温暖。第五，建立员工心理调适机制，让员工的心理压力得以释放并将潜在的危险因素扼杀在萌芽中。通过各种现代企业制度的确立，形成科学的、人性化的企业管理方式。

民营企业要想实现健康的发展，必须抓好思想教育工作。大力开展思想教育工作，提高广大员工的思想道德素质，为企业的发展奠定坚实的思想基础。加强企业党组织建设，发挥党员的模范带头作用。习近平在党的十九大报告中提出："党支部要担负好直接教育党员、管理党员、监督党员和组织群众、宣传群众、凝聚群众、服务群众的职责。"[①]加强党员的宗旨意识教育，增强党员的党性观念和责任意识；加强党员的理论政策教育，提高党员的理论水平和政治素质；加强党员的思想道德教育，增强党员的道德水平和担当意识。用社会主义核心价值观引领广大员工的思想，思想政治工作的重点是围绕如何深入开展员工理想信念教育和传统文化教育，解决员工的信仰危机、理想缺失、情感困惑等问题，可以组建企业党校，组织举办贯彻落实十九大精神、生态文明等主题培训，提高广大员工

① 习近平：《决胜全面建成小康社会 夺取新时代中国特色社会主义伟大胜利——在中国共产党第十九次全国代表大会上的报告》，《人民日报》 2017年10月27日。

的思想素质和理论水平。可以举办企业思想道德教育大讲堂，邀请专家学者为广大员工定期讲课，提高企业员工的综合素质。可以设立心理咨询室，邀请专家与员工面对面进行交流，做好疏导工作，解决现实问题，提高企业员工的抗挫能力。

民营企业要想实现顺利的发展，必须抓好思想教育工作的创新。开创民营企业思想政治工作新局面的基础是工作方式方法创新，创新工作方式方法是改进民营企业思想政治工作的必经之路。坚持以文化育人，发挥文化渗透的力量和潜移默化的作用；围绕“文化建设工程”，打造企业文化名片，文化建设工程可以是创作一首企业之歌、出版一份企业报刊、创建一个职工书屋，也可以是建设一个职工俱乐部、培育一支文艺团队、打造一项特色文化。文化工程建设活动可以使企业的文化得以沉淀、凝练和升华，可以使广大员工接受企业的精神和企业的共同价值观，激发员工的工作热情和革命斗志，为企业的发展增添动力。增强企业思想政治工作的针对性，围绕塑造企业形象和生产经营目标，把思想政治工作与打造企业团队精神融合起来，把企业文化建设与增强企业凝聚力融合起来，通过职工代表大会、厂长接待日、企业政工网站、专用电子邮箱、QQ 群等多种形式和渠道，广泛听取员工对企业发展的意见，实现企业决策的民主化、大众化、科学化，真正使思想政治工作成为企业的生命线。充分发挥企业党支部、工会、共青团、妇联等党群组织密切联系员工的优势和作用，以党群组织为依托，以帮助员工解决实际困难为工作切入点，适时开展民主生活会、座谈会、谈心会等活动，提供企业管理者与员工之间、员工与员工之间沟通交流的平台和机会，敞开心扉，消除隔阂，以达到共建和谐企业的目的。

中共中央统战部副部长冉万祥在十九大新闻中心举办的记者招待会上讲道：“现在我国的民营企业近 2500 万户，它的作用和贡献可以用五个数字来概括，就是‘56789’，‘5’就是民营企业对国家的税收贡献超过 50%；‘6’就是国内民营企业的国内生产总值、固定资产投资以及对外直接投资均超过 60%；‘7’就是高新技术企业占比超过了 70%；‘8’就是城镇就业超过 80%；‘9’就是民营企业对新增就业贡献率达到了 90%。”①民营企业的作用越大，其健康发展就越重要，促进民营企业健康发展，一是要促进企业家的健康发展，二是要促进广大员工的健康发展，二者都离不开思想政治工作的“生命线”作用。广大企业家要深

① 冉万祥：《民营企业的作用和贡献可以用“56789”来概括》，2017 年 10 月 21 日，http://www.xinhuanet.com/politics/19cpcnc/2017-10/21/c_129724207.htm。

刻领会准确把握党的十九大精神特别是对加快民营经济发展的要求，顺应新时代民营经济发展新趋势，努力成为爱国守法、诚信创新、回报社会的表率和践行新型政商关系的典范；广大员工成为有理想、有技能、守纪律、勇创新的时代新人，做优秀的中国特色社会主义事业建设者。新时代新使命呼唤思想政治工作者的责任担当和工作能力的提升，创新民营企业思想政治工作是时代的期许。

河北建设集团股份有限公司的思想政治工作实践成为民营企业思想政治工作的成功范例，其“五位一体”的思想政治工作模式、浓郁人文情怀的“家·人”文化为民营企业的思想政治工作提供了可资借鉴的经验。河北大学马克思主义学院思想政治理论课教师以“三走进”（走进社会、走进实践、走进生活）为契机，以一种高度的社会责任感，基于河北建设集团股份有限公司思想政治工作的成功实践，立足新时代，发挥理论优势，对民营企业思想政治工作进行创新性研究，本书即将付梓，衷心希望河北大学思想政治理论课教师的探索之作为新时代民营企业思想政治工作的有效开展燃亮星星之火。

王洪瑞

2019 年 12 月

序　二

在党的十九大报告中，习近平同志站在时代的高度，鲜明提出新时代中国特色社会主义思想，深刻回答了新时代坚持和发展中国特色社会主义的一系列重大理论与实践问题。报告中就坚持“两个毫不动摇”、鼓励支持民营经济发展等作出许多新的重大论述，为我国民营经济持续健康发展指明了方向，标志着我国民营经济将迎来新的历史机遇和进入新的发展阶段。胡锦涛同志在党的十七大报告中强调：“加快建设国家创新体系，支持基础研究、前沿技术研究、社会公益性技术研究。加快建立以企业为主体、市场为导向、产学研相结合的技术创新体系。”[①]随着经济的不断发展，校企合作是国家创新体系的重要组成部分，也是高等教育发展的总趋势。校企合作建立在“双赢”和“互动”的基础上，是资源共享、优势互补、互利共赢的有效机制，已成为现代社会经济发展的重要推动力量。

河北建设集团股份有限公司是全国500强企业和全国建筑商80强企业，是香港上市公司（股票代码为01727HK），也是河北省建筑行业的龙头企业。公司高度重视党的建设和思想政治工作，根据建筑类企业人员流动性大、工作环境艰苦、员工文化层次差别较大等特点，开展了一系列思想政治工作，形成了具有企业特色的“家・人”文化，成为凝聚员工力量促进企业发展的重要动力。高度重视并深入开展思想政治工作，是公司前行的动力，也是公司不断发展壮大的法宝，同时校企合作为企业发展又开辟了新的路径，注入了新的生机。

河北大学马克思主义学院是大学生思想政治教育的主阵地，有一支专业的马克思主义理论研究队伍，以“和谐、责任、规范、发展”为理念，以“互动多赢”为宗旨，自2009年起启动了思想政治理论课教师“三走进”（走进社会——从校

①《胡锦涛文选》第2卷，人民出版社2016年版，第629页。

园走向社会，走进生活——将情感融入生活；走进实践——使理论结合实践）工程，努力将思想政治理论课教师锻造成一支理论水平高、思想境界高、意志品质高的高素质教师队伍，实现“在深入实践中丰富理论，在思想提升中搞好教学，在理论指导下服务社会”的终极目的，2011年1月开始，河北大学马克思主义学院在河北建设集团股份有限公司建立了实践基地，开始了实质上的校企合作。几年来，马克思主义学院教师为公司员工进行理论宣讲十余次，受众达千余人次，发表关于校企合作、企业文化类论文6篇，立项厅级研究课题2项，2016年双方建立了关于民营企业思想政治工作研究的横向课题研究项目，校企合作取得了良好成效。河北大学马克思主义学院发挥理论优势，为企业思想政治工作的开展进行了新的探索，同时在研究中宣传了企业；“三走进”工程也丰富了思想政治理论课教师的社会阅历，使教师更加深刻地了解企业、了解社会，进一步丰富教学内容，拓展科研领域，真正实现了优势互补、互利共赢。

在全面贯彻党的十九大精神、践行新发展理念的新时代，在大众创业、万众创新的新时期，民营企业面临着前所未有的机遇，但也面临着国内外竞争的严峻挑战，各方面工作都要不断开拓新思路。创新是永恒的主题，思想政治工作的创新自然也是题中应有之义。衷心希望河北建设集团股份有限公司与河北大学马克思主义学院的合作越来越深入，前景越来越广阔。

李宝元

2019年12月

目　录

第一章
民营企业思想政治工作概述

中华人民共和国成立以后，毛泽东深刻指出："政治工作是一切经济工作的生命线。在社会经济制度发生根本变革的时期，尤其是这样。"[①]他把"生命线"的提法运用到经济建设方面，指出："思想工作和政治工作，是完成经济工作和技术工作的保证，它们是为经济基础服务的。思想和政治又是统帅，是灵魂。只要我们的思想工作和政治工作稍为一放松，经济工作和技术工作就一定会走到邪路上去。"[②]无论是在革命时期、建设时期还是在改革发展时期，思想政治工作都发挥着举足轻重的作用，在改革不断深入的新时代，思想政治工作的作用更加凸显。

第一节　思想政治工作的概念及其演进

思想政治工作由来已久，是马克思主义的重要内容之一，也是马克思主义中国化进程中的重要法宝。随着时代的变迁，思想政治工作的概念、内容、方法都在发生着与时俱进的变化。

一、思想政治工作的概念

"思想政治工作"的前身是"宣传工作"，在共产主义早期著作中，采用的多为"宣传工作"一词。《共产党宣言》不仅是工人阶级的政治宣言，而且是马克思、恩格斯在欧洲工人运动中长期从事宣传教育工作的总结。其中，虽然没有直接使用"思想政治工作"一词，但是通过阐述资产者、无产者及共产党人之间的

---

①《毛泽东文集》第6卷，人民出版社1999年版，第449页。

②《毛泽东文集》第7卷，人民出版社1999年版，第351页。

关系，初步构建了党的思想政治工作的理论体系。马克思、恩格斯在实践中特别注重理论宣传的作用，“共产党一分钟也不忽略教育工人”[①]，这里的“教育”实质上就是宣传共产主义及其革命思想，通过推动工人运动来推翻资本主义在欧洲的统治。

列宁在研究俄国工人运动时，在总结前人理论的基础上提出著名的灌输理论，这也是思想政治工作的重要理论依据。在《俄国社会民主党人的任务》一文中，列宁要求社会民主党人广泛进行对工人的“鼓动”[②]，在《怎么办？》一书中，他认为：“工人本来也不可能有社会民主主义的意识，这种意识只能从外面灌输进去。”[③]同时，列宁对灌输的方式和手段也进行了阐述，明确反对教条主义，主张将理论运用于实践。

“鼓动”“宣传”“宣传工作”等词语在马克思主义经典著作中出现较多，后来又演进成“思想工作”“政治思想工作”直至“思想政治工作”。实际上，无论是“宣传工作”或“思想工作”还是“思想政治工作”，都是同一概念在不同时期的称谓，都是一个政党或者阶级为了自身的政治利益而对社会成员进行的宣传、发动、教育、动员等活动的总和，体现着阶级的利益。在我国，思想政治工作则特指中国共产党对党员、干部、群众等社会成员进行的政治理论、思想文化、道德法律、科学知识等方面的教育及相关实践活动的总和。思想政治工作通过对社会成员进行灌输和指导，帮助人们树立正确的政治立场和培养高尚的人格，目的是顺利贯彻党的路线、方针、政策。

虽然“思想政治工作”成为一门科学的时间还不长，但相关实践贯穿于中国共产党党史的全过程，也是中国特色哲学与社会科学的组成部分。可以说，整个中国共产党党史，也是一部思想政治工作的发展史。

关于“思想政治工作”和“思想政治教育”，两者含义虽不尽相同，但有千丝万缕的联系，离开任何一方都无法谈另一方。“思想政治工作”侧重“工作”，是指与开展思想政治教育有关的一切实践活动的总称，偏重于“实践”；但是，思想政治工作毕竟是教育性质的行业，如果离开了“思想灌输”即“教育”这一前提，那么开展“政治工作”也就无从谈起。而“思想政治教育”从字面上看偏向于狭义的“教育”和“灌输”，即单纯地将思想理论传播给他人。然而，离开了思想政治工作的实践环节，思想政治教育也就无法真正发挥作用。综上所述，思想政治工作是一门理论与实践意义兼具的社会科学，有其完整的理论体系，又和社会实践紧密相连，其相关理论在实践中不断发展并进一步指导实践。

---

①《马克思恩格斯选集》第1卷，人民出版社2012年版，第434页。

②《列宁选集》第1卷，人民出版社2012年版，第141页。

③《列宁选集》第1卷，人民出版社2012年版，第317页。

二、中国共产党思想政治工作的产生和发展

思想政治工作是毛泽东思想的重要内容之一，也是改革开放得以顺利进行的重要武器。在中国革命和建设中，思想政治工作理论和实践都不断得以丰富和发展。

（一）思想政治工作理论的孕育

俄国十月革命的成功，建立了世界第一个社会主义国家，人类历史进入了新纪元，也给中国送来了马克思列宁主义。当时中国的一些先进知识分子如李大钊、陈独秀等从中看到了中华民族复兴的希望，认为“俄国人的道路”才能使中国走向独立解放，并以实际行动积极推动马克思主义在中国的早期传播。

1919 年的五四运动，彻底地反对帝国主义与封建主义，客观上为马克思主义的传播和中国共产党的成立创造了条件；五四运动的另一个贡献就是使中国工人阶级登上了历史舞台，为中国共产党的成立奠定了阶级基础及群众基础。

在共产国际的帮助下，自 1920 年开始，上海、长沙、武汉、北京等大城市先后成立了共产主义小组，这为中国共产党的建立做好了思想上和组织上的准备。各地的共产主义小组通过报刊宣传马克思主义，同时对资本主义及各类错误思潮进行批判，增强了工人群众的政治觉悟，扩大了马克思主义在大众中的影响。

马克思主义在中国的传播，为中国共产党的成立创造了必要条件，同时拉开了党的思想政治工作的序幕。

（二）新民主主义革命时期的思想政治工作

建党伊始，我党就把思想政治工作摆到极为重要的位置，注重坚持依靠群众开展工作，并依据历史形势的变化积极改进，开创了很多具有时代特色的思想政治工作模式，鼓舞了士气、净化了党风，赢得了人民群众的衷心拥护，也为民族解放和中华人民共和国成立初期的社会主义建设提供了强大的思想保证。其中的很多经验、思想对我们今天开展思想政治工作依然具有指导意义，是我党宝贵的精神财富。

从中国共产党正式成立到大革命的失败（1921—1927 年），是我党思想政治工作的创始时期。一方面，中国共产党从一成立便着手设立中央宣传部等专门机构，并培养党的政工干部及宣传干部，通过开办报刊、集会、演说等形式宣扬政治主张，特别是注重在工人、农民运动中宣传马克思列宁主义；另一方面，依靠第一次国共合作，成功建立革命统一战线，我党开始在军队中着手开展早期思想政治工作，如建立相关制度推进组织建设及政治工作；做好革命宣传、锻炼军事水平、鼓舞官兵士气；善于做群众工作；严肃干部的工作作风。这些早期的努力，表明我党一开始就非常重视军队的思想政治工作，这使军队的战斗力明显加强，并在北伐战争中发挥了巨大作用。中国共产党在国民革命军中开展的思想政治工

作，视为中共中央开展军队思想政治工作的开端，并为中共中央在后期独立建设与领导人民军队、进一步发展党的思想政治工作奠定了基础。

思想政治工作初步形成，主要是在土地革命时期。“八一”南昌起义后，伴随人民军队的发展壮大，我党的思想政治工作也随之逐步成熟，集中体现在我党在人民军队中开展思想政治工作的探索与实践。

事实上，早在南昌起义阶段，我党就已经着手在起义军内部建立党组织，积极开展政治宣传教育。1927 年，在毛泽东领导下的秋收起义正式宣告“工农革命军”的诞生，并在井冈山创建中国首个农村革命根据地。针对当时军队内部存在的一些问题，毛泽东又主持进行了历史上著名的“三湾改编”，正式确立了“党指挥枪”的原则，这是人民军队在组织上的大整顿，更是思想作风上的一次自我革新。

在井冈山时期，毛泽东审时度势，以武装斗争为核心，积极建设革命根据地，成功开辟一条农村包围城市的中国革命道路，党的思想政治工作得到进一步发展。“三大纪律八项注意”“朱德的扁担”等人们耳熟能详的典故，都出自井冈山时期。通过坚持开展思想政治工作，人民军队成功在井冈山建立共产党领导的红色政权并赢得了百姓的爱戴和拥护。

1929 年底古田会议召开，形成了党史军史上著名的《古田会议决议》。《古田会议决议》系统总结了 1927 年以来红军建设的经验教训，阐述了在党的领导下如何建设人民军队的问题。《古田会议决议》明确指出，要用无产阶级思想指导军队建设，并规定了在军队中开展思想政治教育的方式、方法，强调党和军队的思想政治工作要一并加强，同时《古田会议决议》对当时党内存在的主观主义、盲动主义进行了批判，还在党的历史上第一次提出“群众路线”的概念。[①]

1930 年初，我党在领导创建农村革命根据地的实践中，积累了宝贵的思想政治工作经验。例如，在中央苏区大力发展教育，针对工农群众开办各种学校、夜校、识字班等；在中央革命根据地还针对培养干部及专业人才等方面创办马克思理论教育机构，如共产主义学校、农业学校等。[②]通过教育，广大干部群众特别是农民的思想问题得到了解决，为顺利开展土地革命扫清了道路。此外，在这个时期党的自身建设也得到加强，尤其是重视培养艰苦奋斗、联系群众、廉洁自律的优良党风。

第五次反“围剿”失败后，红军被迫退出中央革命根据地，突围转移，这就是著名的红军长征。1935 年初，针对共产党内存在的“左倾”主义、冒险主义等错误倾向，我党召开历史上著名的遵义会议，其中一个重大议题就是针对以王明

① 张蔚萍：《中国共产党思想政治工作发展史》，中央党史出版社 2004 年版，第 67 页。

② 中共中央党史研究室：《中国共产党的九十年（新民主主义革命时期）》，中央党史出版社 2016 年版，第 140 页。

为代表的“左倾”冒险主义进行批判，结束了王明“左倾”教条主义在党中央的统治，确立了以毛泽东为代表的新的中央领导集体，把党的路线引入马克思列宁主义的轨道上来。在中国革命的危急关头，遵义会议是中国共产党第一次独立自主地运用马克思主义基本原理解决自身存在的问题，是我党从幼年的党走上成熟的党的标志。

长征的胜利，既是由于军事策略上的成功，也是共产党认真开展思想政治工作的结果。在那段最艰苦的时期，红军肩负着人民的嘱托和民族的希望，不畏艰险、艰苦奋斗，形成了为后人称颂的长征精神。长征精神是百折不挠、敢于牺牲的爱国主义精神的集中体现，也是共产党人革命品格的伟大体现，必将为世人所传颂。

抗日战争时期是我党思想政治工作正式形成和完善的时期，随着党员队伍和革命力量的不断壮大，中国共产党人坚持将马克思主义基本原理同中国实际相结合。毛泽东思想就是在这个时期形成了理论体系，这是党在政治上、思想上继续走向成熟的标志。

瓦窑堡会议之后，中共中央正式确立了抗日民族统一战线的新策略，为适应战略决策的转变，中共中央加强对干部的培训，著名的《矛盾论》和《实践论》也是在这个时期问世的，前者批判了一切离开具体的、历史的“左倾”或者右倾思想，强调主观与客观、知与行的统一；后者则要求党的干部必须树立唯物主义世界观，并深刻阐述了矛盾原理，其中的主要次要矛盾、矛盾双方相互转化等内容，对教育党员干部正确理解党内斗争、端正思想路线起到了巨大作用，至今仍是马克思主义的经典篇章。

在战争进入相持阶段后，毛泽东又撰写了《论持久战》一文，其中不仅蕴含着许多军事学思想，也对思想政治工作进行了总结概括，其中重点强调了人民群众发挥的巨大作用及军队政治工作的“三大原则”，在军队思想政治工作中占有重要地位。同时，中共中央还重视对英雄模范事迹的宣传学习，如《为人民服务》《纪念白求恩》等文章对提升党员群众政治觉悟、促进根据地建设方面都发挥了作用。

“延安整风运动是一场伟大的思想解放运动，一切从实际出发、理论联系实际、实事求是的马克思主义思想路线。在全党范围确立了起来。”①同时，在加强党的学习方面，毛泽东在《改造我们的学习》一文中号召全党“要从国内外、省内外、县内外、区内外的实际情况出发，从其中引出其固有的而不是臆造的规律性，即找出周围事变的内部联系，作为我们行动的向导。而要这样做，就须不凭主观想

①《中国近现代史纲要》编写组：《中国近现代史纲要》，高等教育出版社2018年版，第174页。

象，不凭一时的热情，不凭死的书本，而凭客观存在的事实”[①]。历史证明，整风运动是在党内进行马克思主义思想教育的有效形式，使党内达到空前的团结统一，也为抗日战争胜利奠定了基础。

在中国共产党领导下的解放战争，推翻了国民党的反动统治，取得新民主主义革命的最终胜利。在这个时期，党的思想政治工作不断总结过去取得的经验，同时加以丰富和发展。这些科学论断，至今对党的建设和思想政治工作的开展仍具有重要意义。

第一，提出“一切反动派都是纸老虎”的著名论断，鼓舞全党、全军、全国人民夺取解放战争胜利的信心。第二，动员全国人民为夺取最后胜利而斗争，在干部、官兵、群众中继续坚持对毛泽东军事思想的学习，配合土地改革工作顺利进行，广大军民热情高涨，积极支援前线，扩大了夺取解放战争胜利的群众基础。第三，在三大战役结束后，针对国民党残余势力的“和平攻势”和国内出现的消极情绪，毛泽东撰写了《将革命进行到底》等文章，揭露了国民党的阴谋，为夺取全国胜利打下了基础。第四，在夺取全国胜利的前夕，中共中央在西柏坡召开七届二中全会，毛泽东对全党提出：“务必使同志们继续地保持谦虚、谨慎、不骄、不躁的作风，务必使同志们继续地保持艰苦奋斗的作风。”[②]“两个务必”是对全党的告诫，蕴含着对时局的思考和对历史教训的深刻认识，也是我们在新时期加强党的建设、继续发扬艰苦奋斗精神、贯彻群众路线的必然要求。

（三）中华人民共和国成立后的思想政治工作

中华人民共和国成立初期的思想政治工作实际上是革命时期党的思想政治工作的延续，在思想上和实践上继承了党的优良传统，同时紧密结合巩固政权、土地改革、抗美援朝、社会主义改造等工作开展。

中华人民共和国成立初期土地改革的过程中，共产党对农民进行了思想政治教育，揭露地主阶级剥削农民的真相，教育广大农民奋起反抗、投入与地主阶级的斗争中去。经过土地改革，广大农民翻身做主人，政治觉悟性、生产积极性都空前提高，为中华人民共和国的政权巩固和经济社会的恢复发展作出了贡献。抗美援朝时期，中共中央为配合前线战争需要，在全国掀起了时事宣传及爱国主义宣传，人民的爱国主义情绪空前高涨，这在一定程度上推动了抗美援朝战争的胜利。针对中华人民共和国成立初期出现的官僚主义、盗窃国家经济情报等现象，中共中央于 1950 年初开展了“三反”“五反”运动，在惩处一大批贪污分子及反动资本家的同时，也教育了广大干部群众自觉抵制资本主义腐朽思想的腐蚀，是一次必要

---

①《毛泽东选集》第 3 卷，人民出版社 1991 年版，第 801 页。

②《毛泽东选集》第 4 卷，人民出版社 1991 年版，第 1438—1439 页。

的思想改造运动。1951 年 5 月，刘少奇在第一次全国宣传工作会议上使用了“思想政治工作”的概念，他在《党在宣传战线上的任务》的报告中指出：“今天，思想政治工作的必要性更加提高了，更加需要加强党的思想领导，因为目前的情况与过去不同了，中国人民的革命胜利了，各种工作更繁杂，实际工作任务更加重了。”[①]1955 年底，毛泽东正式提出了“政治工作是一切经济工作的生命线”[②]的论断。“生命线”论断的提出，是我党在反思总结社会主义建设正反两方面经验的基础上得出的结论，对于加强思想政治工作、开展社会主义建设都具有重要意义。

社会主义建设初期，思想政治工作基本上继承和发展了过去的经验，并成功运用到社会主义建设的伟大事业中来。但是，由于这个时期党的思想路线上存在的“左倾”错误及社会主义道路中出现的曲折，思想政治工作在取得很大成绩的同时也遭遇了重大挫折。

在这个时期加强思想政治工作，主要是在社会主义改造完成的背景下，调动各方面建设社会主义的积极性。1957 年，毛泽东发表了《关于正确处理人民内部矛盾的问题》，文章正确分析了当时中国社会的主要矛盾，强调采用讨论、批评、说理等手段去处理问题，特别是要坚持批评和自我批评的原则，同时强调加强思想政治工作的重要性，为进一步加强党的思想政治工作奠定了理论基础。

这个时期，党在全国范围内还开展了广泛的学习毛泽东思想的活动，大兴研究调查之风；同时，在全社会进行爱国主义教育、移风易俗教育，推进新道德、新风尚建设，社会面貌焕然一新。另外，开展的学雷锋、农业学大寨、工业学大庆等运动，使思想政治工作在人民群众中取得了明显成效。

“文化大革命”期间，党的民主集中制遭到极大破坏，很多正确的思想政治工作理论遭到了批判与否定，这个时期党的思想政治工作出现了停滞甚至倒退，教训是极为深刻的。“文化大革命”结束后，针对思想领域出现的混乱局面，1978 年 5 月 11 日《光明日报》刊发的《实践是检验真理的唯一标准》批判了“两个凡是”，重新确立实事求是的思想路线，为国内思想领域的拨乱反正、实行改革开放的伟大转折奠定了基础。

（四）新时期的思想政治工作

改革开放以来，随着我国日益融入世界，世情、国情、党情都发生了很大变化，不同国家和不同思想之间的碰撞日趋激烈，社会思想日益多元化，人们的思想领域面临着诸多急需解决的问题。针对当时思想政治工作的一些复杂情况，我党注重吸收思想政治工作在历史进程中的经验教训，及时调整和优化思想政治工

---

①《刘少奇选集》下卷，人民出版社 1995 年版，第 90 页。

②《毛泽东文集》第 6 卷，人民出版社 1999 年版，第 449 页。

作的内容、模式与方法，既重视它的严肃性、方向性，又兼顾灵活性、创新性。我党正是通过深入了解和研究人们在新形势下思想活动的新特点，坚持实事求是，积极探索思想政治工作的新规律、新办法。

以邓小平同志为核心的党的第二代中央领导集体，多次对思想政治工作的地位、作用作出了重要且科学的阐述。第一，极为重视思想政治工作的重要性，曾多次提出思想政治工作是党的政治优势的论断，任何时候都只能加强，不能削弱。[①]随着党的工作重心转移到经济建设上来，邓小平在党的十二届二中全会上提出，全党在新的历史条件下要加强思想工作，防止一味搞经济工作而忽视思想工作。[②]第二，邓小平认为思想政治工作必须要服务于党的中心工作，在坚定不移以经济建设为中心的同时，通过思想政治工作提供必要的精神动力。第三，提出要培养“有理想、有道德、有文化、有纪律”的社会主义“四有新人”，强调思想政治工作的关键在人，因此必须要进行党的基本路线、爱国主义、集体主义、民主法治等方面的教育。第四，邓小平认为开展思想政治工作能够创造安定、团结的外部环境，这是进行社会主义现代化建设的必需条件。

另外的一个变化，就是将思想政治工作理论正式上升为一门科学。1982 年召开的全国党员教育工作会议正式提出“思想政治工作是一门治党治国科学”[③]，将思想政治工作上升为科学理论。1987 年的《关于改进和加强高等学校思想政治工作的决定》再次强调了这个论断，并要求对全国的政工干部评定职称。从此，“思想政治工作学”这门极具中国特色的学科逐渐为教育界、学术界所认可，这极大鼓舞了广大政工干部和思想政治理论工作者的工作热情。

江泽民同志担任党的总书记以后，党的思想政治工作积极为建设社会主义市场经济服务，在理论和实践层面都有了新发展。针对 20 世纪 90 年代中期我国正处于计划经济向市场经济转轨的过程中，极少数人产生了“思想政治工作不重要，甚至可以取消”的错误倾向，我党先后进行了邓小平理论和党的路线教育、“三讲”教育等活动。一系列行之有效的措施使人们的思想得到了统一，确保了社会大局的稳定，为社会主义市场经济建设创造了良好的政治环境。

党的十五大正式确立了社会主义初级阶段的三大纲领，即政治纲领、经济纲领、文化纲领，特别是科学阐述了经济和政治的关系，使新时期的思想政治工作更趋于科学化。我党不但坚持抓市场经济建设，还坚持抓精神文明建设，其中思想政治工作日益成为贯彻和执行党的方针与政策的重要保证。事实也证明，这有效凝聚了人心，密切了党群联系，同时巩固了党的执政地位。而“三个代表”重

---

① 《邓小平文选》第 3 卷，人民出版社 1993 年版，第 145 页。

② 《邓小平文选》第 3 卷，人民出版社 1993 年版，第 36—48 页。

③ 许启贤、刘建军：《中国共产党思想政治教育史》，中国人民大学出版社 2004 年版，第 350 页。

要思想的提出，为我党在新阶段开展思想政治工作提供了强大的理论武器，赋予思想政治工作新的内涵。

（五）进入21世纪的思想政治工作

世纪之交的世界局势，给中国带来了机遇和挑战。国际方面，霸权主义和非传统安全威胁正在抬头，少数西方国家推行的“和平演变”策略，被视为“一场无硝烟的战争”。国内方面，市场经济建设、深化改革和全面建设小康社会正处于关键时刻，党自身也面临着来自改革、发展及自身内部的诸多考验。在这样复杂多变的局势下，世纪之交的思想政治工作始终能够配合党的中心工作，在全面建设小康社会的历史进程中发挥着重要的作用，为开创中国特色社会主义新局面提供了强大的思想保证。

2000年，江泽民同志在中央思想政治工作会议上的讲话中指出，思想政治工作必须要重视在内容、形式、手段、机制等方面的创新，增强时代性、针对性和实效性。①世纪之交的思想政治工作呈现出以下特点：在内容上，重视用“三个代表”重要思想来武装全党全国各族人民，广泛进行马克思主义基本原理、无神论、唯物论的教育；在方法上，加强和改进新闻媒体宣传的时效性与影响力，重视群众性文化活动，提倡多部门齐抓共管，坚持思想政治工作和解决人民群众实际问题相结合；等等。这些措施有助于解决当时建设社会主义市场经济转轨时期出现的思想混乱，带领人民群众一心一意搞建设，同时为中国赢得了有利的外部环境。

2003年10月，党的十六届三中全会通过的《中共中央关于完善社会主义市场经济体制若干问题的决定》指出：“坚持以人为本，树立全面、协调、可持续的发展观，促进经济社会和人的全面发展。”②从理想信念、爱国主义、道德规范等多个方面在全社会进行宣传教育，继续加强和改进思想政治工作。

党的十七大报告指出：“积极探索用社会主义核心价值体系引领社会思潮的有效途径，主动做好意识形态工作，既尊重差异、包容多样，又有力抵制各种错误和腐朽思想的影响。”③这是党中央首次提出“社会主义核心价值体系”的概念，再次证明了我党能够科学认识宣传思想工作的重要性、复杂性，既能坚持马克思列宁主义的绝对领导地位，又承认思想文化的多元并存。

（六）思想政治工作在新时代的继承和发展

党的十八大以来，我党面对世情、国情、党情的深刻变化，立足“四个全面”

---

①《江泽民文选》第1卷，人民出版社2006年版，第88页。

② 中共中央文献研究室：《十六大以来重要文献选编》上，中央文献出版社2011年版，第465页。

③《胡锦涛文选》第2卷，人民出版社2016年版，第639—640页。

战略布局，继续加强和改进思想政治工作，其“生命线”的地位得到巩固加强，全国特别是基层思想政治工作在思想理念、具体做法上都有继承和创新。

1. 重视理论学习，特别是领导干部的学习

理论武装头脑是进行思想政治工作的重要前提，只有通过全面系统深入地学习理论知识，才能更好地领导和指导思想政治工作。党的十八大以来，习近平同志曾在多个会议、场合强调学习问题，特别是领导干部学习问题的重要性。

习近平同志认为，只有建设成为一个学习型政党，我党才能有效应对层出不穷的新情况新问题。全党同志特别要加强对马克思主义理论及其中国化的最新成果、党史、国史和中华优秀传统文化的系统学习，用这些先进的理论“补精神之钙”，不断提升领导干部的政治素质和业务水平，把学习作为我党不断向前看、向深看、向远看的动力和法宝。

针对领导干部，习近平同志特别指出：“成长为一名好干部，一靠自身努力，二靠组织培养。从干部自身来讲，要不断改造主观世界、加强党性修养、加强品格陶冶，老老实实做人。踏踏实实干事，清清白白为官，始终做到对党忠诚、个人干净、敢于担当。要勤于学、敏于思，坚持博学之、审问之、慎思之、明辨之、笃处之，以学益智、以学修身、以学增才。”①“每个人的世界都是一个圆，学习是半径。半径越大，拥有的世界就越广阔。”②

针对青年一代的学习问题，2018年习近平在北京大学师生座谈会上的讲话中指出，广大青年“要求真，求真学问，练真本领”③，通过刻苦学习来挖掘个人潜力，通晓天下道理、增长见识和才干；同时，他又特别提出“知”与“行”的关系，“知者行之始，行者知之成”，勉励青年要脚踏实地、深入实践、在实践中获取真知。

2. 重视意识形态工作的渗透作用

意识形态作为一种无形的力量，在潜移默化中影响着社会成员的思想观念。习近平的治国理政思想中有关于意识形态问题的一系列新思考新论断，特别是他提出的“意识形态话语权”概念，正是意识形态问题在宣传工作和思想政治工作中突出地位的具体体现。习近平在8·19重要讲话中明确了未来一段时期宣传和思想工作的重要任务，在意识形态领域不断巩固马克思主义指导地位，这有利于巩固全党全国人民团结奋斗的思想基础。

第一，通过文化产品提升思想政治工作的亲和力、渗透力。实现民族复兴需要雄厚的物质基础，也需要培养具有影响力的精神品牌。中国精神是社会主义文艺的灵魂，全社会都要努力创造出体现主流价值观念，传播民族精神、时代精神、

---

① 习近平：《习近平总书记系列重要讲话读本》，学习出版社、人民出版社2016年版，第110页。

② 习近平：《在欧美同学会成立100周年庆祝大会上的讲话》，《人民日报》2013年10月22日，第2版。

③ 习近平：《在北京大学师生座谈会上的讲话》，《人民日报》2018年5月2日，第2版。

中国精神，以及贴合人民群众生活实际、符合大众审美的优秀精神文化作品；运用多媒体、多形式、多渠道的传播手段，增强文化产品的传播力和影响力，用优秀的作品鼓舞人，弘扬中国文化，传播好中国声音，讲好中国故事。

第二，通过模范典型提升思想政治工作的感染力、影响力。无论是革命建设时期的英雄模范，还是新时期改革开放进程中在平凡的工作岗位涌现出的时代楷模，都在不同层面诠释着民族精神与时代精神，对整个社会发展起着积极的推动作用，共同构建起了中华民族的脊梁。我们既要注重中国革命、建设、改革时期涌现出的各类英雄模范的强大感召作用，也要注重社会主义建设新时期各类社会正能量的激励和示范作用，让凡人善举成为社会常态，让各类英雄事迹、道德模范成为全民族的精神支柱。

第三，发挥社会主义核心价值观的教化作用。社会主义核心价值观从国家、社会、个人三个层面提出了对应的价值要求和取向，共同构成了当代中国社会的价值观念。它既是对中华优秀传统文化的继承和发展，又与当代中国的时代精神紧密联系，同时是中国特色社会主义“四个自信”在文化及价值观层面的体现，具有鲜明的时代特色，为新时期开展思想政治工作提供了重要的理论支撑。

3. 倡导知行合一，学习与实践相融合

“知与行”的关系，归根结底就是思想如何指导行动的问题。习近平同志在党的群众路线教育实践活动总结大会上指出：“只有坚持知行合一，不断让思想自觉引导行动自觉、让行动自觉深化思想自觉，才能抓得实、做得深、走得远。”①

因此，在进行思想政治工作时，无论多么先进的理论，都必须要和实践紧密结合，做到学习和实践深度融合，两手都要硬。我们不但要在学习中全面掌握马克思主义的立场、观点和方法，也要在实践中把思想自觉上升到行动自觉，先通过学习和教育弄懂理论，再通过实践去检验理论，只有这样才能真正做到让思想自觉引导行动自觉、让行动自觉深化思想自觉，这样对理论的学习才更深入，我们从事思想政治工作才更加富有针对性。

4. 全面从严治党，严肃党风政风

“新形势下，党面临的执政考验、改革开放考验、市场经济考验、外部环境考验是长期的、复杂的、严峻的，精神懈怠危险、能力不足危险、脱离群众危险、消极腐败危险更加尖锐地摆在全党面前。”②为了在新时代继续推进党的建设伟大工程，以习近平同志为核心的党中央提出“坚持党要管党、全面从严治党”这一新时代党建的根本方针。党的十八大以来，通过颁布改进党的作风的“八项规定”、面向领导干部开展群众路线教育实践活动和“三严三实”专题教育，面向普通党

① 中共中央文献研究室编：《习近平总书记重要讲话文章选编》，中央文献出版社 2016 年版，第 166 页。

②《胡锦涛文选》第 3 卷，人民出版社 2016 年版，第 653 页。

员开展“两学一做”学习教育，不少党内长期存在的痼疾得以清除，配合“打虎”“拍蝇”“猎狐”等行动，全党的面貌焕然一新，受到党内外人士、各级领导干部、基层群众的一致好评。

“人不以规矩则废，党不以规矩则乱”[①]，全面从严治党永远在路上，这不但是新时期加强管党治党的必然要求，而且是思想政治工作在党建领域的突出体现，更是新时代我党思想政治工作的伟大创新。

5. 重视新媒体工作，拓宽思想政治工作主渠道

近年来，互联网特别是移动互联网产业迅速发展。以微信、微博为代表的新兴大众传播媒介的蓬勃发展，成为当前大众传播信息的主渠道，也逐渐成为我党在宣传、思想领域的重要阵地。

当前传播资讯的规模呈几何式增长，内容良莠不齐，受众主体又是以“90后”“00后”为代表的年轻群体，这给我党在新时代的思想政治工作带来了新的挑战。争夺新媒体领域的意识形态话语权，成为新时代宣传思想领域的新动向。2014年初，中央正式成立网络安全和信息化领导小组，标志着在国家层面的互联网信息治理体系、治理能力的建设迈出了关键一步，对维护国家网络空间安全、推动互联网及各类新媒体的健康发展、提升新媒体的公信力都意义重大。

新媒体与传统媒体融合发展，是当前和今后很长时期内我国宣传文化阵地建设的大趋势，也是党中央高度关注的问题。对此，习近平同志认为，主流媒体和新媒体要想实现优势互补，一方面要用新技术来改造传统媒体，继续发挥传统媒体的强大公信力和资源优势；另一方面要求新媒体要学习和借鉴传统媒体在权威性、公信力、传播内容方面的优势，同时依法规范网络空间安全和网络信息传播秩序。网络传播内容要提倡向上、反映社会主义主流方向的文化，要注重发挥社会主义核心价值观在净化网络空间等方面的作用，注重完善网络安全及舆论监督机制，确保网络空间的风清气正。

6. 在工作中更加注重以人为本

实现人的自由全面发展，既是马克思主义的一个重要课题，也是当前我国全面建成小康社会、实现中华民族伟大复兴中国梦的一个重要任务。改革开放已走过40多年的风雨历程，我国社会各个方面已经发生巨大而深刻的变化，也已经深刻影响了人们的思想世界与精神生活。党的十九大报告将当前中国社会的主要矛盾定义为“人民日益增长的美好生活需要和不平衡不充分的发展之间的矛盾”[②]。另外，既然思想政治工作是以人为对象，是做人的工作，那么思想政治工作就必须

① 习近平：《习近平谈治国理政》第2卷，外文出版社2017年版，第154页。

② 习近平：《决胜全面建成小康社会 夺取新时代中国特色社会主义伟大胜利——在中国共产党第十九次全国代表大会上的报告》，人民出版社2017年版，第11页。

立足于人，就必须坚持以人为本，充分发挥人的积极性、主动性、创造性，激励广大人民群众投身到社会主义建设的伟大事业中。

党的十八大报告提出：“坚持以人为本、执政为民，始终保持党同人民群众的血肉联系。”①党的十九大报告又进一步指出：“使人民获得感、幸福感、安全感更加充实、更有保障、更可持续。”②因此，广大思想政治工作者要自觉在工作中牢固树立以人为本的发展理念，从最广大人民群众的根本利益出发，通过一系列行之有效的工作，使以人为本的发展理念成为全社会的共识，加强对这一科学执政理念的认识。另外，也要探索以人为本的工作方法，重视在思想政治工作中运用情感关怀、思想疏导等工作模式，不断创新方式方法，引导和调整利益冲突，使思想政治工作更好地坚持以人为本，这也是思想政治工作的重要出发点和归宿。

7. 重视青年思想政治工作，培育时代新人

青年是未来社会的主人翁，无论是在中国革命、建设还是改革的新时期，我党一直对青年寄予厚望，历来十分重视对青年群体的思想政治教育，在他们学习、成长、成才的各个阶段进行指导、灌输。习近平同志认为，中国梦是历史和现实的，也是未来的，需要动员无数青年为之奋斗。他相信青年一代“必将大有可为，也必将大有作为”，同时对青年提出了具体要求：一要坚定理想信念；二要练就过硬本领，把学习列为首要任务；三要勇于创新、有敢为人先的锐气；四要艰苦奋斗、立足本职、埋头苦干；五要锤炼高尚人格，自觉践行社会主义核心价值观，“在实现中国梦的生动实践中放飞青春梦想”③。

党的十九大报告勉励青年一代要“坚定理想信念，志存高远，脚踏实地，勇做时代的弄潮儿”，还提出“培养担当民族复兴大任的时代新人”④的战略论断。树立理想信念，青年一代才能以积极的精神状态承担实现伟大中国梦的历史使命，对人生目标作出正确选择；认真锻炼本领，青年一代才能拥有实现个人和民族梦想的可能；富有责任担当，青年一代才能将个人的前途命运和祖国民族命运紧紧结合在一起，在尽职履责、服务社会、报效国家中实现自己的人生价值。

---

①《胡锦涛文选》第 3 卷，人民出版社 2016 年版，第 654 页。

② 习近平：《决胜全面建成小康社会　夺取新时代中国特色社会主义伟大胜利——在中国共产党第十九次全国代表大会上的报告》，人民出版社 2017 年版，第 45 页。

③ 习近平：《习近平谈治国理政》第 1 卷，外文出版社 2018 年版，第 49 页。

④ 习近平：《决胜全面建成小康社会　夺取新时代中国特色社会主义伟大胜利——在中国共产党第十九次全国代表大会上的报告》，人民出版社 2017 年版，第 42 页。

第二节　思想政治工作的特点、原则及作用

思想政治工作是我们党的精神财富，不同时代，内容方法不尽相同。作为中国共产党党建工作的重要组成部分，思想政治工作有其自身的特点和优势，也发挥着非常重要的作用。

一、思想政治工作的特点

思想政治工作的特点突出反映在“由谁做”“对谁做”“为什么做”的问题上，其具有如下特点。

（一）政治性

首先来说，思想政治工作是党的工作的重要组成部分。因为党的任何路线、方针、政策都源于马克思主义理论体系的指导，代表着工人阶级的利益，符合人类社会的发展规律，因此我们开展思想政治工作也要始终坚持马克思主义的指导地位，倡导社会正能量，反对任何反动腐朽的思想意识，打击歪风邪气。

坚持中国共产党的领导，是中国特色社会主义的最本质特征，是中国特色社会主义制度的最大优势[①]，这是习近平同志在总结十八大以来中国特色社会主义建设的伟大实践得出的科学论断。坚持中国共产党的领导，也是我们开展思想政治工作的根本原则和基本遵循。无论是在中国革命、建设、改革的各个时期，还是在中国特色社会主义进入新时代，都见证着思想政治工作在实践中不断进步。

党的十九大报告指出：“必须推进马克思主义中国化时代化大众化，建设具有强大凝聚力和引领力的社会主义意识形态。”[①]这就要求我们通过有目的、有计划地开展思想政治工作，实现思想政治工作服务于党的工作，不断增强党的政治领导力、思想引领力、群众组织力、社会号召力。

（二）群众性

人民群众是历史的创造者，也是社会进步的直接受益者。任何科学的理论只有为群众所掌握，才能真正发挥出巨大的精神力量。由于人们的经历、文化程度不同，看问题的角度不同，这些会从人的思想、行为上反映出来。既然思想政治工作的目的是通过对党的先进理论及其制定的路线、方针、政策等来武装人们的头脑，激发广大人民群众投身社会主义建设伟大事业的热情，那么我们在实施的

① 习近平：《决胜全面建成小康社会 夺取新时代中国特色社会主义伟大胜利——在中国共产党第十九次全国代表大会上的报告》，人民出版社 2017 年版，第 41 页。

过程中就要注重思想政治工作的群众性，特别是在政治动员、政策宣传、思想教育等各个环节都要认真做好群众工作；要不断丰富思想政治工作的内容和载体，充分发挥工会、妇联、共青团等群团组织的作用，吸引更多群众参与；既要积极肯定取得的成绩，又要勇敢正视各种不足，不回避矛盾，真正地与人民群众打成一片，使思想政治工作在群众的生产生活中落地生根。

同时，只有坚持“让群众参与，让群众监督，诚恳请群众评判”①，通过开展思想政治工作，耐心、细致地解释来自群众的各类问题，同时坚决抵制和批评任何违背党的原则、危及群众利益的言行，引导群众的思想和行为朝着正确的方向转化，我们的思想政治工作才能在群众中落地开花、收到良好的效果。

（三）科学性

首先，马克思主义基本原理是一个与时俱进的理论体系，是我们认识世界、改造世界的强大思想武器，已经被实践证明是科学的世界观与方法论，并为我们探析社会、解决当今面临的各类社会问题提供了科学理论依据。同时，思想政治工作是通过马克思主义及中国特色社会主义理论这一科学的理论体系去武装人、指导人，通过科学分析人们的思想与行为活动，通过一定的方法手段加以实施，从而实现人们在思想上的高度统一及行动上的积极转化。

其次，思想政治工作作为一门科学，与其他相关的学科如政治学、社会学、心理学、管理学的发展密不可分，可以从中汲取很多有价值的理论成果。

最后，思想政治工作也是一门在实践中不断验证和发展的科学。中国共产党成立以来，在实践中积累了许多经验，在不同的层面揭示出思想政治工作内在的科学规律。如今，中国特色社会主义进入新时代，我们开展思想政治工作就必须在继承先进经验、尊重其基本规律的基础上不断进行创新发展，使其继续接受实践的检验，同时要不断丰富相关理论、方法和手段。

二、思想政治工作的原则

思想政治工作既是思想工作又是政治工作，突出理论性、政治性，同时具有实践性，在实际应用中要坚持如下原则。

（一）理论与实践相结合

我党始终坚持将马克思主义基本原理与中国具体实践相结合，加强对工人、群众的理论教育，我们的事业才得以不断向前发展。作为一门科学，一方面，思想政治工作在长期发展中已经形成较为完备的理论体系，只有学习和把握思想政治工

① 中共中央文献研究室编：《习近平总书记重要讲话文章选编》，中央文献出版社 2016 年版，第 167 页。

作的科学体系，开展思想政治工作才能卓有成效；另一方面，思想政治工作只有通过和群众的生产、生活实践相结合，重视调查研究，解决群众实践中的思想、学习、工作方面的问题，思想政治工作才能真正深入人民群众，发挥应有的作用。

（二）外部帮教与自我反省、自我教育相结合

自我教育是指思想政治工作的对象通过自觉、主动地学习马克思主义思想及党的先进理论，并联系自身实际进行必要的自我批评、自我反省，自觉树立正确的世界观、人生观和价值观，其实际上是一种自我改造的过程。进行自我教育是有其现实条件的：首先，每个人并非生活在真空中，而是生活在现实的社会环境里，主观上具有改造自身思想的意愿，这就使开展自我教育成为可能；其次，外因通过内因起作用，虽然个人政治素养和思想觉悟的提高离不开组织的培养、同事的教育帮扶，但如果不经过受教育者的自我反省、自我教育并转化为个人行动自觉，思想政治工作就难以发挥作用。

（三）即时开展与久久为功相结合

开展思想政治工作的一个重要原因就是解决人们现实的困惑和问题，这需要在问题的萌芽阶段，或者刚发生时就通过开展思想政治工作及时进行干预，帮助人们学会站在马克思主义立场来观察问题，正确对待工作、对待他人、对待自己。然而，改造人的思想需要经历一个长期的过程，不可能是一蹴而就的，这需要我们根据情况变化，适时转变思想政治工作的思路和内容，如不再采取约谈、批评等刚性手段，而是通过帮扶、交流、素质拓展等相对柔性的手段，定期开展思想政治工作，持续推进，久久为功。

三、思想政治工作的作用

思想政治工作是做人的工作，主要包括教育作用、引导作用、调节作用和保证作用。

（一）教育作用

通过有效地开展思想政治工作，可以引导人们端正思想、自觉扬弃错误观念，同时通过激发人的潜能，最终达到人的全面发展的目标。这是思想政治工作最基础的作用。

1. 帮助人们构建正确的价值取向、思想观念

习近平同志在《之江新语》中说：“在思想认识上的收获，比我们在发展上的收获更有长远意义。”[①]人的一切活动都是由思想支配的，思想与一个人所处的

---

① 习近平：《之江新语》，浙江人民出版社 2007 年版，第 83 页。

物质条件、生活环境、工作氛围、个人修养等条件密不可分，这些要素在作用于人脑后，便会影响人的思想。我们开展思想政治工作，就是在科学认识人的思想规律的基础上，通过采取一系列行之有效的措施，积极帮助人们逐渐转变落后、错误的思想观念，纠正脑海中对自身、对社会、对世界错误的认识，进而形成更为正确的价值取向和行为方式。由于思想观念的形成具有稳定性和长期性，因此开展思想政治工作既要借助来自外界的教育劝导，也需要当事人进行自我反省、自我批评、自我教育，在此基础上进行思想的改造和转化，逐渐将错误思想转变为正确思想，最终达到教育的目的。

例如，近年来我国一些地区存在着婚礼大操大办、索要高额彩礼等现象，严重侵蚀了人们的价值观，也对当地婚姻风俗乃至整个民风造成了不良影响。在这种情况下，政府部门和社会团体积极发挥思想政治工作的教育作用，通过给当地人们说明政策、摆明道理，逐步消除他们固有的错误观念，提倡喜事新办，自觉树立文明、淳朴的社会新风尚，对实现移风易俗、减轻百姓负担都具有重要意义。

2. 挖掘人的潜在力量，转变为现实优势

积极性、主动性和创造性作为强大的精神力量，既是人们正常生活工作的动力，也是实现人的综合素质全面提升的重要力量来源。例如，当前我国正在全面推进“中国制造 2025”战略，这个宏伟目标的实现，很大程度上离不开高素质工人的培养、高水平管理者的选拔及专业人才的开发，离不开调动这些专业人员的积极性、主动性和创造性。思想政治工作正是从人们从事的实际工作出发，通过不断引导人们作出更加科学、理性、正确的选择，真正把人的积极性、主动性、创造性的优势发挥出来，并顺利转变为智能优势、技术优势、业务优势，使人的潜能转化为实实在在的物质财富。

3. 实现人的全面发展

思想政治工作不仅影响着人的思想和行为，也间接影响人的智力、心理、潜力等多个方面。思想政治工作在人们的社会实践中发挥作用，以优化人的行为方式、促进身心健康发展为目标，全面提升人的综合素质，最终实现全面发展。

（二）引导作用

思想政治工作通过动员、宣传、辅导、教育等多种途径，影响着人们对待世界、社会、人生的态度。只有正确处理自身利益与他人利益、集体利益、国家利益的关系，才可能作出符合社会主流价值观、符合自身发展方向的正确选择，为实现党和国家的总体目标而奋斗。当前，在我国的生产力得到极大解放、社会迎来前所未有深刻变革的同时，也催生出良莠不齐的社会思潮，人们思想的多元性、多变性、独立性明显加强，正确的和错误的思想观念相互碰撞。我们开展思想政治工作的一个重要目的就是通过必要引导，使人们以清醒的头脑看清眼前的道路，明辨是非善恶。在中国伟大的历史进程中，正是思想政治工作的引导作用，保证了党的路线、方针、政策得以贯彻执行，具有不可替代的历史和现实价值。

1. 凝聚各方力量，引导人民坚定对中国道路的认同感

历史证明，只有科学的理论才能有效地凝聚人心、凝聚力量。近年在广大干部群众中深入开展的理想信念教育，原因就是理想信念对人们的实践活动具有巨大的指导作用，人们总会根据自身的理想信念来明辨善恶是非，作出符合价值取向的选择。从这个方面来说，思想政治工作的引导作用，实质上正是通过加强理想信念教育，使广大人民群众从内心坚定对中国特色社会主义道路的自信，进而坚定共产主义信念。

2. 法治德治并重，引导社会个体自觉规范行为

思想政治工作对社会个体行为的规范，是通过一套完整的体系来实现的，具体来看，主要是靠法治和德治相结合。法治主要是指法律、规章、制度等国家强制力来执行，对社会个体具有普遍约束力；而德治则是一种相对柔性的力量，依靠经过长期形成的公序良俗、善恶评价来实现。两者的最终目的都是引导社会个体形成较为规范的行为模式，并依靠社会宣传的力量对这种模式进行强化和固化，最终演变成为人人遵守的行动指南。现阶段，思想政治工作的一项主要内容，就是在全社会开展对社会主义核心价值观的教育宣传，使其成为所有社会成员的行动自觉，在全社会全面提升公民的道德水准和法治素养。

（三）调节作用

“调节”一词在不同的语境下有调整、协调等含义，其共同目的都是使各类矛盾得到解决，或者使组成整体的各部分实现协同合作、提升工作效率，从而实现事物之间的和谐，达到最优效果。

首先，这是化解各类矛盾冲突、推动社会治理的需要。应当承认，当今中国正处在社会转型期和矛盾突显期，利益群体分化明显，冲突时有发生。化解这些冲突，既要重视政策法规的协调作用，也要重视精神文明的教化作用，特别是思想政治工作的调节作用。思想政治工作就是通过宣传、教育、动员等不同方式，调整不同利益群体之间的思想差异和利益冲突，并在未来的实践中加以优化；或者通过社会调查、征求意见建议等方式，及时去调查、掌握各种社会矛盾，并对相应政策进行必要的调整，使其更加科学合理。

其次，这也是培养健康人际关系、构建和谐社会的需要。人际关系是指在社会活动中形成的人与人之间的关系，它是人类社会的一个基本特征，是维系社会成员的纽带，影响着个人的行为方式和心理状态，也影响着一个集体乃至一个民族的团结力和凝聚力。思想政治工作通过给人与人之间搭建一个平等沟通交往的平台，克服彼此认识上的偏差，在相互尊重、求同存异中培养积极乐观的心态，形成良性互动的人际关系。另外，思想政治工作也有利于使人们和气互让、从大局思考、顺利解决各类问题，以维持社会和谐、稳定的良好局面。

（四）保证作用

1. 思想政治工作是推动物质文明建设的重要保证

人类通过劳动实现物质财富的积累，是最基本的实践活动。在此过程中，物的要素和人的要素缺一不可。物的要素多指物质生产中的工具、生产资料及劳动对象；人的要素则指参与物质生产实践的劳动者、管理者、技术人员等，具体来说，就是指人们所掌握的知识能力（如劳动者掌握的生产技术、管理技术、操作手段等）和表现出的工作积极性（如熟练性、事业心、责任心等）。如果说物的要素是实现一切物质生产活动的基础，那么人的要素则是物质生产活动中的决定性力量，这种"决定性"是指物质只有被人控制时才可能形成社会生产力。

从本质上来说，思想政治工作是通过解决思想上、工作上的问题，提高劳动者、管理者、技术人员的思想觉悟、道德境界和知识水平。只有劳动者的素质和能力提升了，操作技能和劳动生产率提高了，才能充分调动起他们的工作积极性，用先进的技术和业务水平把自身武装起来，主动去提高工作技能、提升知识水平、更新装备和技术、加强流程管理，整个企业才有可能提升效率、增加产量，实现生产力的提高，为社会创造出更多更好的物质财富。实践中，一些企业虽然拥有很多先进技术和设备，但综合竞争力却不强，归根结底就是因为思想政治工作做得不到位，只重视厂房、技术、设备这些"硬件"的提升，却忽视了人们的积极性和创造性的发挥，忽视了通过教育和思想政治工作提升劳动者的素质，那自然不可能更好地调动起管理者、劳动者的积极性和创造性，导致企业管理者的水平不够高、积极性不够强，劳动者科学文化素质差、效率低下，最终导致整个企业缺乏活力、人浮于事。

20 世纪 60 年代以来，随着现代企业制度在全球的全面建立和新一轮科技革命的兴起，越来越多的国家意识到高素质的劳动者是永恒的制胜法宝。第二次世界大战后的日本及亚洲"四小龙"在 20 世纪六七十年代创造了世界东方的经济奇迹，一个共同的秘诀就是这些国家和地区很多企业都非常重视员工的思想教育和人文关怀，把人的素质放在突出的战略地位，自然能生产出更优质的产品。近年来，我国提出的科教兴国战略和人才强国战略，归根结底都是对"人"这一生产力决定性要素的重视。

2. 思想政治工作是推动精神文明建设的重要保证

相对于物质文明，精神文明是指人在历史进程中创造的一切精神财富的总和，包括理论、思想、法律、教育、科学、文化、艺术等各个方面。它属于上层建筑的范畴，是特定社会阶段政治与经济的集中反映，同时对政治与经济也有能动作用。

精神文明建设的重要任务是培养教育可靠的社会主义接班人、确保我们的各项事业沿着社会主义方向不动摇，同时为物质文明建设提供源源不断的精神动力。作为社会主义文化和意识形态的重要体现，它具有社会主义的性质和方向，是通过共产党的领导和我党长期的思想政治工作中逐渐产生发展的，如果脱离了这个大前提，社会主义性质的文化就不会形成，社会主义的意识形态也就无从谈起。离开了思想政治工作，社会主义精神文明建设也就成了一句空话。

历史证明，加强思想政治工作，重视社会主义、共产主义思想的教育，有助于党风、社风、民风的全面好转。特别是在物质水平尚不发达的中国革命与建设时期，这种精神力量表现得尤为明显。以在党史、国史中具有重要地位的延安精神为例，虽然当时正处在中国革命最困难的时期，但人们的精神面貌却焕然一新，思想境界和道德水平普遍较高，直到现在还为很多人称赞。其中的一个重要原因就是当时我党开展了整党、整风运动，重视在干部群众中开展马克思列宁主义、毛泽东思想等方面的教育，人们的思想空前团结，党的思想政治工作取得了重大进步，并为抗日战争取得最后胜利奠定了坚实的基础。事实上，延安精神正是中国共产党进行马克思主义教育、参加革命实践、提升党性修养的历史进程中积累的宝贵经验，在党的思想政治工作史中具有里程碑意义。

第三节　民营企业思想政治工作现状分析

民营企业是改革开放的产物，是非公有制经济的重要形式，现已发展成为中国特色社会主义市场经济的重要组成部分，民营企业的思想政治工作是中国改革开放后的新生事物，具有自身独有的特点。

与国有企业或者公有制企业相对应，民营企业的资产来源以民间资本为主，其产权、经营权、收益权等均归私人所有，并独立承担各类风险。

改革开放 40 多年来，民营企业已经拥有今非昔比的市场地位。与国有企业相比，民营企业以其经营方式的灵活性和所有制形式的多样性，与国有企业共同成为推动我国社会发展、繁荣社会主义经济的生力军。对满足人民日益增长的生产生活需求、创造和吸纳就业、推动管理进步和技术革新等方面都发挥着重要作用。

同时，我们必须清醒地看到，中国的民营企业是在现代市场经济尚不成熟的 20 世纪八九十年代蓬勃发展起来的，起步时间较晚。当时国家更多是在政策上给予支持，很多必要的配套措施却没有及时跟进。再加上当时的民营企业主知识文化水平普遍不高，基本上都是在“一穷二白”基础上打拼出来的，闯劲可嘉却先天不足，尤其是缺乏必要的现代管理理念。所以，民营企业在为国家和社会创造更多物质与精神财富的同时，因为一味逐利忽视了道德建设和企业文化建设，在高速扩张的“野蛮增长”的背后往往隐藏着危机。

近年来，民营企业的诚信缺失现象时有出现，特别是在产品质量、劳资关系等方面的问题日益凸显，这不仅拷问着企业道德与社会责任，也对整个社会诚信体系的构建提出了严峻挑战。面对这些具有长期性、复杂性的问题，重视企业伦理、重构非公有制企业的道德体系，成为摆在我们面前的重大课题。解决这些问题，除了更完善的法制和更严格的市场监管机制外，科学、有效地开展思想政治工作也是改善非公企业内部环境、完善企业诚信建设、塑造先进企业文化的重要途径。做好思想政治工作，不仅有助于扩大新时代思想政治工作的群众基础、进一步巩固党的执政地位，也有助于加强非公有制企业自身道德建设及行业自律，推动市场经济和谐稳定发展。

民营企业的思想政治工作是中国改革开放后出现的新生事物，由于民营企业在人员构成、文化程度、所处环境、现实需求等方面都与国企存在很大差异，思想政治工作也面临着新的情况和新的问题。

第一，思想政治工作有被边缘化的倾向。企业的中心工作是生产经营，加之市场经济的逐利性使得有些企业领导忽视了思想政治工作，认为思想政治工作与企业的生产经营无关，因而不太重视。而在企业外部环境方面，社会对民营企业的思想政治工作尚未形成良好的氛围，认为思想政治工作对于企业可有可无，因而思想政治工作在一些企业被边缘化了，上级虽要求设置了思想政治工作部门和人员，但未开展实际工作，只是流于形式。

第二，思想政治工作的主体建设相对落后。民营企业思想政治工作的主体主要包括各级党群组织及党群工作者，主体建设落后主要表现在两个方面：一方面，民营企业的党群组织不够健全，民营企业特别是小型民营企业有的不主动设立党组织，即使有党组织的企业也很少有健全的机制；另一方面，由于民营企业面临着激烈的竞争环境，要求企业必须对人力资源进行有效合理的规划，在市场压力面前，企业对人的要求更多是面对市场的经营和管理人才，而不会招聘单纯的思想政治工作人才，这样便导致民营企业缺少既懂经营管理又懂思想政治教育的人员，使得思想政治工作者专业化程度相对较低。

第三，民营企业的员工构成增加了思想政治工作的难度。一方面，民营企业一个突出的特点就是人员不稳定，流动性较大，离职或跳槽的现象比较严重，这样便增加了民营企业思想政治工作的成本。另一方面，民营企业员工在价值需求方面失衡现象比较严重，在自我价值与社会价值中更加注重自我价值，在物质和精神的选择中更加注重物质，思想政治工作的功效很难在短期内显现，从而影响了思想政治工作在人们心目中的效用和价值。

第四，新时代的新问题对民营企业的思想政治工作提出了更高要求。随着经济结构的调整和转型升级，企业改制不断深化，劳动力市场供大于求的现象比较严重，工人在劳资关系中处于被动地位，工人的劳动保障、民主权利等方面的问题日益凸显，这极易影响企业和社会的稳定，并对思想政治工作提出了更高要求。

基于以上几点，在民营企业进行思想政治工作必须要充分考虑民营企业的实际情况，要与企业内外部环境、企业愿景、企业文化、企业治理结构等紧密结合，围绕企业谋求自身发展和效益增长的中心任务，结合企业的发展目标、职员特点，遵循以人为本的理念来开展。

第二章
民营企业思想政治工作的重要性

改革开放以来，民营经济异军突起，在我国经济发展中占有越来越重要的地位，这也就对民营企业的思想政治工作提出了更高的要求。对于民营企业来说，高效的思想政治工作有助于构建支撑企业发展的核心理念，对企业员工自身的道德行为和职业行为表现形成无形的约束力，在一定程度上激发了企业职工创造活力，逐渐养成其独具特色的精神风貌与时代气质。在严峻的国际经济形势下，非公有制企业开展思想政治工作，有助于增强思想凝聚力，对于企业持续健康发展、保持持久竞争力具有重要作用。

第一节 思想政治工作是企业生产经营活动的思想保障

企业生产经营顺利进行离不开企业自身软实力的支撑，更需要企业领导层科学的、正确的领导与决策，当然还需要拥有一支创新能力强、理想信念坚定、价值观端正的员工队伍。而思想政治工作作为凝聚力量、引领发展方向的重要手段，是增强企业竞争力的重要途径，是警醒领导层保持政治敏锐性的关键，也是塑造合格员工的重要环节。因此，民营企业的思想政治工作通过有组织和有计划的宣传、教育，将国家的政策方针贯彻落实到企业内部，这不仅有助于企业准确把握党中央的经济政策调整，而且有利于提升员工的政治敏锐性，培养政治素养，为企业生产经营做好思想保障。

一、思想政治工作是增强企业软实力的根本途径

一个实力强大的企业必然是硬实力与软文化协调推进的。机器、技术、厂房等是企业生产所依赖的硬件设施，人才、管理、理念等则是企业生存发展不可或缺的软实力。所谓软实力，是一个企业的企业文化、经营理念、核心价值观念的

总和，是一个企业的品牌。在生产实践过程中，上述软实力的内容将渗透到实际操作的各个步骤，以一种无形的力量影响着企业的生产活动，把理念的东西转化为行动，推动企业健康发展。软实力是永远不能被替代的竞争因子，民营企业要保持在市场经济中的综合实力绝不能忽视增强软实力的重要性，而思想政治工作又是形成软实力的关键一环。河北建设集团股份有限公司以施工为核心业务，企业生产的每个环节都关乎国家的财产安全及人民的生命安全，企业及员工的政治觉悟直接影响着集团能否以高度的责任感承担社会责任，保障产品的质量与安全，为社会创建更多安全的、绿色的、健康的基础设施。

高效的思想政治工作对民营企业构建企业软实力具有极大的促进作用。企业只有靠人才和文化才能强大，只有积极承担社会责任才能在管理筹划、科学创新、生产运营、综合效益等方面得到国家和社会的大力支持，最终实现可持续发展。而民营企业受非公有制性质的影响，一部分企业组织模式多样、管理方式混乱、经济成分复杂，没有以党和国家的统一精神为指导，思想教育、政治工作懈怠，企业内部没有建立政工队伍，企业的领导层只注重经济效益，忽视了思想政治工作的理论指导作用。全球化背景下，民营企业要“走出去”，融入世界市场，就必须认识到企业思想政治工作的重要性，坚定政治立场，优化员工队伍结构，广泛开展爱国主义教育，构建以人为本的企业精神，使企业上下形成工作合力，实现健康发展。

首先，思想政治工作具有导向功能。导向即一种引导力，在企业的经营活动中对员工的行为、价值观念具有引导作用。当然这种引导力也包括对企业自身发展的价值理念、经营哲学、发展规划等方面的影响。非公有制企业不同于国有企业，它经济成分复杂多样，企业的管理模式、经营理念、人员调配相对自由。随着经济体制改革的深入发展，民营企业规模逐步扩大，在激烈的市场竞争中，企业的自由发展空间较大，如果缺少科学指导方针的引领，不能及时适应党中央经济政策的调整，企业将难以成长壮大。因此，民营企业的思想政治工作一方面将企业自身的前途命运与国家社会挂钩，在企业中构建社会主义意识形态，将个人得失与集体发展和社会利益联系起来，真正做好思想政治教育，才能实现社会效益与经济利益的协调发展。另一方面，企业思想政治工作通过正确协调人与人、人与集体、人与社会之间的关系，帮助企业职员形成正确的价值取向和道德观念，培养他们的集体主义精神和爱国主义情操，激发员工生产活力，增强企业软实力，从而把内在动力转化为现实的经济效益。

其次，思想政治工作有助于民营企业内部形成强大的凝聚力。在传统观念看来，有些企业存在“非公有制企业不如国有企业发展前景好”的偏见，这种思想观念造成员工与企业之间难以形成一种亲密的“合力”，在实践行动中难以达到“劲往一处使”的效果，大部分员工缺乏“主人翁”的责任感，向心力的极度缺乏，严重降低了企业员工的工作效率与创造力，制约着企业的均衡发展。从员工自我需求方面来看，非公有制企业是经济利益最大化的追逐者，“利益至上”的私营企业主只关心企业的利润额，而往往忽视了企业员工的自我需求。民营企业部分员工在面对巨大生活压力的同时，还要从事高强度的生产工作，他们中有些人工作环境差、福利待遇不高、缺乏工作积极性和主动性，将自身的发展与企业的发展割裂开来，这使企业内部难以形成合力。归根结底，产生上述问题是由于企业领导者思想政治意识不够强，金钱观念扭曲，缺乏全局意识，没有认识到思想政治工作对企业发展的重要意义。因此，加强民营企业思想政治工作，将职工的切身利益与企业发展联系起来，构建以人为本的企业发展理念，促使职工与企业形成“同呼吸、共命运”的共同体，从而在企业上下凝聚一股力量，是非公有制企业得以健康高效发展的重中之重。

最后，企业的思想氛围是一种精神凝聚力，无形中能够鼓舞员工的士气，培养员工团结一心的集体主义情怀，使每个人都形成为了企业而奋斗的使命感；同时，这种共同的价值观也在无形中对员工的行为起到感染与约束的作用。这种“软文化”的规范效果远远大于条例制度的规范作用。民营企业员工大都以“80后”“90后”青年为主，他们大部分人具有较高的文化水平，思维开阔，创新创造能力较强，能够为企业发展注入新鲜的元素。但是，恰恰是因为他们自身素质较高、价值取向多元化，因此维权意识、民主意识也就更加强烈。企业要想充分利用人才优势就必须加强对企业员工的思想政治引导，调动员工的生产积极性，规范员工的行为；同时，将职工的自我追求摆在关键位置，注重人文情怀，满足员工多元性的需要，提升企业的软实力，员工才能在企业中更好地发挥自身的优势作用，在产品开发、经营管理、技术研新等方面贡献自己的力量，才能使企业实现利益最大化。

二、思想政治工作是提升经营管理者理论素养的关键

领导是指“管理者指挥、引导整个企业在特定的经济环境下为了既定的经济目标而共同努力的过程”①。领导层是一个企业顺利运转的重要力量，是决定其发展方向的灵魂性角色。管理者是风向标，引领着企业的经营发展方向，管理者的能力与智慧直接关系着企业的发展与运行。因此，企业领导的管理风格、思维特征、政治意识对企业的文化、思想政治工作具有巨大影响力，同时是影响企业持久健康发展的重要因素。但是，在市场经济追求利益的现实情况下，有些企业的领导层在巨大的利益诱惑面前丧失原则，慢慢偏离企业的既定宗旨，无视员工的合法权益，只顾为个人谋私利。因此，常态化的思想政治工作不仅能为企业发展

① 王俊、张凤娟：《浅谈企业领导在企业文化建设中的重要作用》，《中国商界》2009年第3期，第279页。

保驾护航，更对民营企业的领导者时刻敲响警钟，提醒管理层要始终坚定政治立场，提升自身和企业员工的思想政治素养，将企业的精神文明建设与社会主义核心价值观相结合，实现民营企业可持续发展。河北建设集团股份有限公司属于建筑工程类企业，由于其特殊的行业性质，它所承担的社会责任中更加入了道德的要求，企业的任何决策、每个施工环节都是一种良心的考验。那么，企业领导作为决策者和管理者，其自身的道德素养、政治素养的高低直接影响着企业能否在社会主义市场经济中既达到经济利益目标，又做到依法承担社会责任。因此，思想政治工作是保障企业领导者道德素养、政治立场不变质的防腐剂，在企业全面可持续发展的过程中尤为重要。

近年来，民营企业的发展势头较好，随着经济体制改革的深入发展，国家在私营企业发展、个人创业、引进投资等方面放宽了政策，为民营企业的创立与运行提供了便利。知识、管理、人才、技术的交流与碰撞，使得非公企业不断成长起来，并逐渐发展壮大，成为经济利益的主要生产者，在市场经济体制中占有重要地位。但是，民营企业的发展也呈现一些弊端，民营企业越来越成为社会主义市场经济的重要组成部分，它所担负的社会责任也就越来越凸显，但有的企业为了追逐经济效益往往只顾自身的发展，政治责任感不够强，难以做到自觉地承担社会责任。这种情况就与企业管理者的自身素养紧密相关了。而现实的情况是，部分民营企业并不重视企业的思想政治工作，对员工的思想变化、行为引导、心理健康发展没有给予足够的重视，对中央的指令性文件、政策法规执行不到位，将追求企业利润放在第一位，从而产生了一系列的负面影响。企业领导者对企业文化、价值观念、行为方式的形成有很大的影响，如果领导层自身的政治素养不够高，缺乏思想理论储备，那就将直接影响企业的思想政治工作的进展，从而造成企业干部、职工的政治素养偏低。在社会主义市场经济条件下，一个企业如果没有高素质的领导团队，管理者没有以身作则的榜样示范效应，那么整个企业将失去号召力、凝聚力和竞争力，最终将被市场所淘汰。培养思想道德情操高尚、社会影响力大的企业领导干部，对于企业而言是一种无形的资产。企业有了灵魂，有了发展的动力，在社会上树立起良好的信誉，才能吸引人才、留住人才。思想政治工作是企业与国家政治对接、与社会相连的纽带，在我国经济体制改革的过程中政工队伍的成熟程度直接影响着企业的生存和职工的切身利益。在新发展理念的指导下，只有思想政治理论素养较高的领导者才能审时度势，准确地把握、运用中共中央提出的经济政策，科学判断世情国情，充分利用政策优势，结合时代精神，在生产实践中发挥非公有制企业的优势，增强企业的竞争力。因此，加强企业思想政治工作，使民营企业领导者保持坚定的政治立场，做好员工的表率，在企业发展中把握社会主义方向不动摇，确保企业日常工作正常进行。

三、思想政治工作是培养合格员工的重要环节

对于一个企业来说，是否拥有一支合格的职工队伍直接决定了它的生存发展能力的强弱。在激烈的市场竞争中，人是最具有主动性与创造力的关键因素。一个具有竞争力的企业必然离不开战斗力与思想素质兼具的高水平员工队伍，而员工的思想道德素养水平是企业思想政治工作持续健康发展的结果。[①]随着我国市场经济体制改革的逐步深入，非公有制企业的管理机制、经营理念都发生了重要变化。这种体制上的变化直接影响着企业员工的思维方式、行为准则和价值追求，部分员工表现出懈怠、应付了事、工作不到位的不良行为，金钱至上的价值观念逐渐蔓延，民营企业面临着严峻的发展性挑战。因此，加强民营企业的思想政治工作迫在眉睫，只有开展常态化的思想政治工作，才能为企业发展培养出高素质的员工队伍，才能保障企业顺利进行生产活动，最终得以健康发展。河北建设集团股份有限公司这种建筑工程类企业，它所容纳的就业人数远高于其他行业，拥有庞大的劳务队伍也就意味着企业员工队伍管理的难度增大了。同时，员工的社会责任感直接关系到产品的质量、环保、服务能否达到标准要求，这是企业在市场经济中能否健康发展的决定性因素。

对于民营企业而言，要想在市场经济的大潮中站稳脚跟，赢得一席之地，就必须要紧紧依靠“人”这个关键因素，对应到企业中即指员工。首先，员工是企业生产经营活动的主力。若没有一支管理有序的生产队伍，就不会有高质量、高产量的产品，企业经营也就无从谈起。所以，员工是企业经营顺利进行的最基本要素，而员工的职业素养与道德水平也就直接影响着一个企业能否持续健康发展。其次，员工是企业技术革新的中坚力量。高素养的员工本着对企业高度负责的态度，在生产活动中自觉学习新技术、研发新产品，提高企业的整体创造水平，在激烈的市场竞争中与企业同舟共济。[②]最后，员工是企业文化建设的核心。企业文化是一个企业的灵魂，是与其实际情况相适应，对自身生存发展起决定作用的价值观体系。[③]而这种体系的形成自然与企业员工的行为方式、心理认同、思维感悟息息相关，在“内化于心、外化于形”的过程中，逐渐构建起本企业的价值观念体系。对于非公有制企业而言，思想政治工作是建设企业文化氛围的关键一环。如何适应党和国家的大政方针，以社会主义核心价值观来构筑企业文化，在社会主义市场经济中找到一条适合自己的发展道路至关重要。总之，员工是一个企业生存发展最具有活力的因素，只有培养出具有竞争力的、政治思想端正的合格员工，企业才能在市场竞争中做到决策科学、执行有力，实现健康发展。

---

① 曹国旗：《不断创新非公企业思想政治工作》，《求是杂志》2011 年第 3 期，第 59—60 页。
② 余明宣：《试论员工忠诚度对企业发展的作用》，《经济师》2010 年第 7 期，第 294 页。
③ 易晓芳、陈洪权主编：《企业文化管理》，华中科技大学出版社 2016 年版，第 86—87 页。

一支具有强大实力的员工队伍不只是为企业创造利益的“工具人”“经济人”，而是要物质与精神、道德与能力、知识与责任全面发展的“完整的人”。在严峻的社会问题面前，我们提出进一步加强企业员工的思想政治教育工作，这不仅有利于建设一支合格的员工队伍，增强企业的凝聚力、创造力、竞争力，而且对塑造企业自身的良好形象具有推动作用。

思想政治工作作为一项系统的工程，不仅是对个人道德修养、职业素养的教育与引导，更重要的终点范畴是将个人与社会有机结合起来。任何事物的发展都离不开它所依赖的大环境，民营企业生存与成长在中国特色社会主义市场经济的大潮中，也就意味着企业自身的发展要与国家的大政方针、社会价值体系、法律法规相结合。因此，民营企业自身的社会定位必然不能脱离国家利益、人民利益，积极承担社会责任也是非公有制企业能够在市场经济中站稳脚跟的关键。正如管理大师彼得·德鲁克说：“企业发展的目的并不是为了自身，而是为实现某个特殊的社会需要，满足社会、社区或者他人的特别需要。”①为了达到企业经济利益、社会效益同步发展的目的，就需要企业积极推进思想政治工作的常态化发展，加强企业员工理想信念教育、爱国主义教育和道德教育，自觉将企业自身发展与国家利益结合起来，从而带领企业员工为了共同的价值追求而奋进。②

第二节　思想政治工作是推动企业健康发展的重要力量

2008年国际金融危机从美国波及全球，对全球经济发展造成了巨大的冲击，经济下行的现象持续发酵。在全球范围经济发展的低迷期，中国又面临着改革乏力等一系列发展性问题，经济总量增速下滑，依靠出口、投资、消费拉动经济增长的旧的经济模式已经不再适应当前经济形势，党中央适时提出我国经济增长速度要从高速增长转变为中高速增长，创新发展方式，调整经济结构，经济增长动力更多地放在创新驱动和扩大内需上来，不断推动我国经济发展迈上新台阶。经济发展进入新常态，对我国经济来说既是机遇又是挑战，民营企业只有准确把握、适应、引领新常态，充分发挥主观能动性，才能更有创造性的推动经济发展。

经济新常态改变了企业的生长环境，使得其原本僵化的生产模式、经营理念逐渐失去效应。面对复杂严峻的经济形势，企业必须加大思想政治工作的力度，准确把握我国经济发展战略，切实将思想和行为统一到党中央的重大判断与决策部署上来。这一点，对于非公有制企业来说更为重要。民营企业不同于国有企业与事业单位，它没有党中央和政府各部门赋予的科学性指导与方向性的统筹规划，这就需

---

① 叶坪鑫、何建湘、冷元红：《企业文化建设实务》，中国人民大学出版社2014年版，第6—11页。

② 张耀灿、郑永廷、吴潜涛，等：《现代思想政治教育学》，人民出版社2006年版，第149—159页。

要民营企业在适应市场经济发展的过程中加强对党的方针政策的学习与了解。

一、思想政治工作是企业文化的核心

经济发展新常态下，企业发展的“暴力”时代已经成为过去时。企业经济效率变低，产品质量不高，难以迎合当今市场的消费需求，部分企业发展步伐慢下来，有的甚至出现停滞、破产，这就意味着企业硬性的发展模式难以在市场经济中站稳脚跟，现代企业之间的竞争越来越依靠企业文化的力量。企业文化就是一个企业在长期的生产经营过程中逐渐形成的与自身实际情况相契合的价值体系，这其中包括企业环境、经营理念、精神风貌、社会形象、规章制度、员工的道德素养等。企业文化对长期经营效力有巨大的正相关作用。20 世纪六七十年代，日本经济迅速崛起，甚至在 20 世纪 80 年代赶超美国成为全球第一大经济体，日本成功的秘诀就在于其独特的企业文化。因此，在产业结构不合理、经济效率较低、发展动力不足的经济环境中，民营企业必须依靠调整自身的管理模式，转变企业发展理念，创新经营管理手段及思想，塑造良好的社会形象。

但是，仅仅塑造企业文化是远远不够的，思想政治工作才是企业文化的政治核心。企业文化相对于思想政治工作而言，更加偏重于企业自身的发展愿景，通过对员工的培训与管理，让员工对企业的发展理念、价值取向、发展目标有更深入的理解与认同，其目的是实现企业效益最大化。而思想政治工作，是通过专门的党政组织部门对员工的思想变化进行科学的教育与指导，是更多针对“人”本身的发展而言的。[①]在市场经济条件下，企业文化的最终目的是扩大经济效益和增强自身实力，而思想政治工作的本质在于通过对员工进行政治理论的指导，不断增强他们的政治敏锐性和积极性，培育社会主义核心价值观，形成积极的价值观念、思维方式和行为习惯。因此，社会主义市场经济的大背景要求企业不断加强思想政治工作，这是企业自身发展的推动力，更是应对经济挑战的关键。对于民营企业而言，以企业文化建设为载体进行思想教育和政治工作是应对经济新常态的关键环节。随着改革开放的深入发展，进入“十三五”时期，我国经济面临下行挑战，经济发展速度到了换挡节点，整体经济环境发生了巨大变化。民营企业必须认识到经济发展的阶段性特征，不仅要有强烈的政治敏锐性，时刻关注党中央经济政策调整，更要审时度势，积极创新经营管理模式，坚持以人为本的发展理念，将承担社会责任纳入企业经营发展体系之中，不断贴合社会主义市场经济对企业发展的要求。面对消费驱动力不足、资源消耗过多等一系列新情况新问题，必须开展常态化的思想政治工作，准确把握党中央的经济政策调整，积极承担更

---

① 何建新：《企业文化建设与思想政治工作》，《吉首大学学报（社会科学版）》2010 年第 4 期，第 164—166 页。

多的社会责任，在企业内部形成一种以诚信、卓越、创新、团结、奋斗为核心的精神力量，切实将思想和行动统一到生产的每一个环节，只有这样才能在经济新常态的形势下持续发展。

二、思想政治工作是企业创新驱动发展的思想基础

当前世界经济复苏低迷，我国经济发展进入新常态，在经济大调整大变革的时代，粗放型的发展模式已经难以适应市场发展，旧的增长模式逐渐失去活力，只有科技创新才能孕育新的突破与发展。只有发挥思想政治工作的政治引导作用，企业才能牢牢把握社会主义市场经济发展的方向，才能保证企业发展保持在正确的轨道上。

党的十八大以来，全面深化改革成为国家战略之一，"改革只有进行时，没有完成时"就像一面镜子警醒着中国共产党要时刻保持问题意识，并在解决问题中不断深化改革。改革开放40多年来，我国社会发展出现了一系列新的矛盾与挑战，科技创新能力不够强、产业结构不够合理、收入差距较大等难题制约着经济社会的持续健康发展。因此，以经济新常态为经济背景，坚持以经济体制改革为重点，以深化社会主义市场经济为目的，以推进供给侧结构性改革为途径，以创新带动经济发展成为时代主题。为了应对经济新常态下消费动力不足的问题，党中央提出推进供给侧结构性改革，在这一过程中，企业过去生产什么都能卖出去、生产多少都能卖出去的情况已经不存在了，经济发展到了结构调整的节点，供给侧更加侧重资本、制度创新、技术创新。在这样的经济环境中，民营企业要实现可持续性发展，必须紧紧依靠创新驱动。如何在保障企业利润的前提下，既能为社会提供安全、合格的建筑产品，又能做到节能减排、保护环境、节约资源，还能更好地履行社会责任，是经济新常态下企业面临的最大挑战。因此，树立创新、协调发展的理念，深刻分析经济社会发展的大环境，用创新引领经济发展，把握发展的主动权，不断推进技术创新、管理创新、产品创新，才是非公有制企业应对经济新常态的根本之策。

思想政治工作是企业实现创新驱动发展的基础。一方面，民营企业要想生存，就必须按照市场经济的发展规律办事，切实将党的重大判断和决策部署落实到行动上来。这就需要企业思想政治工作者要保持高度的政治敏锐性，准确把握思想工作的动态，培育政治素养高、创新能力强、理想信念坚定的合格员工，为企业健康发展提供科学的指导。另一方面，创新的重点是人的思维观念。在市场经济中，企业员工的利益需求趋向于多元化，思维活跃、自主意识较强，通过开展思想政治工作可以引导职工树立大局意识、集体主义观念，自觉遵守党纪国法和企业的规章制度，使得他们不断提高自身素养和政治觉悟。只有这样的职工才能坚持科学发展的观念，从实际情况出发，敢于走别人没有走过的路，用创新引领发展。

三、思想政治工作是企业全面可持续发展的理论根基

在经济新常态背景下，企业如何正确看待新常态、怎样把握和适应新常态、如何处理好经济发展与承担社会责任的关系，是企业实现全面可持续发展的重要保障。改革开放以来，我国经济快速发展，民营企业作为一支强势的队伍逐渐发展起来，并成为我国国民经济的重要组成部分。但是，在这个过程中，同样出现了一系列的问题。经济发展与生态环境保护相冲突，“先污染后治理”的发展模式对生态环境造成了巨大威胁，能源资源开发过度、大气污染、水污染、土地污染等问题呈高发态势；企业经营的诚信问题逐渐凸显，如地沟油事件、三鹿奶粉、企业偷税漏税、假冒伪劣产品等一系列社会问题严重制约着企业的持续健康发展。因此，全面协调、可持续发展成为企业的方向与目标。党的十八大确立了中国特色社会主义事业“五位一体”总体布局，强调经济、政治、文化、社会和生态环境齐头并进，相互促进，共同发展。首先，这就意味着经济发展需要以政治为引领，企业要想实现长久的发展就必须时刻把握党中央对经济政策的调整，以强烈的责任意识、爱国主义情怀承担社会责任，只有这样才能在社会主义市场经济中站稳脚跟。其次，挖掘中华优秀传统文化的丰富内涵，用传统文化中的仁爱精神、诚信思想、忧患意识、艰苦奋斗的优良传统构建企业文化，引导员工树立实事求是的精神、正确的思维方式，这不仅是中国共产党的优良传统，更是企业实现全面持续发展的重要保障。最后，企业要在经济发展中注重促进形成绿色的生产方式和消费方式，这也是践行“保护生态环境就是保护生产力”①的重要表现。

党中央提出的新常态的重大经济战略，对民营企业发展提出了更高的要求。大部分民营企业成长于我国市场经济不完善的时期，受外部环境的影响，它们自身的管理机制与发展并不完善。面对经济发展下行压力大和企业转型升级迫在眉睫的经济环境，民营企业必须加强思想政治建设，依托党中央的政治方针与经济决策，及时调整企业发展的战略和管理理念，调动员工的积极性，加大产品的创新创造力度，节能减排，积极承担社会责任，只有这样才能保障企业朝着正确的方向发展，为企业自身和整个社会创造更多的价值。民营企业的全面可持续发展离不开常态化的思想政治工作的开展，思想政治工作通过在企业内部贯彻党的政策方针，为企业全面发展提供良好的政治环境，这是企业朝着正确方向发展的重要保障。

第三节　思想政治工作是凝聚企业员工队伍的内在动力

思想政治工作是为了解决人的思想问题、提高人们思想觉悟的工作，思想政

① 习近平：《习近平谈治国理政》，人民出版社 2014 年版，第 209 页。

治工作对企业的发展有重要的意义，是保证员工队伍稳定的需要。随着企业改革的不断深入，加强企业职工的思想政治工作十分必要。对企业员工进行思想政治工作，必须创新方式方法，将枯燥的说教转变为启发式的沟通，将灌输式的教育转变为心灵的交流。非公有制企业开展思想政治工作，有利于使企业更准确地把握“三公”“三个关系”“三个步骤”，从而保证员工队伍的稳定和企业的长远发展。

一、思想政治工作有利于企业实现“三公”原则

所谓“三公”是指公平公正、公开及公心。公平公正主要是指企业的领导班子在发现问题、解决问题和制定规章制度时，始终要秉承的原则和方法。公开是指企业的领导层必须引导员工积极地参与到企业的决策中来，实现企务公开、党务公开，增强企业各项事宜的透明度。公心是指企业运营的宗旨要以国家、集体利益为重。企业要想牢牢维护员工队伍的稳定，就必须紧紧围绕这三项原则开展工作，这三项原则是企业的立本之策、缺一不可。

首先，民营企业开展思想政治工作，有利于实现公平公正原则。跨越式的发展要求企业必须制定更加严密规范的管理模式和规章制度，培养与提升员工的团队意识、专业技能和思想觉悟，只有这样才能打造出一支能攻坚能吃苦的员工队伍。然而，企业在强化管理的过程中，往往容易出现忽略以员工为本的理念、处事不公的情况。通过调查研究分析，影响员工队伍稳定的重要因素并不是企业制度的严格，而是员工普遍要求企业在处理问题时要坚持公平公正的原则。因此，企业要想确保员工队伍的稳定，领导干部就必须要严格执行企业的规章制度，做到严格、公平管理。在企业管理实践中，职位高的员工与职位相对较低的员工，都要采取一视同仁的态度，为保障公平，要做到把一碗水端平，更要杜绝拉关系走后门，一切按照规章执行，绝不能徇私舞弊、厚此薄彼。特别是在职工的升迁、调动、奖励、惩罚等敏感问题上，企业领导者更要做到公平公正，不让职工心生怨言，不给企业职工队伍的不稳定留下隐患。企业开展思想政治工作，有利于实现公平公正，企业给员工创造公平公正的工作环境，也有利于充分调动员工生产的积极性，使他们为企业的发展增添一份力量。

其次，民营企业开展思想政治工作，有利于实现公开原则。所谓企业公开原则，其实就是强调企业在执行规章制度时要增强办事的透明度。实践证明，企业实行厂务公开制度是保证企业职工稳定性的重要方法，所谓厂务公开是指企业将与员工切身利益相联系的问题公开，使员工及时了解企业的发展情况及领导干部廉政问题。厂务公开制度增强了企业及其领导干部决策的透明度，同时企业职工享有更多的知情权，因此企业要不断完善厂务公开制度，这样有助于增强职工的主人翁意识，从而支持企业的方案和决策，确保企业职工队伍的稳定性。

最后，民营企业开展思想政治工作，有利于实现公心原则。一个企业是否能够实现长足稳定的发展，从根本上取决于领导班子是否坚持以国家利益和职工利益为重。大部分企业职工都是心怀祖国、心系人民的，如果企业的领导班子始终坚持把国家利益、企业整体利益及职工个人利益相结合，做到积极依法纳税，大胆创新，提高企业的效率，进一步提高企业职工的待遇，就会得到企业职工的信任和拥戴，就会增强企业的凝聚力和向心力，从而有效降低出现一系列不稳定因素的可能性。反之，如果企业的领导班子时时刻刻只是想着个人利益，打个人的小算盘，就会引起企业职工的不满，致使其对领导失去信任，与领导离心离德，生产的积极性减弱，最终也会影响企业的整体效益。实践证明，企业的领导班子只有出于公心，将社会效益与职工个人效益相结合，才能树立权威，才能使企业职工与领导同心同德，才能确保企业职工队伍的稳定。

二、思想政治工作有利于企业把握“三个关系”

所谓“三个关系”是指正确把握源与流的关系，正确把握堵与疏的关系，正确把握全局与局部的关系。“源”是指企业的改革决策，“流”是指思想政治教育工作与企业改革的同步进行。“堵”是指企业应及时发现和杜绝造成职工队伍不稳定因素，“疏”是指企业要做好党政工作，有条理有耐心地做好企业职工的思想工作。把握全局和局部的关系一方面指的是全局利益和局部利益是统一的，另一方面是指局部利益要服从整体利益。要想保证职工队伍的稳定和企业的长远发展，必须处理好这三对关系。

首先，民营企业开展思想政治工作，有利于把握源与流的关系。企业要想获得长足的发展，必须明确改革、发展和稳定的关系，改革是企业发展的动力和源泉，只有不断地将过时的观念和技术进行更新，企业才能实现自我完善和发展。而稳定则是顺利推进改革的前提和保障，改革必须要具备良好稳定的环境，其中最基本的是保证企业职工队伍的稳定性。在改革的过程中，无论前期布局和安排多么缜密，也会或多或少地引起职工思想上的波动，甚至可能会带来不稳定因素。那么，我们怎样才能更好规避改革带来的不稳定因素呢？关键是要从源头抓起，企业领导班子在决策时就要把好关。在决策之前就应该广泛地听取职工的意见，特别是实施关乎职工切身利益的决策时，更要将职工前期的思想工作做足做稳，充分考虑职工的可接受程度、规章制度的可行性及各方面利益是否协调等，尽量清晰准确地摸清职工对改革的态度，使企业所作出的决策具备一定的群众基础。在改革的初期，如果能得到大部分职工的认同和拥护，决策就是成功的。企业一旦作出决策，思想政治工作就要紧紧地跟上，时刻关注职工的思想动态，及时发现和解决职工遇到的困难，为职工排忧解难，对于个别激进派，应采取单独座谈的思想教育方法，晓之以理，动之以情，化解矛盾，做通职工的思想工作，保障决策的顺利实施。

其次，民营企业开展思想政治工作，有利于把握堵与疏的关系。企业的决策和改革，首先要疏通的是职工的思想政治工作，思想政治工作就是做人的工作，企业要想实现经济的增长、保证职工队伍的稳定，就必须高度重视思想政治教育工作。及时有效地发现造成职工队伍不稳定的因素，对这些因素进行归纳总结，具体问题具体分析，对不同的情况要进行细致准确的分析研究，进而采取行之有效的措施，做到堵疏有方。对于故意扰乱企业规章制度落实的职工要堵，坚决遏制不良风气在企业的传播。而对于有些职工通过正当的渠道反映建议，无论职工提出的意见是否合理，我们都要耐心地疏导、耐心地解决，切不可言语过激遏制职工反映意见，只有通过分析职工的意见，企业才能深刻地了解职工的需求，才能使决策趋于完善。实践证明，职工所表达的意见只要是在合法的范围内，我们就应该耐心地进行疏导，如果超出了合法的范围，触碰了企业的原则和底线，就要果断地堵，不能含糊其辞，打消对方误以为还有商量的余地的念头。随着信息技术的发展，企业职工反映意见的渠道也复杂多样。因此，做好职工的思想政治工作具有一定的难度，在工作中要讲究沟通的艺术和技巧，保证职工队伍的稳定性。

最后，民营企业开展思想政治工作，有利于把握全局和局部的关系。局部的稳定是全局稳定的前提和基础，没有局部的稳定，全局的稳定也就无从谈起，企业领导应该认识到处理全局和局部关系的重要性。企业既要从全局的角度出发，考虑企业的整体利益，还要充分地考虑各个部门和职工的局部利益，特别是在职工薪酬、升迁和调动等敏感问题上，奋斗在工作一线、身处恶劣工作环境的职工，企业理应给予更优的待遇，了解他们的困难和意愿，及时为他们排忧解难，只有这样才能使他们全身心地投入工作中去，企业只有协调好全局和局部的关系，才能保证职工队伍的稳定。实践证明，企业要从宏观和微观上，处理好全局和局部的关系，这对保证企业职工稳定有至关重要的作用，有些虽然看起来是局部的问题，但是如果不加以重视，不及时地采取措施，极有可能影响全局的稳定。从微观的角度分析，企业在处理具体问题时，也要注意处理好全局和局部的关系，如哪位职工患病或者是哪位职工的家庭有特殊困难，这种个别的情况要及时地做好职工的思想工作，积极地帮忙解决。

三、思想政治工作有利于企业抓好“三个步骤”

第一个步骤就是企业开展思想政治工作有利于增强职工的主人翁意识。企业职工是财富的创造者，只有将企业职工的积极性充分地调动起来，才能提高企业的生产效率。那么，怎样调动企业职工的积极性呢？首先，企业必须将职工的利益放在首位，切实保障职工的合法权益，努力提高职工薪酬，使职工能时刻感觉到自己是企业的主人。其次，企业要定期对职工进行必要的技术培训和思想培训，虽然企业中大多数职工都具备一定的学历和技能，但是知识也要跟上时代的发展，要不断地更新和补充新知识，做到理论和实践相结合。在培训的过程中，逐渐培养职工服务社会、服务人民的思想观念。企业可定期召开思想政治工作会议，让企业职工畅所欲言，把个人的意见和困难充分地表达出来，这样可使企业更及时准确地了解职工的思想动态和需求，尽可能地帮助职工解决后顾之忧，让职工感受到企业是一个大家庭，每个职工都是企业的主人，同事和领导都是自己的亲人。不断增强职工的主人翁意识，这有利于保证企业职工队伍的稳定，进而提高企业的经济效益。

第二个步骤就是思想政治工作可以借助开展多种形式的活动，增强企业的凝聚力和向心力，积极引导职工与企业及国家同心同德，劲儿往一块使。2008 年汶川地震发生之后，很多企业倡导“一方有难，八方支援”的团结互助精神，积极地组织职工捐款捐物，企业为职工建立起了一个献爱心的平台，职工都愿意工作在这样有和谐互助理念的企业。平时，企业也可组织开展一系列丰富多彩的文体活动，将思想政治工作真正做到职工的心中，通过举办座谈会和组织出游等形式，将思想政治工作寓教于乐，使职工对企业文化有更强的认同感，这种形式一改之前企业在做思想政治工作中僵化和单向灌输的模式，以和谐的企业文化推进企业的思想政治工作。

第三个步骤就是企业开展思想政治工作有利于抓好企业在长期的发展和积淀中形成的企业文化。企业文化是企业的无形财富，是企业思想政治工作的延伸和形象总结，有效地连接了企业的生产部门和管理部门。良好的企业文化会给企业带来不可估量的收益，企业文化是企业发展的动力。改革开放以来，很多企业逐渐意识到构筑自身企业文化的重要性，努力建设企业文化，塑造良好的企业形象。一个企业的文化并不是停滞不前的，企业文化具有鲜明的时代特征，它会随着经济、政治、社会文化的变化而变化，不断变化的企业文化也反映了企业的发展历程，为企业开展思想政治工作奠定了一定的基础。企业文化中倡导的和谐稳定、坚持不懈、攻坚克难等精神，也可作为思想政治工作的重点内容。要把党的信念和理想与企业的生产经营相结合，这就需要企业文化作为两者的结合点，通过企业文化的传播和影响，使服务人民、服务社会的理念融入每一名职工的血液中。实践证明，只有充分发挥思想政治工作的优势，将企业文化与职工队伍相融合，积极引导职工参与到企业的管理中去，引导职工思想观念与时俱进，注重提高职工队伍的素质，才能使得思想政治工作更具影响力和号召力，从而保证职工队伍的稳定。

第四节　思想政治工作是企业践行新发展理念的必然要求

民营企业开展思想政治工作，是践行科学发展观的重要保证。企业必须将科学发展观寓于思想政治工作中。民营企业开展思想政治工作，首先要求企业要坚持以人为本的发展观念，保障和尊重员工的主体地位。在企业生产过程中，企业员工作为创造财富的源泉和动力，企业一定要使员工能够感受到他们是企业的主人，感受到集体的温暖。企业要确保在经济发展的同时，保证员工也能公平地分享劳动的果实，企业要最大限度地满足员工合理的物质和精神需求。其次，民营企业开展思想政治工作，要努力完善和创新思想政治工作的新机制。企业要将思想政治工作与企业文化相结合，建立严格完整的制度体系，还要保证拥有一支强有力的员工队伍。同时，要求企业要树立发展的理念，努力创新和完善思想政治工作的新机制，一切围绕着企业发展的长远计划，将实现又好又快发展作为企业的目标，通过强有力的思想政治工作，将思想政治工作以新的表现形式融入企业生产的各个环节，把思想政治工作作为推动企业发展的精神支撑和理论根据。

一、树立以人为本的理念，是民营企业思想政治工作的前提和基础

思想政治工作说到底是做人的思想工作，因此企业的发展要将全体员工的利益放在首位，践行以人为本的理念，在具体方法上要做到三个结合。

首先，尊重员工和理解员工相结合。企业在发展过程中，一切都离不开企业员工的支持，所以企业必须时时刻刻想着员工，虚心听取员工的意见，坚持走群众路线，紧密联系群众，充分调动员工的积极性和主动性，使员工真正参与到企业的管理和决策中来，建立企业和员工友好的关系，共同推动企业的发展。要主动与员工交换想法，做好员工的思想政治工作，了解员工的思想动态，深入员工之中，耐心地聆听员工的心声，只有这样企业的思想政治工作才能顺利地开展，才能取得超出预期的效果。民营企业开展思想政治工作，要讲究策略和方法，要在尊重和理解员工的基础上进行，即便是员工对企业的改革或者规章制度理解有偏差，也要耐心地向员工解释清楚。为了更及时地为员工排忧解难，企业可以采用定期举办座谈会的形式与员工交流谈心，了解员工的思想动态，这样有利于企业作出正确的决策，充分地发挥员工的聪明才智，推动企业的发展。

其次，引导员工和帮助员工相结合。企业要想更好地引导和帮助员工，就要学会换位思考，从员工的立场和利益上出发，站在员工的角度审视问题，了解员

工的所思所想。由于每个员工的知识素养、家庭背景、生活环境不同，因此企业在开展思想政治工作时就更要有针对性，将思想政治工作做细做深，具体问题具体分析。对于那些生活上需要帮助的员工，企业要充分发挥号召作用，积极组织企业其他员工捐款捐物，同时企业要适当地给予救助；对于家庭出现某些矛盾的员工，企业充分了解情况后，不仅要做好员工的思想政治工作，还要深入员工家庭，帮助员工化解矛盾；对于那些思想偏激不理解不支持企业改革的员工，企业更需要做好这类员工的思想政治工作，积极地加以引导，做通他们的思想工作，使他们真正地从内心接受企业的改革。

最后，鼓舞员工和关心员工相结合。企业要想又好又快的发展，就要营造积极进取的企业氛围，就要鼓舞员工奋发向上。而鼓舞员工是建立在关心员工基础上的。思想政治工作只有真正地做到员工的心里，才能使员工感受到集体的温暖，才能激发员工朝更高的目标努力。鼓舞人最好的方法就是发挥榜样的作用，企业在开展思想政治工作的过程中，一方面要善于发现企业中有觉悟、有想法、有才能的员工，将他们作为鼓舞其他员工的榜样，倡导员工向榜样学习。另一方面，要不断地发掘和培养新的榜样，关心和鼓舞他们，突破自我，最大限度地实现自身价值。

二、努力完善和创新思想政治工作的新机制，是民营企业开展思想政治工作的保障

首先，努力完善和创新思想政治工作的新机制，有利于将思想政治工作与企业文化相结合。企业长期形成的企业文化，是企业的无形资产，它能在潜移默化中影响企业的发展，企业在开展思想政治工作时要适当地将企业文化渗透到员工的思想中去。民营企业开展思想政治工作时，宣传企业文化的途径有很多种，比较有效的就是将其与各种文化娱乐活动相结合。例如，企业可定期开展各种有意义的、丰富多彩的、员工喜闻乐见的文化娱乐活动。员工在参与文娱活动的过程中，不仅增强了员工积极参与企业活动的意识，充分调动员工的积极性和主动性，还能使员工在参与的过程中感受到集体的温暖。

其次，努力完善和创新思想政治工作的新机制，有利于将思想政治工作与严格的规章制度相结合。俗话说“没有规矩不成方圆”，在企业中更是如此，企业经过长期的探索，在坚持与时俱进中不断调整规章制度。民营企业开展思想政治工作时，要适时地将优良的品质和思想道德行为准则融入科学、严格的管理制度中。企业实行严格规章制度的目的不在于惩罚员工，而在于对员工的行为起到合理合法的约束作用和正确的引导作用，员工只有在遵循企业规章制度的基础上，才能享有独立的话语权和自由。思想政治工作是“软约束”，严格的规章制度是

“硬约束”，只有将二者有机结合，才能达到思想政治工作的目的，形成良好的企业氛围。

再次，努力完善和创新思想政治工作的新机制，有利于企业运用严格的程序，选拔有能力、有思想、有干劲儿的人才，不断提高思想政治工作队伍的素质。第一，组成思想政治工作队伍的人员，一定要热爱思想政治工作，“兴趣是最好的老师”[①]，只有从心底热爱这项工作，才能用心用力去做好，他们不会去刻意地计较物质的得失，更重要的是获得精神上的满足。第二，组成思想政治工作队伍的人员，要具备一定的素养，这就需要企业定期对员工进行培训，通过学习不断更新员工的思想观念和知识储备，为思想政治工作提供强有力的支撑。第三，组成思想政治工作者队伍的人员，要时刻保持谦虚谨慎的态度，努力提高政治素质、业务水平和道德修养，当企业遇到技术上的难题或者企业的改革受阻时，思想政治工作者要身先士卒敢为人先，竭尽全力帮助企业渡过难关。当企业员工遇到挫折和困难时，思想政治工作者要及时地洞察，给予帮助，以人格和榜样的力量凝聚人、感化人，以博学多识的才华引导人、培育人，以无畏的胆识教导人、保护人，从而不断提高思想政治工作的水平。

最后，努力完善和创新思想政治工作的新机制，有利于将思想政治工作与员工工作实际相结合。企业从理论方面对员工进行指导和培训，员工也要结合工作实际深入学习理解马克思列宁主义、毛泽东思想、邓小平理论、“三个代表”重要思想、科学发展观、习近平新时代中国特色社会主义思想，做到解放思想和更新观念相结合、学与用相结合、知与行相结合，让实践去检验理论的正确性，在工作中反复思索，逐步深化对理论的认识。当员工生活或者工作中遇到困难时，思想政治工作者要能够运用马克思主义的立场、观点、方法分析问题，善于灵活运用思想政治工作方法论原则解决实际问题。要正确地认识自己，不断提高自己的理论水平和理论素养，从而提高解决问题的能力。

三、以新发展理念为指导，是民营企业思想政治工作的方向

改革开放以来，科学技术迅猛发展，可以说当今世界的竞争归根结底就是科学技术的竞争，21世纪的企业应该具备危机意识，要不断深化改革，转变经营方式，转变经济增长方式，改进技术、降低能耗永远都是进行时。思想政治工作是促使企业改进技术、降低能耗的推动力，是推动企业可持续发展的重要动力。民营企业开展思想政治工作，有利于践行新发展理念，更好地应对瞬息万变的市场，为此企业要做好以下几方面的工作。

---

①〔美〕爱因斯坦：《爱因斯坦文集》第3卷，许良英、赵中立、李宣三，等编译，商务印书馆1979年版，第144页。

首先，以新发展理念为指导，有利于促使企业不断完善科技创新机制。企业要想在市场竞争中形成优势，最根本的是要建立严密完整的思想体系和企业创新制度。严密完整的思想体系包括企业的领导制度、企业文化标识、企业传承下来的优秀思想等。企业创新制度包括企业用人制度、知识产权制度等。企业制订科学的发展规划，能使员工充分感受到公平公正，感受到企业尊重人才、尊重创新的理念，即便是生产一线的普通员工，也会全心全意地投入企业的发展中去，积极上进，努力提高效率，从而最大限度地激发员工开拓创新的斗志，确保企业在每一个生产环节都呈现出科技创新的势头。同时，企业要形成科技创新转化为企业经济增长的长效机制，而两者之间的支撑点就是思想政治工作，思想政治工作就是解决人的思想问题，它的作用就是给人以方向性的正确引导，企业要想快速发展，最根本的是要做好员工的思想政治工作。以思想政治工作为结合点，将科技创新与企业的经济发展有机结合起来。群众的力量是无穷的，企业在开展思想政治工作时要充分调动员工的积极性和主动性，发掘员工的潜在创造力，为企业的稳步发展作出贡献。

其次，以新发展理念为指导，紧扣时代脉搏，有利于促使企业通过不懈的努力，成为科技创新的主体。企业开展思想政治工作，有利于员工更完整更深刻的诠释科学发展观的内容。落实科学发展观，就要将科技创新作为企业发展的重要内容，加大科技研发的资金投入，加强对企业创新的重视程度。特别是一些高能耗企业，如果能研发出节能减排的新型技术，不仅能极大地降低企业成本，还能在市场竞争中占据主导地位。科学发展观中蕴含着哲学的道理，正确运用哲学原理可以帮助我们处理生活和工作中遇到的困难，企业在开展思想政治工作时，如果能深入细致地运用科学发展观的基本原理，企业必然会在市场竞争中赢得主动地位。运用科学发展观，必然要将企业的思想建设、企业文化建设、制度建设及科学管理等结合起来，这是一项极为复杂的工程。企业的兴衰荣辱与企业员工息息相关，每一个员工都有义务和责任为企业作出自己应有的贡献，发挥自己的聪明才智，推动企业的发展。所以，企业思想政治工作必须与企业文化建设及科学发展观有机地结合起来，使其产生核动力，凝结出独具魅力的企业灵魂。

最后，以新发展理念为指导，有利于企业深入思考，不断更新观念，不仅要做到技术上的创新，还要做到思想政治工作方法上的创新。第一，要有与时俱进、科学丰富的宣传方式，才能为员工所接受，取得超出预期的效果。第二，要改变以往员工被动接受教育的观念，这就要求企业要深入员工中去，与员工建立平等、友好的关系，了解员工的真实诉求，着力解决他们的实际困难，将思想政治工作真正做到员工心中，这种走进员工的宣传方式，会变被动为主动，达到思想政治工作的目的。第三，宣传的载体要与时俱进、不断更新。新时代信息技术发展日新月异，与人民的生产、生活联系越来越密切，因此宣传思想政治工作就要以网络为载体，建立完善的网络系统，发挥网络的作用，不断强化和更新科学发展观的内涵。采取这种方式，不仅有助于增强员工对企业思想政治工作的认同，也有利于扩大企业的影响力。需要注意的是，网络是一把双刃剑，企业要采取有效措施加强对网上信息的管理和引导，将员工的学习、沟通、交流控制在合法合理的范围内。

第三章
民营企业思想政治工作的现实困境

思想政治工作是民营企业的“铸魂工程”，对企业的健康发展至关重要。民营企业作为市场活力的“弄潮儿”，作为引导经济向好发展的重要组成部分，思想政治工作的有效开展和精准落实，有利于推动民营企业自身和非公有制经济的有序发展。在新时代的发展大潮中，思想政治工作的开展有助于民营企业更好地融入现代化经济体系，为国民经济发展助力。[①]但在现实情况中，民营企业思想政治工作还面临诸多问题，如思想政治教育工作主导地位受到动摇、思想政治教育工作缺乏良好的工作环境、企业思想政治教育工作缺乏时代针对性、企业思想政治工作者工作能力不适应等。[②]这一系列问题成为当下民营企业发展的现实困境，准确把握所面临的问题，并进行具体分析，探究问题的表现形式和背后成因，对民营企业思想政治工作摆脱现实困境有重要意义。

第一节　企业思想政治工作定位模糊

不同于国有企业思想政治工作的精准定位，民营企业的思想政治工作定位略显尴尬。最大化追求经济效益和企业利润的先导思想一直是民营企业开展各项工作的基础。生产的核心效益、企业的良性运转、企业营收与企业规模的实际考量都是民营企业所重视和所开展的重点工作。在经济效益面前，思想政治工作的自我存在感和自我定位就稍显模糊。任何问题的缘由都源于认识，自我认识的正确与否、自我认识的深刻与否都影响着对实际工作的判断。思想政治工作的开展，

① 王海稳、程文婷：《新形势下民营企业思想政治工作发展策略》，《知识经济》2012 年第 24 期，第 125—126 页。

② 张建春：《把握时代特征 创新企业思想政治教育工作》，《党史博采（理论）》2015 年第 8 期，第 54—55 页。

需要精准定位、深刻认识，若对工作的认识一知半解，所预期的与所达到的实际效果自然会存在差距。由于当下思想政治工作定位的边缘化、模糊化、错误化，民营企业开展工作时常常会陷入认知不足、认知滞后、认知错误的泥潭，工作的开展首先要定位精准，妥善布局和具体分析，剔除自我错误认知，用正确的认识指导工作。

一、思想政治工作定位边缘化

与经济效益重点考量比起来，思想政治工作处在民营企业的边缘地带。逐利性和利润考量的主导思想，使得民营企业现实工作的着眼点是以经济效益为核心，企业长效有序的运行发展，良好经济数据的呈现，都是民营企业主关心的重点。对于思想政治工作而言，一些民营企业主对其认识和重视都缺乏正向把握。企业的经济发展、企业的队伍管理、企业的技术革新是一家民营企业所优先考量的工作，思想政治工作成为边缘地带的“微弱之光”。

边缘化的处境，导致思想政治工作现实开展的效果并未凸显。有些企业主动自觉开展的相应思想政治活动，进行的思想政治教育、管理党务工作、职工培训也是在经济类、管理类、技术类工作开展之后，利用边角时间零碎开展的“形式工程”，这导致思想政治工作机构配置缺失、管理人员自身水平不够高、员工漠视化心态的问题时有出现。[①]有些民营企业为应付上级检查，不得不开展相应思想政治工作，被迫应对与疲于应付的状态，使得思想政治工作成为“走过场”，从企业管理者到基层员工，自我认识停留在“利益化”“雇佣化”“形式化”层面，为工作而工作，为检查而开展，从而导致思想政治工作成了食之无味、弃之可惜的“鸡肋”。[②]有些民营企业以影响自身经济效益为由，相应的思想政治工作机构都不曾设立，更不用提增强党性活动的开展。思想政治工作并非只针对国有企业，在构建新时代现代化经济体系中，民营企业是其重要组成部分。经济效益是企业发展的重要着眼点，但不能因为经济发展弱化、淡化、边缘化思想政治工作，企业的思想引导、党性修养、大政方针的贯彻落实都能为企业注入向心力和凝聚力。长久化的边缘地带和形式化开展的错误认知，对民营企业良好有序发展是极为不利的。

新时代的追梦之路，绝非是经济领跑，精神教育贫瘠的两极分化；也绝非是经济先行，精神教育地处边缘的联系割裂，而是需要精准把握思想政治工作的核心内涵和核心要义，充分理解思想政治工作的重要性和必要性，摆脱长期以来开展工作的“实用主义”“唯利主义”“形式主义”的错误认知，摆正自我认知，

---

① 可立东：《分析新时期我国企业政治工作面临的挑战》，《东方企业文化》2013年第20期，第28页。

② 施序岱：《关于企业政治工作思想教育的新思路探究》，《科技视界》2014年第19期，第343页。

从思想层面深刻了解思想政治工作的作用和意义，只有这样才能走出思想政治工作边缘化的“精神荒漠”，寻找到民营企业两面结合的“精神绿洲”。

二、思想政治工作定位模糊化

受多元社会思潮的影响，当下思想呈现出多元化趋势。面对不同声音，面对不同思想，对民营企业负责人和管理者而言，对于思想政治工作重要性的认识及开展思想政治工作的手段、方法都存在模糊现象。例如，思想政治工作是什么？思想政治工作需要做什么？思想政治工作有什么用？思想政治工作会不会阻碍民营企业的发展？对于这些问题的认知，如果没有清晰地认知、深刻地理解、精准地判断、准确地把握，只是片面看待、模糊对待，就会产生错误的认知，进而影响民营企业实际工作的开展。同时，由于一些民营企业的负责人和管理者自身思想先进性不够强，没有及时学习最先进的理念，思想陈旧且死板，方式传统且落后，在实际工作中对思想政治工作定位不清晰，导致开展工作的实际效果甚微。

企业规模的大小在一定程度上会影响思想政治工作的开展，那些起步晚、发展速度慢、自身实力弱的民营企业在思想政治工作开展过程中往往显得力不从心。负责和管理思想政治工作人员的自身专业素养、自我认知，也影响着实际工作开展的效果。无论是民营企业主还是具体管理人员，自身专业素养的欠缺、自我认知的薄弱都会对思想政治工作的定位产生模糊化倾向。[①]在开展实际工作中难免会流于形式，无法结合企业自身实际，导致工作实效性欠缺；在开展实际工作中难以贯彻落实，缺乏实际可操作、可执行的具体举措，只有相关文件精神和原则指南，最终成为“空头口号”。认知理解的深刻性、精准性、专业性需要从企业领导核心、各部门工作管理人员到企业员工都具备一定的专业素养，并且需要从思想认识上引起重视，准确定位思想政治工作，扭转应付了事的心态和得过且过的心理。

三、思想政治工作定位错误化

思想政治工作是民营企业生产活动顺利开展的重要保障，是在复杂严峻的经济环境中健康有序发展的必备之需，是保证企业员工队伍稳定的合理之需，也是践行新发展理念和融入新时代现代化经济体系的重要导引。当前一些民营企业对思想政治工作存在错误认知，认为思想政治工作阻碍企业发展，不利于企业经济效益的长效增长，这种持“无用论”“危害论”的民营企业主，对思想政治工作的认知陷入了误区，产生了错误思想，这样对于指导企业思想政治工作的

① 齐璟泽：《加强思想政治教育 夯实基层党建工作》，《现代国企研究》2017年第22期，第215页。

开展有极大的危害。对于民营企业而言，建立和完善思想政治工作体系、树立正确政治导向、有效合理开展相关党务工作、开展党团活动、发挥基层党组织的战斗堡垒作用等；对于企业发展而言，都是精神旗帜的树立和引航，经济效益的发展固然重要，但两者的关系并非相互敌对、相互危害，而应融为一体，共促企业发展。民营企业主应摆脱错误的认知，为企业的发展和管理注入精神指向力。

第二节　思想政治工作缺乏有效载体

思想政治工作绝不是虚无缥缈之物，也不是流于形式的精神口号，思想政治工作的开展需要依赖有效的载体，使思想政治工作以具体化形式呈现，以便于企业员工学习和接受。然而，在实际工作中，一些民营企业的党团组织不够健全，导致思想政治工作缺乏有效载体。

一、党团组织负责人与管理者业务水平仍显不足

党团组织活动作为思想政治工作实际开展的载体，党团组织负责人、管理者发挥着核心作用和领航作用。党团组织负责人和管理者是统筹思想政治工作的领导核心，是实际活动具体规划的领路人，自身专业素养的过硬、业务水平的达标对实际工作的开展极为有利。然而，在现实情况中，党团组织负责人、管理者自我身兼多职，党团组织成为副业中的副业，从而弱化了对思想政治工作的实际掌控力度，除了应对检查和业绩考核外，党团组织成了企业的“形象工程”。①

在市场经济浪潮中，追逐经济利益成为民营企业生存发展的重中之重，逐利性的工作方式使得一些民营企业的党团组织负责人和管理者也将思想政治工作以量化标准来看待，没有正确把握思想政治工作的核心精髓，在量化标准的影响下党团组织负责人和管理者因经济效益、自身专业素养、工作经历不同，往往对理论宗旨和文件精神研读不到位，导致实际工作中传达不到位，开展党团工作的实效性不强。②有些党团负责人不是思想政治工作相关专业出身，理论修养和专业水平稍有欠缺，实际开展党团工作时，无法有效结合本企业实际走出一条适合本企业发展、特色鲜明的党团工作模式，只是人云亦云、照搬照抄、生搬硬套，最终导致实际工作毫无特色；有些党团负责人之前并未从事过党务工作，经验欠缺、工作积累不够，面对复杂的工作形势和纷繁复杂的问题时，往往找不到症结所在，

---

① 张素霞：《经济新常态下企业思想政治工作面临的问题与对策》，《企业技术开发》2015 年第 32 期，第 27—28 页。

② 姜福兴：《民营企业思政工作探析》，《现代交际》2016 年第 3 期，第 64—65 页。

也难以对症下药。实践中，这种半路出家、委以重任的情况并非少数，作为思想政治工作开展的有效载体，党建工作和团务工作的有效开展是至关重要的。但在实际工作中，作为管理核心的指挥者，往往因为自身业务水平的薄弱，使得实际工作的开展无法切中要害、精准发力，导致事倍功半、效果不尽如人意。作为党团组织负责人和管理者，自我业务水平和理论修养都是必备素质与开展实际工作的重要依托，需要针对企业实际妥善有效解决。党团组织负责人也应积极转变自我观念，摆脱以往经济视域下看待组织队伍和员工群体的方式，不再是以一种经济视角看待问题，而应融入社会情感和文化内容，从社会关系视角和企业文化角度重新出发，更好地开展党团活动。[①]

二、党团组织队伍建设和组织架构仍显薄弱

除了管理者自身的问题外，党团组织队伍建设仍需进一步规范。有些民营企业中，“雇佣者”“临时工”“兼职从业者”的心态并不少见，抑或只是以工作看待工作，以薪酬衡量标准和自我利益得失作为评判准则，以被雇佣、被管理的心态应对工作，缺乏积极性和主动性，实际工作中缺乏严肃感，除了简单应付领导安排的工作外，实际开展中只是简单地听听报告、说说心得、写写感悟、拍拍照片，然后呈报负责人，就算完成了核心主题的宣讲和学习。

在民营企业党团组织建设中，存在组织建设不健全的问题。有些民营企业是由国有企业改制而来的，其自身的党团机构较为健全；而一些实力弱、发展慢、规模小的民营企业几乎没有党团组织机构，即便设立了党团组织机构也不够健全。有些民营企业或多或少地带有家族式管理的痕迹，只是随着市场经济的改革，部分民营企业随着时代发展进行股份制改革，不再单纯依托家族力量，而是依靠市场接受更多资本的注入，不断丰富企业管理内容。但是，对于很多民营企业而言，其建立的初期、发展的初级阶段，甚至是当下市场经济背景下，家族式管理的作用仍然十分强大。首先，家族式管理虽然有利于企业自身的凝聚与团结，但是党团组织总负责人也往往是民营企业主，这种情况对民营企业党团工作发展而言，在很大程度上就取决于民营企业主自身是否有意识、有意愿、有认识、有想法去做好党团工作，因而出现了党团建设的不规范、管理上的漏洞频出的问题。其次，家族式管理虽然有利于企业决策的统一，但是亲属管理党团工作，使党团工作在某种程度上成为企业发展的附属品，而无法成为一项独立可行的工作，这就需要改变传统的经营管理模式，引入专业的管理人员，为党团工作注入活力。所以，对于民营企业自身发展过程中的独特产物，不应规避也不应放纵，更不应全面铲除，而应结合企业自身实际，不断完善党团组织架构，以更好地在民营企业中开

---

① 汪青杰：《浅谈企业政治思想工作的缺失与树立》，《改革与开放》2012 年第 20 期，第 124、131 页。

展思想政治工作。

对于民营企业而言，上级党团组织的监督管理是其日常党务工作开展的重要指引，但是对于部分民营企业而言，上级监督管理部门由于对企业情况掌握得不够精准、资料不够完善，在实际指导和管理中，也容易犯脱离实际的错误。[①]上级监督管理部门的指导固然重要，但是不符合企业具体实际的指导，往往会走入错误的岔路口，这就需要国家发布更加具体的指导性文件、更加鲜明的规范和指导，并不断健全层层监督的体制机制，使每一层级环环相扣、监督有力、指导精准，助力民营企业健康发展。

还有一些民营企业呈现出多头管理、分散管理的问题，很多民营企业新组建了党团组织，但是在具体工作的开展中，还存在具体协调和实际分配的问题，如如何更好处理与民营企业主的关系、如何让员工更好接受党团组织开展的日常工作、如何更好地发展新组建的党团机构、如何将企业效益与员工利益有机结合等，都是对新组建党团组织的严峻考验，加之多头管理与分散管理的无头绪和混乱化，更需要条分缕析、明晰管理监督职责，形成一一对应关系。同时，对新组建的党团组织还要给予更多物质保障，无论是资金注入还是设备引进，无论是人才吸纳还是技术革新，都要在发展的初步阶段给予帮扶，只有这样才能更好地开展工作，做好日常工作。

在一些民营企业中，还存在着大量“口袋”党员和“隐形”党员，这也成为组织队伍建设中需要解决的重点问题。对于“口袋”党员而言，他们将组织关系长期放在“口袋”中，自己人在民营企业，组织关系却在另一处，不积极办理组织关系接转手续。对于“隐形”党员而言，像是自我披上“皇帝的新衣”，将自我角色模糊，这些流出党员未到民营企业流入地报到，他们将自身党员身份刻意隐藏起来，这样一来，流出地、流入地党组织无法掌握实际情况，也就不知道其党员身份。无论是“口袋”党员还是“隐形”党员，大多是自我政治觉悟上出了问题，患了“政治麻痹症”，对于党团工作漠不关心，关键时候不出来，遇到关键问题事不关己，组织生活不积极参加，党费让人代交，需要时就找党组织，没事时就“混迹”于普通员工之中，这些现象的存在对企业党组织建设来说是极为不利的。“口袋”党员和“隐形”党员在自我隐身中，企业员工难以辨别谁是党员和党员干部，他们不为企业党组织出力、不为组织发展建言献策、不为组织活动开展贡献自己的力量。在潜藏中，只关心个人得失，弱化了党员标准，影响着民营企业思想政治工作开展的效果。清理这些“口袋”党员和“隐形”党员，让组织队伍建设更规范、更符合要求。让组织人员更加公开透明，更有效发挥核心战斗力，为思想政治工作的开展保驾护航。

---

① 李建：《试论新形势下加强民营企业党建工作的思考》，《经济研究导刊》2016 年第 30 期，第 159—160 页。

另外，党团组织队伍的规范化建设也面临着人才缺乏的问题，负责与管理党团活动的员工年龄偏大，新鲜血液的注入缓慢，老干部一人多岗、身兼数职、疲于奔命，年轻一代得过且过、注重自我、难堪大任，党团组织这种“断层”化现象对思想政治工作开展拉响了警报。实现党团工作人才的专业化、年轻化，成为当下民营企业思想政治工作发展的关键一环。多元思潮和多元文化的不断冲击，新时代新的发展要求，加之新媒介技术的不断革新和冲击，这些实际情况需要更多优秀的年轻人才进入党团组织工作，为思想政治工作注入新活力。在竞争日趋激烈的当下，人员流动性日益增大，更需要为年轻化人才的引入提供更好的员工保障。民营企业管理者需要及时补充新鲜血液，重视引进年轻党团干部，让具有新时代眼光、具有新时代思维、具有新时代做法的青年一代助力企业发展，打牢思想政治工作基础，丰富思想政治工作内涵，丰富思想政治工作的知识和技能，运用新媒体形式，让党团活动活泼起来、生动起来，使民营企业的思想政治工作鲜活起来。

思想政治工作的开展需要大力加强政工队伍建设，为工作的开展提供强大的人力支持。政工队伍的组建与完善、企业工会的构建与运用是民营企业发展的重要举措，需要不断优化政工队伍的年龄结构，以新时代思想作为引领，在企业工会中需要切实保障职工利益，为职工谋福利。任何团体的组建与发展除了引领员工思想外，还需要让员工感受到自我利益得到维护，为员工发声，为员工谋福祉，激发员工积极性，自觉投身到党团组织建设之中，为民营企业顺利开展思想政治工作铺平道路。

三、党团组织的体制机制尚需完善

民营企业作为非公有制经济的重要组成部分，除了推动市场经济发展外，也需要做好思想政治工作。但非公企业的所有制特点成为一些民营企业的“挡箭牌”和“避风港”，认为自身可以不发展、不建设党团组织，可以不做好、不开展思想政治工作。[①]在实际工作中，完善党团组织的体制机制与自我所有制结构没有必然关联，需要逐步完善党团组织的体制机制。在现实生活中，虽然很多民营企业实行属地管理模式，划分了市县乡的各级党团组织责任，但是管理模式和管理职责上还稍显模糊，多头管理情况仍旧存在，导致权责不明晰、管理不流畅、效果不明显。建立权责明确的管理模式是良好的开端，还要在实际落实中，将党团体制机制建设进一步结合当地民营企业实际，最终推动企业发展。

正确的思想指引是工作开展的指南针。对于新时代的民营企业而言，充分学习和领会党的十九大报告精神，认真研读和贯彻习近平新时代中国特色社会主义

① 吴学谦：《现阶段企业思政工作面临的挑战及对策》，《企业改革与管理》2017 年第 11 期，第 203—204 页。

思想，尤其是关于现代化经济体系思想，不断完善企业自身发展方式和经营体系，同时彰显新时代民营企业思想政治工作的特色。在这一过程中，思想的学习和领会无疑是至关重要的。[①]然而，在现实情况中，为了追求企业经济效益或为了应付上级检查，在学习新思想的过程中，为听而听，听而不用，甚至拍照为先，一场场学习交流会却成了令人厌恶的“真人秀”。学习思想是为了明确方向，是为更好地结合企业实际，走出一条具有企业自身特色的思想政治工作之路，当开会成了“摆拍”会、心得汇报成了“复写纸”、党团活动成了广大员工疲于奔命又心存怨言的“反向指引”，这样开展思想政治工作危害极大。习近平新时代中国特色社会主义思想的学习贯彻落实需要民营企业依托自身体制机制的完善，需要贴近员工实际，将学习活动做精做细。党团组织活动是思想政治工作开展的重要载体，需要有效落实“三会一课”制度，监督各党小组活动的开展情况，以企业文化为“轴心”，开展既贴合企业又联系员工的思想政治活动，摒弃“形式风”“实用风”“造假风”，让活动开展更加深入人心。

党团活动的开展也需要相应的经费支持，需要企业自身拥有完整的资金链，以保证企业思想政治工作的良性运转。有些民营企业持“无用主义”论调，认为将资金投入思想政治活动中，既浪费资金又难起实效，这种思想对企业的发展百害而无一利。民营企业在自我发展过程中除了要在市场经济的大潮中成功上岸外，还需要在劈波斩浪中形塑企业灵魂、明晰企业精神、赋予企业内涵、感知企业思想，让员工摆脱“雇佣者”思想，感受到企业集体的关怀。丰富且有趣的思想政治活动有利于增强企业内核，更好地注入人文关怀，因此需要民营企业在体制机制上保障资金的投入。资金投入的物质保证和人文关怀的精神满足，可以使员工有更强的归属感，这有利于保障思想政治工作的开展。随着市场经济的发展，民营企业的员工流动性不断增大，稳定的员工队伍成为开展思想政治工作的有效前提。在完善党团工作体制机制的过程中，也需要重视民营企业内部发展的民主化。需要协调好经济效益与思想政治工作两者之间的关系，而不是永远让思想政治工作为经济发展让路。党团组织推动活动的开展和保障活动的进行需要严肃对待，但是也需要倾听员工的心声，接收员工的反馈，给予员工更多表达民主诉求的机会，而不是永远一纸政令强行铺开，一声播报强行推广。需要增强企业员工的主人翁意识，激发他们的主观能动性，使他们更有意愿、更有想法地参与到企业的党团工作中，发表自己的意见，营造企业内部的民主氛围，保障员工建言献策的权利，拓展员工表达自我意见的渠道，而不是永远自上而下的强制推行。

体制机制的完善还需要建立完善明晰的思想政治工作规章制度，这些不是束

① 刘宏义：《做好企业政工干部队伍建设的思路探析》，《中国高新区》2017 第 23 期，第 244 页。

之高阁的晦涩文件，也不是脱离实际的官样文章，需要密切结合企业实际，密切联系员工生活，以员工乐于接受的方式开展合适有趣且富有思想内涵的活动，在不断的党性教育中，在不断的自我修养中，实现企业自身经济效益和社会效益的双向丰收。

第三节　思想政治工作理念滞后

对企业思想政治工作的规范和指导，虽然有相关的指导性文件和明确的指引性原则，但对于一些民营企业主而言，追求企业经济效益和企业利润是第一考量标准，对思想政治工作缺乏深刻性认识或重视程度不够高，投射在现实工作中，就是工作理念陈旧、工作模式传统、不适应新时代发展要求、不适合企业内部发展实际、无法紧跟市场经济发展的潮流与趋势、沿用老办法和旧模式开展思想政治工作，导致思想政治工作成为当下一些民营企业的形式工程、精神负担、任务督导。民营企业主自我认识和重视不到位是一方面，但更为重要的是工作方式方法的落后与陈旧、死板与教条，不仅影响着现实思想政治工作的活力，也不利于企业长效发展。

一、思想政治工作方式过于传统，有形式主义倾向

陈旧落后的理念和传统延续的工作方式，成为当下一些民营企业发展活力的制约因素，突出表现为拘泥于传统的工作方式、重说教、缺乏实效性、有形式主义倾向。形式主义的做法，只会造成员工对工作方式的反感、对党团组织感情的漠视、对思想政治活动的积极性减弱。在实际生活中，部分民营企业开展思想政治工作带有浓厚的说教色彩，无论是主题宣讲会还是员工党员培训大会，以硬性灌输作为主要方式，就理论说理论，以精神讲精神，为开会而开会，以完成任务、应对检查、满足考核的心态疲于应付、流于表面。部分民营企业宣讲党的十九大报告精神时，有些企业就是组织员工看视频、写写心得与感受，就当是完成了十九大精神的研读和学习；有些企业就是请当地的专家进行宣讲，占用员工的工作时间和业余休闲时间，使其成为员工沉重的包袱；有些企业就是如课堂说教一般，照本宣科、生搬硬套、死气沉沉，沉闷的理论说教削弱了员工的积极性，消磨了员工内心的热情，压制了员工活力，企业思想政治工作成为生硬理论的“宣讲场”、照本宣科的“复读机”、员工集聚的“摆拍秀”、心得汇报的“造假所”，长期处在这样一种浓厚说教氛围中，久而久之思想政治工作的开展就会越来越流于形式，思想政治工作的实效性大打折扣。

二、新技术、新技能结合力度小，工作模式生动性欠缺

民营企业在市场经济的大潮中，不断革新企业技术，提升企业生产效率，但对思想政治工作来说，投入的新技术、新技能稍显欠缺，使得工作模式单调乏味、缺乏鲜活度和生动性。创新引领时代的发展，同样对思想政治工作模式来说也需要创新，也需要经历大换血，将所有陈旧落后的方法及时摒弃，并充分利用新媒介技术。开展思想政治工作最重要的就是引入新的方式，增强时代感。例如，建立党小组微信群，进行网上教育；开设企业微信公众号，让员工建言献策；利用网络直播和短视频的方式，以实时直观的方式增强思想政治工作的新鲜感；制作鲜活有趣的企业宣讲视频和宣传册，让员工易于并乐于接受；开展创意宣讲比拼活动，给予员工展示的舞台。①面对当前媒介技术的不断革新，思想政治工作更需要在实际中转变思路，改变方式。听报告、搞培训、办宣讲、办竞赛，在传统内核保留的情况下，更应利用新技术的优势，赋予鲜活生命力。传统陈旧的报告会形式，除了耗费大量的人力、物力、财力外，对思想政治工作持续有效开展效果并不明显。新时代开展思想政治工作更应充分发掘企业特色，结合企业实际；充分调研员工实际，贴近员工生活；充分利用新技术优势，结合工作进程；充分培养新人才、引进新设备，服务思想政治工作。

当下传统的“你说我听”、沉闷的“说教会”已显疲态，产生了一些消极影响，如何在保留传统内核的前提下，走出一条结合新技术、新技能，运用新方法、新模式的思想政治工作之路是当下思想政治工作者需要考虑和破解的难题。企业员工的年轻化趋势不断呈现，思想多元化潮流来袭，在新生力量面前，不断重复传统模式，可能会使年轻员工产生强烈的抵触心理，甚至是抗拒情绪。对于企业的年轻员工来说，更需要引进新技术、运用新方法，使思想政治工作入脑入心。②

三、网络时代的冲击，思想政治工作需做好舆情工作

传统、单调、乏味、落后的模式，除了使思想政治工作显得呆板、不生动外，更重要的是对民营企业主和党团组织管理者提出更多新要求，需要摒弃自我传统落后的观念，运用新媒介力量，融合新技术，使思想政治工作更具新鲜感。当下新技术的发展，新媒介力量的冲击，对于企业自身的公信力影响较大。思想政治工作的目标与使命是为企业凝聚人心，增进员工正面向心力，提升员工素养，从而更加融入企业，引导员工树立正确的工作观和企业观，拥有更强责任感和使命

---

① 叶麒麟：《非公企业党建的困境及其破解对策——来自福建省泉州市的经验启示》，《理论与改革》2014年第1期，第63—67页。

② 沈剑：《非公企业思想政治工作亟待加强》，《东方企业文化》2014年第10期，第58页。

感。新媒介的运用，使员工接触到更多新鲜思想和多元言论，面对网络上纷繁复杂的舆情事件，面对企业思想政治工作的网络化冲击，如何正确精准把控舆论方向，引导企业员工贴近核心价值观；如何增强企业自身公信力，使员工更加信服、更加认可；如何面对突发事件更好掌控和疏导，都是在网络化冲击下思想政治工作者面临的巨大挑战。[①]传统落后的工作模式，需要加以改变和学习运用新技术，提升开展思想政治工作的新本领和新技能。网络时代舆论纷繁复杂，各种声音交织出现，历史虚无主义、抹黑正向典型现象时有出现，这些错误的声音和行为对民营企业的日常管理与思想政治工作的有效管理提出了巨大的挑战，面对网络时代的舆情压力及网络时代对企业员工思想的冲击，民营企业主和党团管理者更需要有较强的前瞻意识和统领能力。思想政治工作的开展绝不是“表面文章”，而是需要妥善应对网络热点事件，传递正能量，树立正确的价值导向；面对时代楷模、劳动模范、企业先进典型，需要清除错误声音，对员工进行正向引导；面对突发舆情事件，民营企业主和党团负责人要将传统宣传模式与新媒体方式有效结合，及时处理。每一家民营企业都是一个小集体，妥善处理每一个舆情事件，引导正确的舆论导向，对企业的健康发展和长远发展都是至关重要的。

良好的意见诉求机制和员工声音反馈机制可以让员工更好地发声。不能紧抱传统模式，而应积极应对网络时代下新的舆情挑战。网络所营造的虚拟空间为每一个网民提供了一个聚居地带，无论是贴吧论坛还是微博微信，无论是短视频独立空间还是直播秀场，企业员工在接触各式各样的网络内容过程中，也在接触着各种各样的网络声音，部分员工甚至会参与其中，成为网络发声的一分子。网络声音和导向往往是现实境况的投射，在现实境遇中不能直接表达的，都可以在网络虚拟空间里畅所欲言，除了刻意造谣、蓄意抹黑、有意破坏舆论环境外，更多的是在网络空间中找到共同发声之所。民营企业不能紧抱传统思想政治工作模式，用命令强化引导，用会议灌输思想，用报告检测成果，这样只会让员工产生抵触情绪。在现实场所里无法有效发声，而网络成为企业员工的集散场，久而久之，除了会削弱企业自身的公信力外，也会加大企业思想政治工作做实做好做强的难度。要多关注员工的网络声音，为员工开辟网络发声渠道，不仅要做好现实领域的思想政治工作，也要做好网络空间的思想政治工作，更好地引导员工树立正确的价值导向。[②]在实际工作中，要妥善处理舆论危机，对于热点敏感事件更要态度鲜明，并及时引导，为思想政治工作的开展营造良好的舆论氛围和网络环境。

---

① 崔勇：《人本观念在企业思想政治管理工作中的应用探讨》，《现代国企研究》2017年第10期，第240页。

② 王永华：《加强非公企业党建工作：问题与对策》，《中共天津市委党校学报》2016年第3期，第10—14，20页。

四、人文关怀渗透度不够，工作模式略显生硬

民营企业不同于国有企业，其更加看重企业的经济效益和企业的投入产出，更加聚焦于员工的生产效率和生产效益。以创造产值作为奖惩依据，以工作效率作为评判准则。民营企业主以经济性视角对待员工，在企业发展过程中，若人文关怀的渗透度不够，员工则难以感受到企业的关怀和温暖，只得以打工者的心态对待工作。基于此，民营企业在开展思想政治工作过程中，才会出现企业员工参与度不高、积极性不强的现象，最终导致思想政治工作收效甚微。

民营企业需要构筑自身的企业文化，也需要融入人文关怀，将以人为本的理念贯穿企业生产和思想政治工作开展的方方面面。以人为本，让员工感受到家的温暖，不仅有利于企业经济效益的提升，也有利于党性教育、理论宣讲、员工培训等活动的高质量开展。以让员工愿意接受为目的，改变生硬的管理方式和工作方法，以交流化分歧，以沟通促联系，以亲密联纽带，以关怀暖人心。开展思想政治工作，绝非大政方针宣讲会，也并非党性修养培训会，对于每一个普通员工来说，深入其内心，抚慰其心灵，给予其更多正能量，都是政工团队实际工作的内容。企业在发展壮大的过程中，经济效益固然是重要考量指标，但员工的核心利益也应是重要的关切点，毕竟一家企业有序运转的关键在于员工。思想政治工作需要注入以人为本的理念，不仅要传递更多新时代思想，还要播撒更多的正能量。

以往传统的工作模式粗放且生硬，使得员工的接受效果很差，良好的传导途径也在这样一种刻板生硬中被阻隔，良好氛围的营造需要转变工作理念、改变工作方式、革新工作模式，坚持以人为本，将思想政治工作深入人心。

五、部分民营企业重管理、轻思想，重企业文化、轻政治教育

法律法规虽然对民营企业的思想政治工作作出了明确的规范和指导，但是各地区的民营企业的实际情况不同，具体规范成了原则性指导，部分民营企业依旧保留传统观念，重视经营管理，轻视思想政治工作，割裂了两者的联系，以单一眼光看问题。这样一种传统理念，对于一家民营企业而言，虽然企业管理和文化建设不断获得关注与投入，但是“铸魂工程”却没能及时跟上，尤其是在家族式企业中，这样的传统管理模式更为常见。在现实生活中，我们常常看到有些民营企业自身企业管理到位、文化建设优秀，但是依旧感觉企业自身发展缺乏核心凝聚力和关键向心力，其原因就是轻视思想工作、轻视政治教育。思想政治工作能够扫除企业错误思想、拨正企业正向航道，使员工树立正确的世界观、人生观、价值观，在多元文化和多种思潮面前，激浊扬清、正本溯源，在混乱的多种意识中，形成统一思想，明晰统一目标，走出统一步伐。[①]在不同地区、不同行业、不

① 孙莉：《网络时代下的烟草企业思政工作探究》，《人力资源管理》2016 年第 1 期，第 90—191 页。

同规模的民营企业中，可以领航企业正向思想，结合企业实际有针对性地为企业“补钙”，使企业在不断实现经济效益的同时，也能实现自身的社会效益。

要切实改变这样一种传统模式和管理理念，要让员工找到精神指向力，要让员工感受到企业的温暖凝聚力，让员工们懂得在实际工作中除了满足自己的物质需求、为企业创收外，还能感受到劳动所带来了自我价值实现。思想政治工作绝不是空洞无物之事，改变以往传统落后的工作模式，在新时代的发展过程中，紧跟时代主题，提升企业内涵。

民营企业新时代发展之路绝不能人为割断企业文化与思想政治工作的联系，要将企业文化与思想政治工作融为一体。企业的发展不单是经济效益的发展，归根到底是实现人的发展。企业的凝聚力和精神风貌，都需要将以人为本的理念注入企业的各个发展环节，将企业文化和思想政治工作有机融合，转化为员工的内生动力，从而为企业发展注入活力。企业文化与思想政治工作是具有相同功效的两个方面，具有内在的结合点和联结点，既不能同等看待，也不能过度区别。[①]从企业的发展目的来说，民营企业需要在激烈的市场竞争中为自己赢得一席之地，拥有更好的经济发展效益，但一家强大的民营企业绝不是只注重“面子”，不注重“里子”，但凡发展强大的民营企业，都具有自己鲜明独特的企业文化。企业的正确发展路径注定是外在呈现经济实力雄厚，内在凸显人文气息浓厚，具有强大员工精神向心力的内外结合的方式。民营企业如果一味寻求管理上的尽善尽美，一味追求企业文化的特立独行，一味追求优秀亮眼的经济数据，在高速发展过程中，这种忽视长远利益只注重当下的急功近利的做法，最终也难以实现长久发展。翻看中国民营企业500强名单，位居前列的华为、苏宁、京东、格力都是知名企业，其成功绝不仅仅是目光短视的追求眼前的经济利益，更多的是结合国家的经济发展战略，调整自己的发展规划，打造自己的发展特色。成功企业的发展实践再次证明：谁能主动将企业的文化特色与思想政治工作做到有机融合，谁的企业就有活力，谁就能在竞争激烈的市场竞争中站稳脚跟。

六、民营企业主和党团管理者思想政治理论素养仍显薄弱

一切活动的开展和工作的进行不仅需要正确理论的指导，而且需要一批高素质人才队伍去实践、去创新。工作理念的滞后，传统模式的僵化老套；组织架构设置不合理，开展活动敷衍了事；工作定位不明晰，认识不深刻，归根到底都是民营企业主和党团管理者自身思想政治理论素养不够高，因而在开展实际工作中，只有提升自我素养，才能将理论与实践相结合，也才能紧跟时代发展潮流。

学习和领会思想政治相关理论，坚定马克思主义信仰，充分学习党的十九大

---

① 蔡艳：《煤矿企业思政工作与时俱进方法研究》，《中国高新技术企业》2017年第5期，第237—238页。

报告精神，领会其中的要义。有些民营企业主自身理论修养不够高，错误指导实际工作，弱化党团组织作用，对上级管理部门的会议精神“吃不透、搞不明”，在实际工作中，只能“瞎指挥、乱弹琴”，遇事推卸责任，党团工作一团糟。[①]作为民营企业的领导核心，民营企业主在思想政治工作中扮演着指挥者的角色，其自身对政策的认可程度和接受程度，也决定着其开展工作引领的方向和建设的路径。作为企业的领导核心，需要正视自己的不足，从思想认识上清除思想政治工作“无用论”的论调，摒除“损害企业效益”的错误思想，要充分结合企业实际，考虑所在地域特色和政策指向情况，分析自身党团组织各项机制建设的问题，关注员工的日常思想动态和精神面貌。作为领导核心，要给予思想政治工作充分的重视，把思想政治工作与本企业充分结合，找准定位，深化认识。有些民营企业主对于开展思想政治工作只做表面文章，想方设法搞成果，费尽心力做成绩，隐去企业道德，漠视企业社会责任，对于企业的价值航向开启了错误的指南。民营企业作为现代化经济体系的重要链条中的一环，思想政治理论的组织学习需要上级不断监督和管理，重点培养领导核心的工作大局观和社会责任感，作为民营企业主，自身也要不断提升政治素养，明晓自身企业责任，为经济发展助力，为社会和谐添彩。民营企业主需要有底线意识和敬畏心理，也要有积极的学习意识和不断革新的能力，转变陈旧的工作方式，不断学习新技术、新精神、新指示，做好整个企业的思想政治工作。

对于党团组织管理者而言，作为思想政治工作的实际开展者，更需要提升自身的理论修养，不能片面地认为搞思想政治工作就是“有会议就学习、有心得就汇报”，在实际工作中，就是发展党员、开展党员培训、收缴党费、落实组织关系、应付上级搞无关痛痒的各种检查评比。作为实际工作的操作者和执行者，需要结合企业的长远发展规划和独特的企业文化，根植于企业实际，从理论学习中汲取养分，将工作开展的实效性提升。有些党团组织管理者，自身理论修养不够，也不思进取、不求上进、不更新自我知识、不储备先进理论思想，对于工作的开展和指引，难以做到精准管理和有效布局，员工在参与的过程中，感受不到活动的价值和意义，久而久之，活动成了例行公事，成了心照不宣的“无用功”，看似各方面工作有条不紊地推进，实则相互搭台、形式成风。党团组织管理者需要充分协调本职工作和理论学习的时间，用心感悟理论指导的正确性，组织参观红色旅游胜地、精神文化馆、英雄纪念堂，感知先进理论的一脉承继性和光辉指引性。

七、民营企业思想政治工作方式方法创新力尚显薄弱

创新是一个企业不断发展的动力，也是一个企业在纷繁复杂竞争环境里得以

① 贾作璋、黄萍、刘胜男：《企业思想政治工作与企业文化建设的内在关系》，《企业技术开发》2013 年第 2 期，第 62—63 页。

生存闪光的重要能力。民营企业不能延续过时的方式、抱残守缺，需要有大破大立的冲劲，在市场竞争中为自己赢得一席之地。当下民营企业的创新都集中于生产技术的革新和经济发展的创新变革上，很少有企业将更多的创新力聚焦于思想政治工作上。创新思想政治工作方式方法绝不是单单资金注入、引进人才、购进设备，创新力的引入需要系统的革新，对于思想政治工作来说，需要从思想认识上和体制机制上进行一整套的“换血”。对于部分民营企业而言，其自身滞后的思想和僵化的发展模式已经制约了企业的发展，薄弱的创新意识和单一的创新路径，除了学习模仿其他企业的新模式新方法外，没有自身企业独特的地方。教条主义的刻板硬套、拿来主义的胡乱使用，仿照主义的临摹走样，对于企业本身而言是百害而无一利的。企业的内生发展需要思想政治工作革除落后的思想意识，剔除错误的思想意识，涤荡混乱的思想意识，对于思想政治工作的创新，将专业的实干人才安排到相应的岗位，将核心应有的新技术、新技能有效运用，提升思想认识，强化重视程度，使思想政治工作成为“一盘棋”，系统化的创新不仅是外在形式的变革，更重要的是对民营企业主和党团管理者思想意识的创新，是内在外在的有机结合和双向创新。

民营企业是当下新时代现代化经济体系的重要一环，随着市场经济的不断发展，企业竞争日趋激烈，所比拼的不单是经济实力的强弱，而是内在企业精神的核心竞争。民营企业的思想政治工作绝不是“可有可无”的东西，也不是可以随意忽略的内容，对于企业的生产发展、员工凝聚、企业风气塑造、企业精神引领等方面都起着至关重要的作用。当前民营企业的发展过程中，由于历史原因和现实境况，在开展思想政治工作过程中呈现出多重困境。无论是对思想政治工作的定位失衡，还是缺乏对思想政治工作的认识性和重视度；无论是企业内部党团组织建设的布局粗放，还是企业内部思想政治工作的体制机制尚需完善；无论是企业发展过程中的思想政治工作理念滞后，还是传统工作模式的严重阻碍；无论是网络时代对思想政治工作的强力冲击，还是企业文化与思想政治工作的结合度欠缺，都是在实际处理工作中所要面临的巨大挑战和需要克服的重重问题。但当下存在的问题和困境，也促使民营企业自身探索新思路，探究问题绝不是以问题说问题，而是从问题中总结解决的路径，提供新时代经济发展大潮中全新的变革思路。

第四章
打造“五位一体”的思想政治工作合力
——河北建设集团股份有限公司思想政治工作经验

思想政治工作是一项复杂的系统工程，需要各部门通力合作。多年来，河北建设集团股份有限公司高度重视党建、思想政治工作、企业文化建设等在企业发展中的重要作用，紧密联系行业特点和企业实际，积极探索新时期思想政治工作的新路径，走出了一条领导干部、职能部门、群众组织、多维合作、企业文化助推的“五位一体”思想政治工作新路，把思想政治优势有效转化为企业的核心竞争力，为公司发展助力。在实施股份制改革方面，河北建设集团股份有限公司启动天翼项目，为促进企业长远发展，公司党委继续推动“大党群”格局，党政工团齐抓共管形成工作合力，公司发展又掀开崭新一页。

第一节　党组织的政治核心作用

当前，非公有制经济已经同公有制经济一样，成为我国社会主义市场经济的重要组成部分和经济社会发展的重要基础。在非公有制企业中建立各级党组织是中国特色社会主义制度的一大特点，是党加强对经济社会发展领导的重要体现，是巩固党的执政地位和执政基础的重要环节，同样是非公有制企业发展的“红色引擎”。2012 年 3 月，习近平在全国非公有制企业党的建设工作会议上发表重要讲话时指出：“加强和改进非公有制企业党建工作，抓好‘两个覆盖’、发挥好党组织‘两个作用’、加强‘两支队伍’建设很重要。抓好‘两个覆盖’，就是要抓好党组织覆盖和党的工作覆盖，加大党员发展力度，做好流动党员管理服务和引进党员职工工作，不具备建立党组织条件的要采取多种方式积极开展党的工作，增强党的影响力。发挥好党组织‘两个作用’，就是党组织要在职工群众中发挥政治核心作用，在企业发展中发挥政治引领作用，把贯彻党的路线方针政策、维护职工群众合法权益、引领建设先进企业文化、创先争优推动企业发展贯穿党组织活动始终。加强‘两支队伍’建设，就是要加强党组织书记和党建工作指导员队伍建设，为开展非公有制企业党建工作提供组织保障。”[①]党组织肩负着领导核心、政治引领、服务群众、凝心聚力的职能，发挥好党建工作的综合效应，有利于非公有制企业党组织功能的充分发挥，从而促进非公有制企业在健康发展的道路上取得更好的经济效益。

关于基层党组织职能作用的发挥，河北建设集团股份有限公司党委认识到，社会主义的民营企业发展与党的事业紧密相连，党建强则企业强。各级党组织要把贯彻落实党的路线、方针、政策落实到企业行为中，作为其工作的出发点和落脚点，这既是党赋予非公有制企业基层党组织的政治使命，也是非公有制企业党组织推动企业健康发展的责任担当。目前，河北建设集团股份有限公司共有员工5386人，在册党员1663人，党员人数占员工人数的30%，集团公司党委下设5个二级党委，16个党总支，共86个党支部。

近年来，在“党要管党、从严治党”工作方针的指导下，河北建设集团股份有限公司高度重视党建工作，将党委定位为企业的“思想核心、力量源泉、战斗堡垒和人才摇篮”。因此，在企业发展中坚持“围绕经济抓党建、抓好党建促经济”的思路，对如何发挥好基层党建工作的综合效应，把党组织的政治责任落实到位、把党的路线方针政策贯彻到位、把党员的先锋模范作用体现到位、把推动企业发展发挥到位等问题都进行了深入思考，探索和实践了许多独具特色的党组织发挥作用的方式和途径，形成了以党委为核心、以支部为基础、以党小组为网络、以党员为主体的党建工作格局[②]，为企业的持续健康发展提供了政治保障，走出了一条党建强、发展强的新途径。

一、强化党组织的政治引领功能，让公司在党和国家方针政策指导下前进

在发挥党组织作用方面，讲政治、守纪律、敢担当、有作为是党对企业提出的政治要求。如何把这一点贯彻到企业的各项工作中，则是党组织政治引领作用的重要体现。

20世纪90年代，河北建设集团股份有限公司就以解放思想和理念变革为先导，在解放思想中发展经济，在经济发展中进一步解放思想，从而使企业一次次插上腾飞的翅膀。在党的十六大召开之后，公司深入贯彻党的方针政策，使公司

① 习近平：《在非公有制企业党建工作会议讲话》，2012年3月21日，http://www.chinanews.com/gn/2012/03-21/3762470.shtml。

② 顾廷伟：《企业思想政治工作的探索与实践》，河北大学出版社2013年版，第105页。

连续五年综合实力雄居河北建筑业之首。党的十八大提出“两个一百年”的奋斗目标，公司的“十三五”恰逢“第一个一百年”，公司在2017年启动天翼项目，并于2017年12月15日在香港联合交易所挂牌，以“雄安第一股”成功进入国际资本市场，成为河北省首家在香港联合交易所主板上市的建筑企业。回顾公司的发展历史证明，只有将企业的经营活动与中国特色社会主义事业及党的奋斗目标联系起来，充分发挥党组织的政治引领作用，让企业在党和国家的方针政策指引下，方能使企业在健康的发展道路上实现经营目标。公司改制后，在党组织政治导向功能的发挥和实现方面，继续创新与探索。

（一）坚持党政联动，强调“大政工”理念

为保证党政联动的实现，公司在企业决策、管理、经营和生产等各个层面，全面实现党组织领导班子和行政决策层、管理层互相交融，从制度上保证党组织有效参与公司的决策和日常管理。公司党委和管理层双向融入、交叉任职。董事长、党委书记、总经理一人兼任，党委副书记任副董事长，纪委书记兼后勤副经理，工会主席任副总裁；党政合署办公，一人兼数职，既提高了工作效率，又使党政工作融合发展形成工作合力，将党的政策、方针和党组织形成的意见直接贯彻到企业决策当中。在公司重大事务决策中，公司党委坚持新理论指导新实践，坚持用党和国家的方针政策把关，把党的意志贯彻到企业生产经营中，并高度重视党组织对企业的政治引领作用，强调各级党组织必须是党的路线、方针、政策的忠实履行者，必须坚定正确的政治立场、政治方向和政治观点，要求通过各级党组织的力量把公司的决策贯彻到位，保证党和国家的方针政策在企业落实到位。

（二）持续学习教育制度，做到思想认识一致

在宣讲形式上加强引导，持续学习教育，做到党政领导在思想认识上趋于一致。公司党委密切结合施工企业特点，坚持“学习也能出效益”的原则，充分发挥企业党校、流动党校和工地党员活动小组的主阵地作用。[①]通过上党课、举办培训会、党员活动日、电影周、主题讨论等教育活动，开展党的理论知识竞赛、征文比赛、党员评议、推优评先等企业党员所喜闻乐见、富有特色的学习活动，将党的路线、方针、政策和公司的重大改革措施及时传达给全体职工，并在潜移默化中深入人心。2017年，公司为了让企业员工深入领会党的十九大精神，邀请中央党校和河北大学的教授进行专题讲座。在此基础上，公司党委要求从机关到基层单位根据实际，详细制订本单位的学习方案，准确把握党的十九大精神，在学懂、弄通、做实上下足功夫，将十九大精神原原本本、不折不扣地贯彻到公司的每个项目部。

---

① 顾廷伟：《企业思想政治工作的探索与实践》，河北大学出版社2013年版，第82—86页。

（三）发挥政治引导作用，坚定企业发展方向

通过宣传栏、学习报告会、座谈、利用新媒工作平台——集团公司微信公众号和各基层单位创建的微信公众号，建立起学习园地。在公司主办的内刊《建设集团通讯》开设学习专栏、组织党政交流会等活动，积极宣传党中央和省市各级政府出台的扶持企业发展与优化企业发展环境的政策措施，帮助企业充分利用政策优惠，实现升级转型。例如，2018年公司党委书记参加第十三届全国人大一次会议后，在公司做专题报告，传达会议精神并要求全体员工努力做好以下几点：一要始终同以习近平同志为核心的党中央保持高度一致，深入学习贯彻习近平同志重要讲话精神和“两会”精神，切实增强“四个意识”，坚定“四个自信”；二要永葆“发展”的初心，公司发展必须要时刻符合党和国家的方针政策，必须符合供给侧结构性改革的主线，符合建筑业转型升级的要求，符合新发展理念，实现高质量发展；三要深入学习《中华人民共和国监察法》的内容和意义，牢记“诚信为本、操守为重”的法人人格，心无旁骛地做正人、干正事、走正道，做遵纪守法、诚信经营的模范企业。

二、强化政治核心作用，让党组织成为团结凝聚职工的战斗堡垒

公司党委认为，营造政通人和的大好局面，增强企业凝聚力，是企业党组织的政治责任。公司各种问题的处理，不能“头疼医头、脚疼医脚”，更不能采用“抹稀泥”的方法，而应以加强领导班子建设凝魂，从价值共识、利益诉求、人文关怀及员工忠诚度培养等深层次问题入手凝心聚力加以解决。因此，企业党组织必须创造条件、搭建平台，真正成为促进企业发展、团结凝聚职工的战斗堡垒，着重抓好以下几方面的工作。

（一）以加强领导班子思想政治建设凝魂

班子是队伍的带头人，要始终把做好干部队伍的思想政治工作作为各级党组织的工作重点，坚持不懈地加强干部队伍思想、组织、作风建设，树立带头人的良好形象。

首先，坚持用新理论指导新实践，推动思想政治建设。公司党委按照“理论学习好、团结协作好、作风形象好、工作实绩好”的要求，认真坚持中心组学习制度不动摇，每年举办中层干部培训班，聘请中央党校、清华大学、保定市委党校、河北大学等理论专家到公司授课，抓好各级领导班子政治理论素质建设。每季度的中心组学习安排都及时收集有关的学习资料，重点学习中国特色社会主义理论特别是习近平新时代中国特色社会主义思想的丰富内涵，吃透中央精神，紧跟中央步伐。例如，2017年公司重点组织领导班子学习了《国有企业领导人员廉

洁从业若干规定》、党的十九大报告等重要文件，加强了对领导干部的廉洁自律教育。再如，建安分公司党总支以“家·人”文化为目标，把“抓班子、带队伍”作为首要目标，提出“搞好班子团结、确保核心凝聚”的要求，增强企业综合实力。

其次，通过“五环节”规范领导班子工作，保证党组织参与企业重大决策制度，具体实现方法如下：①实行“党管干部、党委管班子、党委书记管协调”的“三管理”原则；②建立党委议事会制度、党政联席会议制度，坚持民主集中制的决策制度，重大问题的决策必须经党委会或党政联席会研究讨论通过；③党政干部交叉任职，党务领导合理分管部门行政工作，为党组织发挥政治核心作用提供组织保证；④坚持党政工团齐抓共管的“大政工”格局，保证党的路线、方针、政策能够贯彻落实到位；⑤采用“六融于”工作法，创新思想政治工作方式方法。[①]

最后，加强领导班子建设，探索实施“双向纳入、共同负责”的领导机制，形成“目标同向、决策同定、工作同步、责任同负、考核一体”的企业领导合作上岗制度。[②]公司要求各级党组织要紧紧围绕公司的中心工作，将党的工作和经济工作紧密联系起来，把工作业绩体现在经济技术指标完成上，用发展衡量工作质量的优劣来评价党委和行政工作的成效，以此形成企业各项工作都体现党组织的政治核心作用和“内增凝聚力、外增向心力、发展生产力”的良好循环及同步发展。

（二）以优化党的支部建设提高效能

增强党组织的凝聚力和战斗力，关键在机制，核心在支部书记。为此，公司按照“选配一个好书记、建设一个好班子、带出一支好队伍”的要求，党委针对行政机构及项目变动情况，按照《中国共产党章程》的相关要求及时调整和组建党（总）支部，实施党支部等级化管理。

第一，加强支部的建制。为了加强支部建设，根据建筑业点多、线长、面广、人员分散的特点，公司党委及时完善、调整和组建党（总）支部，根据生产格局中党员分布及流动情况，将支部建在项目上，探索出“在大的工程项目上单独设立党支部，在小的项目上联合设立党支部或党小组”的支部建制方法，做到有生产经营活动的地方就有党的基层组织，有党组织的地方就有党的活动，使党组织的战斗堡垒作用发挥在第一线上。同时，为强化支部单位的领导作用，公司党委通过每年两次以班子成员为主的，各政工部门参与的政治工作联查百分考核制，对支部、总支的工作进行评价。

第二，抓好支部书记的素质培养和加强党群骨干培训交流。作为非公有制企业党建工作的领导者、组织者和实践者，党组织书记的威信、素质和能力，关乎

① 顾廷伟：《企业思想政治工作的探索与实践》，河北大学出版社 2013 年版，第 98—99 页。
② 顾廷伟：《企业思想政治工作的探索与实践》，河北大学出版社 2013 年版，第 99 页。

到党的方针政策在企业的贯彻落实，关乎企业党建工作的正常开展。为了更好地助力“党建强企”，公司党委下工夫培养党建骨干，邀请人大代表、政协委员、党校教师、行业专家和模范代表等，定期为支部书记、党务工作骨干及积极分子讲授党建知识。例如，公司党委组织积极分子进行封闭培训；结合纪念建党 96 周年，利用保定狼牙山红色文化资源引导支部书记认真学习党的历史、光荣传统和优良作风，学习革命先辈和先进典型的事迹；要求领导干部要带头讲党课；中心组成员到联系点讲党课等。通过这些形式有效提高了员工队伍特别是党员干部队伍的政治素质、理论素质，使支部书记形成政治强、业务强、事业心强和组织领导能力强的“四强”干部。

第三，把好党员入口关。公司注重“早选苗、早培养、早发展”，坚持团组织“推优”制度、业余党校培训制度、发展党员公示制度，不断优化党员队伍的年龄、分布结构，仅 2017 年公司党委就发展党员 64 人、转正 55 人。同时，为严格对党员的管理，按照保定市委要求，公司党委负责组织各单位党员采集工作，使用全国联网的党员管理系统加强对党员的规范管理。此外，公司通过组织职工和党员进行党的基础知识问答、朗读习近平系列讲话、邀请中央党校专家进行专题培训等形式学习党章和党的十九大知识，准确把握习近平新时代中国特色社会主义思想的科学内涵；利用公司微信公众号和各基层单位创建的微信公众号建立学习园地、在《建设集团通讯》内刊开设学习专栏、庆十一有奖问答等活动，使集团广大党员、职工对党的十九大精神、相关法律和企业文化进行了又一次深入的学习，使党的基础知识和企业文化更加深入人心，为企业凝心聚力实现高质量发展营造了良好的氛围，从而在学懂、弄通、做实上下工夫，学思践悟、知行合一，高举旗帜统领企业发展。

（三）以强化党组织功能来聚才凝力

员工对美好生活的向往就是公司的奋斗目标，为打造幸福企业，增强员工归属感，为职工的个人发展提供平台，使员工的才华得以展现、梦想得以实现，将自己的命运与企业的发展紧紧相连，助力公司持续稳定、健康发展，这需要在更深层面发挥出党委团结凝聚职工力量的作用。

构建科学的选人用人和培养机制。公司党委牵头制订企业“三五八”人才规划、加强人才梯队建设、人才激励制度，大力实施人才培养管理计划，在内部培养大量的中坚力量。为推动干部年轻化，公司大胆提拔和任用优秀的年轻员工形成以中青年干部为主体的梯形年龄结构，公司要求各分（子）公司领导班子中配备 1 名 30 岁左右的年轻干部。公司党委与行政联合行文，建立分层级后备人才，要求各级机关的部（处）室要有 1～2 名后备干部，各分（子）公司都要有 3～5 名后备干部，并在专业上进行平衡搭配以实现人才储备更为合理。在人才建设上，公司选派骨干员工到清华大学等高校进行培训，通过与若干所高校进行校企合作，实施建设集团培训班、实践基地、实训项目等链条式培养计划，推动企业员工的快速成长；针对一线员工的需求，各区域公司党组织开展了建造师培训、专业技术提升、领导力进阶等针对性培养，有力促进了各分（子）公司的人才培养、人才选拔及人才储备。

三、强化监督职能加强廉政建设，把党组织的政治责任落实到位

党风廉政建设是党组织建设的前提和基础，也是党建工作的重中之重。为了维护企业利益、保障企业健康发展，公司按照中央“四个全面”的战略布局，认真落实“四个服从”，自觉践行“三严三实”，纠正“四风”等突出问题，以准则为指南，认真做好党风廉政建设工作。

（一）要求各级领导干部带头做清正廉洁的模范

公司党委认真贯彻党中央及习近平同志关于领导干部“讲政治”的要求，把领导干部的廉洁自律作为党风廉政建设和反腐斗争的头等大事来抓。通过对各类规章制度的学习，强化思想教育，增强抵腐定力；通过制定相关规定文件，加强对领导干部的制度约束和严格执行党纪政纪的自觉性。另外，领导干部不仅自己要讲政德，而且要严格约束自己的直系亲属、下级、下属的行为，积极创造风清气正的工作环境。公司规定分（子）公司班子成员，特别是一把手的直系亲属不得在自己管辖的企业中搞分包做买卖，正是以身作则的重要表现。

（二）教育党员牢牢守住法人人格底线

全体员工特别是党员领导干部要不断加强党性锻炼，认真落实党中央关于“不忘初心、牢记使命”主题教育要求，树立起敬畏法度之心，确立制度红线不能触碰、法律底线不能逾越的观念，增强员工对企业的忠诚度。要牢牢守住法人人格这条底线，做到个人人格与公司“诚信为本、操守为重”的法人人格协调一致。

（三）突出监督重点抓好党风廉政建设

抓好党风廉政建设，除增强党员的党性修养，还需要强化外在监督。一是突出对一把手的监督。公司严令一把手及各相关人员坚决杜绝各种经营活动中的企业行贿和受贿行为，要求各级组织的一把手要在抓好业务工作的同时又要以同等的注意力抓好本部门、本单位的党风廉政建设。二是突出工程分包环节的监督。对于各级公司的自揽项目，由谁来负责实施、公司的收益如何确定，必须由分（子）公司把控，由全体班子成员集体决策，并经过严格的内部招标确定。三是突出材料采购环节的监督。所有材料的采购要按照公司规定，在中国施工云采网上进行公开、透明的操作，否则不予支付。四是突出招标投标环节的监督。严禁非法陪

标，牺牲公司利益，谋取个人利益。五是突出职称评定人员招聘环节的监督。严禁弄虚作假，抹黑企业信誉。六是突出对亏损单位和亏损项目的监督。七是突出工作质量优劣的监督。监督不是敌对，结合公司实际，公司党委在强化监督的同时建立了容错机制。公司党员干部、员工因缺乏经验、先行先试出现的失误和错误，公司不但不追究责任，还提供必要的措施帮助其解决实际困难。

四、发挥党员的模范先锋带头作用，调动企业员工的积极性

企业的发展和思想政治工作的推进最终要靠职工的主人翁意识和工作热情。在调动企业员工的积极性和创造力、推动企业进步和发展中，公司党委关注先进群体，筑牢“推进器”，以学习和服务为抓手，注重发挥党员模范的带头作用和示范引领作用。

（一）持续学习制度，以党员思想转变带动全员思想更新

公司严格落实“三会一课”制度、中心组学习制度。发挥企业党校在党员教育中的主阵地作用，针对建筑施工企业季节性强的特点，活用教育形式，办好流动党校，教育党员做正人，守住底线；做模范，增强看齐意识；做榜样，树立大局意识；敢创新，带动全员创业；强业务，弘扬工匠精神。公司党委以“两学一做”为契机，要求全国各分（子）公司从学党章党规党纪入手，按照党章要求自己，履行党员义务。从管理党员缴纳党费，锤炼党员党性修养。以参观学习楷模，大力发扬奉献敬业精神。例如，2017 年卓诚路桥公司党总支组织公司 25 名党员职工走进红旗渠，通过历史教学、实地体验、观摩学习、集中讨论等方式领悟红旗渠精神。再如，安装分公司加强基层党组织建设，提高党员的思想觉悟与道德修养，组织驻保党员和入党积极分子赴唐县白求恩柯棣华纪念馆参观学习等。

（二）履行党员义务，强化党员自觉意识

公司党组织加强对党员的要求和管理工作，要求上到集团公司下到施工现场，每一名党员都要佩戴党徽或是党员胸牌，这有助于强化党员的自觉意识。在有外地施工任务时，党员冲在前面，积极报名参加。亮出党员身份，谁是党员一目了然，便于群众对党员进行监督。

（三）针对公司经营活动，选树劳动模范

公司党委将支部建在项目上，成为“强核心、树旗帜、建制度、办实事”的战斗堡垒，做到在流动、分散的情况下，哪里有项目哪里就有党员，有党员就有组织，有组织就有活动，有活动就有效果。依据党组织日常考察，结合生产经营活动，通过加强民主管理制度的实施，进行一年一次的党员民主评议，开展“一

名党员一面旗”“评先选优”树立党员典型等活动，发现和宣传党员模范；通过党校、流动党校的阵地，强化党员的教育和管理，培训和发现优秀党员。2017年全公司1500多名党员参加了党员评议活动，党委评出优秀党员800余名。同时，“七一”期间公司党委评选出10个先进基层党组织、5名优秀党务工作者和76名优秀党员，并进行了隆重表彰。这些优秀党员的选树，为公司全体员工树立了一个看得见摸得着的标杆，发挥了巨大的示范作用。

（四）以活动竞赛、技能竞赛为载体，培育多层次、全方位的先进典型

公司党委每年确定工作主题，围绕生产经营开展主题实践活动，如开展“双文明”立功竞赛、合理化建议及各类业务技术竞赛、“标杆党支部”“党员形象展示活动”“杰出青年”评选等活动，评选出先进典型。榜样的力量是无穷的，这些活动使示范更具有说服力。2017年第十届杰出青年评选的23名候选人中，党员人数占20名，充分彰显了“一名党员一面旗”的党员示范作用。第十届杰出青年事迹相继在公司微信公众号推送，这既展现了公司青年人的风采，又把党员的先锋模范作用引入企业管理中，发挥企业优秀员工的引领、示范、带头作用，从而调动全体职工的工作积极性。例如，路桥分公司的党员王豪章，十年筑路，用担当诠释责任，他所带领的团队在2018年被评为“全国建筑业文化建设示范项目部”称号。

五、融入公司目标，把党组织所要承担的责任担当到位

民营企业是经济组织，而基层党建工作不是独立的工作，企业党组织不能当企业的“看客”，而应该落实党组织的责任担当，必须融入生产经济经营中去。近年来，公司党委提出“围绕经济抓党建、抓好党建促生产”的工作思路，积极探索发挥党组织作用的新途径，找准企业基层党建工作的切合点，努力构建党建工作与企业发展双赢格局，实现了企业生产经营和党建工作的双丰收。

（一）把推动企业经济工作作为党建工作的主战场

一是紧紧围绕企业生产经营开展党建工作。企业干什么，党务工作者就要研究什么，党务工作要做到与企业的生产经济活动同心、同向、同步。二是变各行其是为合作共事。企业经营效益的实现，一方面要靠经营有道、管理有方，另一方面要靠党组织的政治核心作用和党员的先锋模范作用的发挥，在思想上、组织上提供强有力的保证。二者有效结合，才能使各自的优势充分发挥出来，产生出“1+1>2”的效果。三是变单一的功能为复合功能。在对党务干部培训内容上加大经济工作的容量，同时加大对企业文化、企业形象的研究与宣传，发挥鼓舞职工、

提高企业知名度的效果。①

（二）实施党建工作与经济工作“三同步”绩效考核法

公司将卓越绩效管理模式引进基层党建工作考核评价体系，创新提出党建工作与经济工作“三同步”绩效考核法。②“三同步”是指公司党政班子成员年度工作目标同步考核；基层分（子）公司党政班子工作联查同步考核；党政部室季度工作目标同步考核。“三同步”绩效考核法针对性强，使每一类考评对象都能接受。具体操作中将考评内容量化到点并设定相应分值，凸显了准确定量和定性相结合的人性化特点。通过党建工作与行政工作同步考核评价体系的实施，增强了各基层党政班子及负责人围绕中心抓党建的责任意识和创新精神，打造出一批基层工作“精品”工程，培育了一批可宣传推广示范的典型案例。

（三）发挥企业优势，主动承担社会责任

企业是社会的细胞，社会是企业实现利润的源泉，企业在享受社会发展赋予条件和机遇的同时，还应主动承担起更多的社会责任。建筑企业除承担创造物质财富、缴纳税款的社会责任外，还应该根据行业特点主动承担对环境、社会和利益相关者的责任。企业积极履行相应的社会责任，有助于提升企业的信誉和形象，实现企业健康可持续发展。

第一，加强质量管理，打造精品。“百年大计，质量第一。”建筑产品质量是建筑行业的生命线，它不同于一般商品，产品质量的好坏与人们的生命财产安全和社会经济稳定有密切关系。用“诚信为本、操守为重”的原则塑造法人人格，树立起以用户为中心的价值观，提出“做让社会放心的总承包人”，建设“民心工程”是河北建设集团股份有限公司挺立市场的重要砝码。为保证“精品战略”的实施，公司自上而下建立起一套完善的质量保证体系，并且严格按照招标程序操作运用。精益求精，弘扬工匠精神。公司每年拿出专款设立科研基金，推广应用新工艺、新技术，一项项创新成果为工程创优提供可靠保证。截至2016年，公司中国建设工程鲁班奖（以下简称鲁班奖）获奖数量位居河北第一、京津冀第四、全国第八；专利数量位居河北第一、京津冀第九、全国第二十名。2017年河北建设集团荣获“全国优秀施工企业”“河北省建筑业先进企业”“河北省建筑业诚信企业”等荣誉。在质量科技工作中，再创大批以鲁班奖为代表的精品工程，其中集团三分公司承建的河北大学图书馆工程高分获得2016年度鲁班奖，石家庄分公司承建的石家庄传媒大厦荣获2017年度鲁班奖。由于公司多年来对质量和工匠精神的不懈追求，再次获评“创建鲁班奖工程突出贡献单位”。此外，还收获国

---

① 顾廷伟：《企业思想政治工作的探索与实践》，河北大学出版社2013年版，第111页。

② 顾廷伟：《企业思想政治工作的探索与实践》，河北大学出版社2013年版，第121—123页。

家专业奖 2 项，省级优质工程 56 项，国家级文明工地 2 个，省级文明工地 32 个。之所以能够取得如此骄人成绩，是公司贯彻质量方针、坚持精品战略的结果，是诚信为本、“用户是上帝”和“业主是衣食父母”的结果。

第二，提升管控，确保施工安全。建筑业是安全事故多发的高危行业，其事故发生率仅次于交通业，保障建筑施工安全不仅关系到建筑施工人员的生命财产安全，还关系到社会稳定大局，反映出企业对公众生活和生命安全的负责程度。抓安全就是抓发展、抓稳定、抓民生。公司弘扬“生命至上”的人本安全文化，牢固树立红线意识，坚守底线思维，坚定“创建‘零伤亡’平安幸福企业”的目标，重点围绕“风险防范”与“安全创优”两大核心，严格落实安全生产责任制，建立安全生产管控系统，抓好安全监管工作等。例如，2017 年公司在全集团开展主题为“全面落实企业安全生产主体责任”的“安全生产月”系列活动，强化“生命安全是不可逾越的红线，安全底线是必须坚守的底线”，各工程项目按照“双控”建立双重预防机制、开展《河北省安全生产条例》的宣传培训、开展安全生产事故警示教育活动和实施“主题应急预案演练”等活动，强化全员安全生产意识。作为前沿哨兵的安监人更是深知安全监管工作的责任，心中有“闲不下”的使命感、“坐不住”的责任感和“等不起”的紧迫感，主动查缺补漏，坚持高标准、严要求、实举措抓好安全生产工作，做到未雨绸缪防患于未然。除此，2017 年公司除保持原有传统的安全管理外，秉承精雕细琢的工匠精神，不断创新安全举措，新增超规模、危大工程备案及销项制和工程项目安全生产标准化考评两项安全举措，助力公司和谐持续健康安全发展。

第三，文明施工，保护生态环境。党的十九大强调要坚决打好污染防治攻坚战，公司作为施工单位积极响应，以负责任的态度和可持续发展的理念，革新施工工艺，积极推广绿色建筑和绿色施工，为节能减排、改善空气质量作贡献，塑造企业良好的社会形象。其中，集团三分公司践行生态文明理念，秉承敢于担当的社会责任感，将环境保护防治大气污染作为一项重要政治任务来抓，不折不扣地执行国家、省市及行业主管部门绿色施工、扬尘治理的相关举措。在扬尘治理方面通过成立绿色施工、扬尘治理领导小组，将目标层层分解，责任落实到专人，开展“四节一环保”绿色施工、“五个百分百”扬尘治理工作取得良好效果，其安全文明施工及扬尘治理经验成为保定市样板得到各企业的学习推广。其做法既贯彻了党的生态文明发展理念，又赢得了社会各界的认可，实现多方共赢。除此，公司还派遣干部驻扎在保定市竞秀区江城乡许庄村，包村帮扶防治大气污染。为了响应由中共河北省委、河北省人民政府编制并由中共中央、国务院作出批复的《河北雄安新区规划纲要》中提出的坚持生态优先、绿色发展号召，贯彻绿水青山就是金山银山的理念，创造优良人居环境，河北建设集团股份有限公司雄安新区指挥部成立了雄安新区第一个环保志愿者小分队。

第四，促进就业，用更多力量回馈社会。公司通过以事业发展带动就业创业，2016 年全年为社会提供 13 万个就业岗位，2017 年提供就业岗位 15 万个，解决社会人员的就业问题。[①]在依法纳税的同时，还通过捐款、资助、慈善等多种方式来承担社会责任。例如，2017 年对口帮扶涞水县柏林城村，共捐款 10 多万元用于该村脱贫致富。同时，公司组织保定市的医院专家到涞水县九龙镇柏林城村开展健康义诊、对阜平县龙泉关镇青羊沟村进行捐款等活动，这是 2018 年公司落实扶贫政策的一项重要举措。

除此之外，公司还热衷于社会公益，2017 年向河北省青年发展基金会捐款 5 万元，用于希望工程公益活动。公司涌现出开发公司贾永辉、乾元公司神仙山救人群体等见义勇为先进个人和团体，受到社会各界的高度赞誉，向社会展现了公司积极向上的企业形象。

第二节　群众组织的桥梁作用

工会是职工之家，作为企业职工的群体组织，在企业党委与职工群众联系中发挥着桥梁和纽带作用。河北建设集团股份有限公司发挥企业党组织的“两个作用”与发挥企业工会、共青团等群团组织作用相结合，围绕生产经营和改革发展积极推进党政工团齐抓共管的思想政治工作大格局与精神文明建设。

一、充分发挥工会组织的作用，群策群力谋发展

工会是维护职工参与企业民主管理、维护自身权益的群众组织，职工代表大会是职工参与企业经营决策、管理、监督干部、行使民主权利的权力机构，是科学决策、统一思想、民主管理的重要渠道。

（一）健全职代会制度为企业和员工搭建沟通桥梁，优化内部环境

职工是企业的主人，随着不断深化改革，职工代表大会（以下简称职代会）不再是最高决策机构，但公司依靠职工办好企业的方针没有丢。为落实这一方针，公司在政治上保证、素质上提高、制度上落实和权益上维护四个方面着手，改进和完善以职代会为基本形式的民主管理、民主评议、民主监督制度。

首先，健全制度，加强监督。公司认真落实《河北省企业职工代表大会工作条例》，制定并实施了《河北建设集团股份有限公司职工代表大会工作程序》《河北建设集团股份有限公司职工代表大会实施细则》《职工代表提案征集、处理实

---

① 河北建设集团有限公司党政办公室主办：《建设集团通讯》2017 年 1 月 25 日，第 3 版。

施办法》《职代会各专门委员会工作制度》等，对各级职代会的工作范围、工作内容和程序作出统一规定，使职代会制度化、规范化。

其次，健全民管组织，保证民主渠道畅通。公司建立健全民管组织，设立民管会、民管组、民管员和“两长五大员”等组织，建立民主活动记录本和台账，保证民主渠道畅通。通过职工代表巡察、咨询制度，定期召开职代会和不定期召开职工代表座谈会的方式，丰富职工参与民主监督的内容，拓宽职工参与民主管理的渠道。凡是关系企业发展的重大问题决策、干部选聘等事项，以及关系职工切实利益的重大问题，均提交职代会讨论审议并通过或决定。在集团公司人力资源部组织的关键岗位继任者“百人后备干部”选拔活动中，由各单位通过职代会推举是推选候选人的形式之一，保证了储备干部良好的群众基础，使广大职工当好主人。

最后，积极开展建言献策活动，发动党员和职工群众为企业发展提出合理建议，使民主管理经常化、具体化。通过开展活动收集职工代表合理化建议，如开展以“我为党建献良策”　“我们的企业，我们的家”　“我靠企业生存，企业靠我发展”等为主题的大讨论活动。一方面，认真听取职工意见，用有效的制度、措施来保证职工了解和参与企业的改革及经营管理，实现了职工对企业的有效监督。另一方面，收集整理各单位职代会报告提取工作成绩与亮点，在公司报上刊登，搭建各单位相互学习交流的平台，促进企业生产经营和决策管理科学化。

一系列措施的制定与实施，推动了企业民主建设，满足了广大职工参与经营管理的诉求，使职工以主人翁的姿态和职责推动公司各项工作的顺利开展。

（二）充分发挥工会组织各项职能，增强职工凝聚力，打造“家·人”文化

公司支持工会独立开展工作，把工会工作与党委工作同部署、同检查、同考核、同总结。为进一步搞好党群、干群关系，切实调动职工的积极性、主动性和创造性，公司实施了“六满足”工作法。

第一，搞好环境建设，改善生活条件满足广大职工的物质生活需求。打造幸福企业离不开员工生活质量的提升，公司始终将提升员工幸福感作为一项不懈的追求，坚持为员工办好事办实事。公司在解决职工的住房难问题后，先后投入资金解决南北基地的暖气、煤气入户问题，改善了职工的生活条件。2016 年、2017 年公司分别投入南北基地 344 万元和 309 万元，用于维修和更新供暖设施、改造上下水管线、房顶和路面维修、更换小区安防监控系统、提升安保能力、采暖费、物业费补贴等。

第二，搞好民主建设，满足广大职工参与经营管理的政治需求，健全民管组织，设立合理化建议基金奖，坚持定期召开职代会和不定期召开职工代表座谈会，及时处理职工提案。

第三，开展各类业务进修完善岗位培训。公司先后开办了中专、大专、大学

本科班，使2000多名职工接受了各种培训。公司每年通过实施“政策激励”“集中培训”“重点培养”“个性化支持”等方式，致力于一级建造师的培训工作。截至2016年，公司拥有一级建造师的数量历史性的达到1013人，既满足了广大职工渴望成才的需求，又基本满足了公司对资质所需人员的要求。

第四，以双文明立功竞赛为载体，组织开展推优评先活动，满足广大职工追求进步的需求。工会以企业经营为中心，开展多种形式的活动和劳动竞赛，以活动为载体增强职工凝聚力，打造“家·人”文化。召开公司“双先”表彰大会，并颁发奖金进行表彰奖励。通过对先进集体及个人的推报评先，2017年工会系统获评以下荣誉：集团公司天津市年产5万台套车载IC卡读写及智能调度终端设备项目部荣获“全国建筑业企业创建农民工业余学校示范项目部”称号；集团公司云溪九城住宅小区项目部、奥特莱斯项目部分别获评“河北省示范性建筑工地农民工业余学校”；集团三分公司刘青荣获“河北省五一巾帼标兵”；集团三分公司曹杏梅荣获“河北省五一劳动奖章”。

第五，搞好企业文化建设，开展各种业余文化活动，满足不同层次职工的文化需求。2017年，集团工会组织人员参与保定市总工会举办的“劳动者之歌”主题演讲比赛；组织赴阜平县天生桥镇东下关村进行慰问演出，为一线员工和老区人民送去关心与问候；对现行厂歌歌词进行征求修改意见，收到来自7个单位的20条修改意见，为厂歌的改进、升华提供了一定的启示，进一步提升了厂歌的影响力、感染力。

第六，坚持开展“六必访”“十到家”活动，满足广大职工渴望关心的需求。关心职工生活，积极组织青年员工相亲交友活动、关爱困难员工及时发放生活补助、关心退休老干部物质精神生活，让老干部老有所养、老有所为。此外，计划生育工作、综合治理工作、信访和民调工作也取得较好成绩，实现了预期目标。公司始终关怀困难员工及家属，及时给他们送去生活补贴。例如，2017年天辰公司员工家中因火灾受灾，天辰公司团委在党委的领导下组织全体员工为其开展募捐活动，帮助员工渡过难关。2017年，公司为60名退休独生子女父母发放奖励金18万元；安排“一日捐”工作，及时为患病员工做好专项基金的发放；配合保定市总工会做好到一线“送温暖”活动，为一线员工送去节日的祝福；组织赴阜平县天生桥镇东下关村进行慰问演出；开展公司第三届优秀“贤内助”评选活动，对10位优秀贤内助进行了表彰。河北建设集团安装公司践行集团公司的“家·人”文化，已经连续八年为中高考优秀员工子女发放奖学金，截至2018年8月已先后奖励62人，共计86 000元，营造了和谐友爱的公司氛围。

二、依靠党建带团建，强化共青团服务功能

共青团组织是党的助手和后备军，是党联系青年的桥梁和纽带。党建带团建

是在基层团组织建设过程中总结出来的成功经验，是新时期发挥党对共青团领导的具体方式。实践证明，加强基层党建带团建工作，是党进一步加强和改善党对青年工作领导的时代要求。党建带团建工作，根本在“建”，重点在“带”。公司党组织深刻理解其要义，把加强和改善党对共青团的领导、服务企业中心工作和青年成长结合起来，实现共青团工作与企业发展同频共振，为公司的健康发展和长远发展奠定了基础。

（一）加强党组织的领导作用，实现党团整体联动

共青团是党领导的先进青年群众组织，依靠党建带团建，只有将团的建设纳入党的配套建设，同规划、同部署、同落实、同考核，形成党建与团组织建设的优势互补、共建共促、合力推进的党群共建的良好局面，只有这样青年团组织的职能才能得到充分的发挥。公司充分借鉴非公有制企业党团建设的经验，结合企业自身特点开展团组织的工作。一是总体规划，坚持党的基层组织覆盖到哪里，团的工作就推进到哪里。党组织把培养团干部纳入其职工教育培训规划，建立青年人才开发体系，积极培养和举荐青年人才。二是明确目标职责，公司建立工作目标责任制度和共青团工作制度，对党团组织在党建带团建工作中各自承担的职责予以明确。三是共同考核，对党建带团建实行目标管理和工作考核，保证党建带团建目标任务落到实处。

（二）以服务企业为中心，提高企业经济效益

首先，充分发挥团组织生力军的作用。建筑行业工期紧、任务重是常有之事，需要青年团组织调动青年的工作积极性和创造性，紧密结合党政中心工作挖掘自身优势，充分发挥团组织生力军和突击队的作用。2014 年，集团公司天辰公司组建起保定大王店返迁安置保障房项目部，此项目为保定市 2014 年重点民心工程，该项目建成后，将集中解决 5 个村居民的安置问题，这是满足老百姓的期待并助推当地经济发展的工程。该项目的建设任务分派给 30 名平均年龄 28 岁的管理人员，在项目建设过程中项目管理人员就提出：要建就建民心工程，建让老百姓放心的“暖心工程”。为提高项目部管理人员的质量意识，项目总工程师还专门组织全体项目管理人员召开了主题为“提高质量意识，增强企业使命感”的报告会。面对工期紧、任务重，项目部以劳动竞赛的办法，开展“保工期劳动竞赛”和“保工程质量劳动竞赛”活动。经过不懈的努力，大王店返迁安置保障房如期高质量交付使用，有付出就有回报，该工程获评河北省文明工地、“河北省安济杯”称号。天辰公司河北保定大王店返迁安置房项目部于 2017 年 5 月获得中华全国总工会所颁发的“全国工人先锋号”荣誉证书，该荣誉为集团公司首次取得。

其次，激发青年创造性，催生经济效益。公司以开拓战略、高站位谋划组织

建设，为员工搭建施展才华的平台。公司全体员工都享有利用公司平台的权利，让所有人都有出彩的机会，这有效地改变了过去的“要我干”变为现在的“我要干”。利用“千帆工程”平台形成多主体创业，大家从“雇佣者”变成经营者，甚至成为老板，“青年创业号”仅成立一年，已取得上交组织600万元利润的好成绩，形成了青年成长与企业、社会共同发展的良好格局。

（三）以服务青年为重点，促进青工建功成才

公司充分发挥共青团组织的助手功能和后备军作用，通过搭建各类成长平台，巩固了党的青年群众基础，为党的队伍源源不断注入新鲜血液，确保党的事业薪火相传、后继有人。共青团是培养优秀人才的摇篮，公司把职工未来的发展作为最大价值投入，谋划组织建设，提出“千帆工程”战略，把搭建创业平台、培养青年人才作为提高员工对企业忠诚度的途径。

第一，搭建创业平台，成立“青年创业号”培养青年人才。让每个人都享有利用公司平台的权利，让所有人都有出彩的机会，特别是在全集团营造适合青年健康成长的良好氛围。为鼓励、扶持、引导公司青年员工内部创业，促进青年发展，助力公司“千帆工程”，公司给青年创业提供独有机会，于2016年6月设立了河北建设集团青年创业基金会，通过资金扶持、引导，促进青年员工创新、创业、成才，为公司内部创业青年员工提供为期三年的10万元无息创业基金扶持。2017年，公司开展第二届青年创业号活动，为40个青年创业提供为期三年的10万元无息创业基金，助力青年成长成才。截至2017年底，公司“青年创业号”已经发展到60个，并涌现出一批优秀人才。[①]到2020年，“青年创业号”将成为“千帆工程”的坚强力量。

第二，落实“双推”工作制度。公司举办青年讲评会，为青年搭建展示才华的平台。“优秀新人”和“杰出青年”的评选是河北建设集团股份有限公司发现、选拔和储备青年人才的一项重要举措，也是“358人才规划”评选工作的重要组成部分。例如，“杰出青年”的评选活动每两年举办一次，已连续成功举办十届，为公司发现、培养干部人才百余名。其中，建安分公司刘海昆爱岗敬业、无私奉献，通过努力只用两年时间实现快速进步，荣获分公司“2016年度优秀新人”称号，被任命为香河全民服务中心项目的生产经理。

第三，针对青年人特点，实施了“给路子、压担子、摆梯子、找位子”的用人之道。“给路子”就是给青年一个在生产一线锻炼的机会和平台，每位新入职的员工均到基层锻炼三个月，使新员工将所学到的知识灵活运用到工作中，在施工生产

① 资料来源：河北建设集团股份有限公司四届二次职代会暨党政工作会议文件（内部文件），2018年1月30日。

中增长才干。“压担子”是注重技能人员的培养，将其放在关键岗位轮岗锻炼。“摆梯子”是发挥老技术人员“传帮带”作用，推进“师带徒”活动向基层覆盖和深化，分公司每年举行新入职员工“师带徒”仪式，由经验丰富的老员工手把手地传帮带新员工，开展了“明星师徒”评选，并举办了表彰大会、报告会等活动。通过公司通讯内刊、专题网页等形式展示优秀师徒的学习、生活和工作中的故事，引导和帮助更多青年健康快速成长。“找位子”是实行竞争上岗的用人机制，通过“赛场选马”、公平竞争让大批优秀青年职工脱颖而出，在合适的岗位上展示才华。

第四，以服务青年促党建为建设目标，积极开展各类主题教育活动。公司以上市为契机，开展“公司进入新阶段，我为公司发展做什么”主题大讨论活动，建立2018年新员工微信群，定期开展不同层级、不同岗位、不同区域的青年员工座谈会，倾听、传递青年员工声音。公司工会、团支部、基层单位在党组织的领导下组织开展多种形式的文化活动。例如，“我有话儿对您说”“青年员工座谈会”“最美一线青年人”、素质拓展训练、相亲交友等众多形式的活动。其中，“架起故乡连心桥”是公司多年来持续开展的精品文化活动之一，全体员工特别是为近三年来新入职的员工寄一封家书活动，在企业与青年员工之间搭建起一座连心桥，加深了公司与员工家人之间的沟通，拉近了公司与员工家人之间的距离。除此，为响应公司“千帆计划”的号召，二分公司成立了“青年文明号”项目部；结合公司重点工作安排，积极配合工会组织的“劳动技能竞赛”“青年岗位能手”等活动，这些活动的开展为公司优秀青年创造了展示风采的机会，还激发了广大青年员工爱岗敬业的工作热情，增强了团组织的向心力和凝聚力。

（四）强化共青团社会服务功能，开展青年志愿活动

依靠党建带团建，共青团组织开展热心社会志愿服务活动，并获得保定市2016—2017年度“保定市青年志愿服务优秀组织奖”。帮助中为公司完成团组织关系转接，使其直接接受共青团保定市委领导，积极参与共青团河北省委、保定市委的评先工作，全年共获得河北省优秀团干1人、保定市青年岗位能手1人、保定市青年文明号1个、保定市优秀团务工作者3人、保定市优秀共青团员3人。共青团系统全年共有16个组织（个人）获评市级以上荣誉。2017年，集团公司团委、北京公司团委、路桥分公司团总支、安装公司团总支、成都分公司团支部、养护分公司团支部共计6个单位获得“保定市五四红旗团委（支部）”称号。

第三节　领导干部的表率作用

企业领导干部肩负着组织和带领职工群众全面贯彻落实党的路线方针的重要

职责，是推进企业发展的领路人和火车头。企业领导干部的担当意识和表率作用直接关乎党组织的形象和企业的发展。

一、企业领导干部做实事求是、解放思想的表率

党的十九大报告指出：“坚持解放思想、实事求是、与时俱进、求真务实，坚持辩证唯物主义和历史唯物主义。”[①]解放思想、实事求是是我们党始终坚持的思想路线。党的十一届三中全会以来，党的思想路线在社会主义建设的实践中不断丰富和发展。中国特色社会主义进入新时代，踏上新征程，党的领导干部特别是企业领导干部要始终坚持党的思想路线，做实事求是、解放思想的表率。

实事求是是党的思想路线的实质和核心，也是马克思主义中国化理论成果的精髓。马克思、恩格斯创立了辩证唯物主义和历史唯物主义，列宁用一句话概括为“具体问题具体分析”。正如列宁在《论共产主义》中指出：“马克思主义的精髓，马克思主义的活的灵魂：对具体情况作具体分析。”[②]毛泽东在继承马克思主义基本理论的基础上，吸收中国传统文化的精髓，在《改造我们的学习》中对实事求是进行阐释，指出：“‘实事’就是客观存在着的一切事物，‘是’就是客观事物的内部联系，即规律性，‘求’就是我们去研究。‘求是’就是认真追求、研究事物的发展规律，找出周围事物的内部联系，作为我们工作的向导。”[③]实事求是是马克思主义的精髓，是党的思想路线的核心内容，是我们做好一切工作的根本方法。在这一思想路线的指导下，我们取得了新民主主义革命的胜利，进行了社会主义改造，并推进中国特色社会主义事业不断向前发展。邓小平同志指出：“过去我们搞革命所取得的一切胜利，是靠实事求是；现在我们要实现四个现代化，同样要靠实事求是。”[④]2013 年 12 月，在纪念毛泽东诞辰 120 周年座谈会上的讲话中，习近平指出：“实事求是，是马克思主义的根本观点，是中国共产党人认识世界、改造世界的根本要求，是我们党的基本思想方法、工作方法、领导方法。”[⑤]同样对企业的发展，尤其是河北建设集团股份有限公司这样的大中型企业的发展而言，坚持党的实事求是的思想路线尤为重要。

企业领导干部是否坚持实事求是的思想路线直接关系到企业的发展。习近平同志在中央党校春季学期第二批学员开学典礼上强调领导干部要自觉做坚持实事求是的表率。他指出：“领导干部对党和人民事业肩负着光荣而重大的领导责任，

---

① 习近平：《决胜全面建成小康社会 夺取新时代中国特色社会主义伟大胜利——在中国共产党第十九次全国代表大会上的报告》，《人民日报》2017 年 10 月 28 日。

②《列宁选集》第 4 卷，人民出版社 1995 年版，第 213 页。

③《毛泽东选集》第 3 卷，人民出版社 1991 年版，第 801 页。

④《邓小平文选》第 2 卷，人民出版社 1994 年版，第 143 页。

⑤ 习近平：《习近平谈治国理政》，外文出版社 2014 年版，第 25 页。

始终贯彻执行党的实事求是思想路线，对于推动科学发展、促进社会和谐至关重要。各级领导干部要把实事求是贯彻到领导工作全过程，自觉做坚持实事求是的表率。”[①]企业领导干部要做实事求是的表率，首先要深刻理解实事求是的科学含义、精神实质和重要意义，始终按实事求是的要求办事。其次，坚持实事求是，最根本的工作在于搞清楚“实事”，对于企业而言就是要通晓企业的历史，了解企业的现状，把握企业的未来。领导干部必须不断对实际情况作深入系统调研，制定的决策要符合企业的客观实际。坚持实事求是，就是一切要从企业的发展实际出发。最后，企业领导干部做坚持实事求是的表率，就要不断增强自身责任意识、脚踏实地工作，切实为企业谋发展、为广大职工谋福利。

企业领导干部是企业发展的领航人，坚持实事求是的思想路线和做实事求是的表率直接关系到企业的发展。改革开放以来，邓小平在恢复党的实事求是思想路线的同时又结合实际进一步丰富和发展这一路线，提出了解放思想的内容。邓小平同志深刻指出：“我们讲解放思想，是指在马克思主义指导下打破习惯势力和主观偏见的束缚，研究新情况，解决新问题。”[②]解放思想，就是使思想和实际相符合，使主观和客观相符合，就是实事求是。解放思想和实事求两者是相辅相成、互相统一的。

中国特色社会主义进入新时代，企业领导干部要不断解放思想，树立先进意识，争做表率，适应时代的发展变化，使企业发展紧跟时代潮流。面对激烈的市场竞争，实现建设一流企业的目标，需要企业领导干部不断解放思想、更新观念、转变思维方式。首先，企业领导干部要做解放思想的表率，要重视自身学习。把学习当作一种政治责任、一种精神追求、一种崇高境界，通过学习提升素质，打好解放思想的理论基础。企业领导干部要认真学习、深刻领会党的十九大精神，不断解放思想，明确企业发展目标，拓宽企业发展思路，创新企业发展模式，统筹推进各项工作。其次，企业领导干部要做解放思想的表率，要激发创新理念。作为企业发展的领路人，企业领导干部要善于探索、勇于创新，以求实的态度、战略的眼光、科学的方法和创新的手段来解决企业发展进程中面临的问题。坚持解放思想，以新发展理念为指导，结合企业发展的新变化、新矛盾，研究新情况，解决新问题。要用改革创新的理念、思维、去分析问题、解决问题。最后，企业领导干部要做解放思想的表率，要营造宽松的工作氛围。人类历史上每一次思想的大解放，都带来了社会的大发展和大变革。企业的发展不能因循守旧、故步自封，需要解放思想、开拓创新。但思想的解放需要有相对自由的空间，需要相对

①习近平：《习近平同志2012年5月16日在中央党校春季学期第二批入学学员开学典礼上的讲话》，2012年5月28日，http://www.ccps.gov.cn/xxsxk/xldxgz/201812/t20181223_126891_2.shtml。

②《邓小平文选》第2卷，人民出版社1994年版，第279页。

宽松的企业环境，让企业职工畅所欲言，激发新思维新想法。这就需要企业领导干部要有放眼世界的眼光，以海纳百川的宽广胸怀，倾听群众呼声，让职工为企业的发展献言献策，对干部的言行予以监督。

解放思想、实事求是是我们党思想路线的重要内容，也是中国特色社会主义理论体系的灵魂，是企业领导干部必须要坚持的工作思想和原则。企业领导干部要立足企业发展实际，脚踏实地、与时俱进，做解放思想、实事求是的表率。

二、企业领导干部做坚定理想信念的表率

在党的十九大报告中，习近平同志把坚定理想信念作为党的思想建设的首要任务，进一步强调：“必须坚持马克思主义，牢固树立共产主义远大理想和中国特色社会主义共同理想。”[①]共产党人的理想信念就是对马克思主义的信仰、对社会主义和共产主义的信念。

马克思主义作为科学的理论体系，完美地体现了科学真理性与价值合理性的统一。列宁指出：“马克思学说具有无限力量，就是因为它正确。”[②]马克思主义是我们党的指导思想，是中国特色社会主义事业的理论基础，同时是每一个共产党人的坚定信念和精神支柱。

党的十八届六中全会审议通过的《关于新形势下党内政治生活的若干准则》指出：“共产主义远大理想和中国特色社会主义共同理想，是中国共产党人的精神支柱和政治灵魂，也是保持党的团结统一的思想基础。”[③]突出强调远大理想和中国特色社会主义共同理想对于共产党人、对于党的团结的重要性。实现共产主义是共产党人远大理想。夺取新时代中国特色社会主义伟大胜利，把我国建成富强民主文明和谐美丽的社会主义现代化强国，实现中华民族的伟大复兴，是中国特色社会主义共同理想。党的十九大报告强调指出：“中国共产党一经成立，就把实现共产主义作为党的最高理想和最终目标，义无反顾肩负起实现中华民族伟大复兴的历史使命。”[④]中国共产党始终强调理想信念的重要性。作为党的领导干部特别企业的领导干部，牢固树立理想信念并做坚定理想信念的表率是开展党务工作、推动企业发展要面对的首要问题。

首先，理想信念是共产党人安身立命之本，是共产党人经受各种考验、应对

---

① 习近平：《决胜全面建成小康社会 夺取新时代中国特色社会主义伟大胜利——在中国共产党第十九次全国代表大会上的报告》，人民出版社 2017 年版，第 23 页。

②《列宁选集》 第 2 卷，人民出版社 1995 年版，第 309 页。

③ 佚名：《关于新形势下党内政治生活的若干准则》，2016 年 11 月 2 日，http://www.xinhuanet.com/politics/2016-11/02/c_1119838382.htm。

④ 习近平：《决胜全面建成小康社会 夺取新时代中国特色社会主义伟大胜利——在中国共产党第十九次全国代表大会上的报告》，人民出版社 2017 年版，第 13 页。

风险的根基。习近平同志形象地比喻说："理想信念就是共产党人精神上的'钙'，没有理想信念，理想信念不坚定，精神上就会'缺钙'，就会得'软骨病'。"[①]对党的事业、对社会主义事业有坚定信仰的企业领导干部，不计较个人得失，视功名利禄如浮云，经受得住各种风险和考验，时刻将职工利益放在心中，为企业发展谋篇布局，为企业职工谋取福利，这样的领导干部才是党和人民的事业所需要的干部。

其次，企业领导干部坚定的理想信念是和"五位一体"的总布局与"四个全面"战略布局相一致的。中国特色社会主义进入新时代，我国在经济、社会等方面取得巨大成就，但是我们在发展中仍然面临着许多问题和挑战，如发展的质量和效益有待提高、创新能力有待提升、民生领域存在短板、党建还有薄弱环节等等，这一切问题能否顺利解决都与理想信念是否坚定有关。

最后，企业领导干部理想信念坚定，在现实工作中潜移默化地影响企业职工，从而形成企业发展的合力。在领导干部的带领下全体员工自觉地为实现中华民族伟大复兴的中国梦，为企业的持续健康发展贡献自己的力量。

做坚定理想信念的表率，企业领导干部要从以下几个方面着手。

第一，企业领导干部做坚定理想信念的表率必须加强学习。理想信念影响世界观、人生观、价值观这个"总开关"。习近平同志指出："理想信念坚定，是好干部第一位的标准，是不是好干部首先要看这一条。如果理想信念不坚定，不相信马克思主义，不相信中国特色社会主义，政治上不合格，经不起风浪，这样的干部能耐再大也不是我们党需要的好干部。"[②]企业的领导干部要认真学习马克思主义基本理论，学习中国特色社会主义理论特别是习近平新时代中国特色社会主义思想。坚持用马克思主义的立场、观点、方法来分析问题、解决问题。坚定对马克思主义的信仰，坚定对社会主义和共产主义的信念，坚定搞好企业的信心，以实际行动诠释共产党人的使命和担当。

第二，企业党员干部要努力践行社会主义核心价值观。核心价值观是一个国家、一个民族价值追求和文化理想的精髓。党的十九大报告把"坚持社会主义核心价值体系"作为新时代坚持和发展中国特色社会主义的基本方略之一，强调培育和践行社会主义核心价值观。首先，要深刻理解社会主义核心价值观的科学内涵、逻辑层次，企业党员干部要在学懂、弄通、做实上下工夫，充分认识社会主义核心价值观的引领作用。其次，积极践行社会主义核心价值观。企业党员干部要自觉履行和承担社会主义核心价值观赋予的使命与责任，以自身行动影响和带动企业职工践行社会主义核心价值观。最后，引导企业党员干部树立正确的世界

---

① 中共中央宣传部：《习近平总书记系列重要讲话读本》，学习出版社、人民出版社 2016 年版，第 106 页。

② 习近平：《习近平谈治国理政》，外文出版社 2014 版，第 413 页。

观、人生观、价值观，强化全心全意为人民服务的宗旨意识和为民、务实、清廉的廉洁意识，增强权为民所用、利为民所谋、情为民所系的公仆意识，增强党性观念，提高为职工群众服务的本领。

第三，加强国情党情教育。一方面，通过国情教育，让企业领导干部清楚中国发展的历史和现状，了解改革开放40多年发生的翻天覆地的变化，坚定改革开放的信心；理性地认识社会转型期和矛盾凸显期中国出现的问题，应对改革开放进程中和企业发展过程中出现的困难与问题，努力探索解决问题的新思路；坚定“四个自信”，积极投身统筹推进“五位一体”总体布局和协调推进“四个全面”战略布局的伟大实践中，把坚定理想信念体现在具体行动上。另一方面，通过党情教育，让广大党员干部深刻理解中国共产党的历史使命。面对纷繁复杂的国内外环境的考验，能够克服精神懈怠、能力不足、脱离群众、消极腐败的危险，自觉树立人民至上的宗旨意识、求真务实的担当意识、居安思危的忧患意识、开拓进取的创新意识，领导全体职工完成全面建成小康社会和实现中华民族伟大复兴的神圣使命。

企业领导干部要以党章要求不断加强自身修养，自觉做共产主义远大理想和中国特色社会主义共同理想的坚定信仰者与践行者，使企业的发展蒸蒸日上，推动中国特色社会主义事业不断前进。

三、企业领导干部做改革创新、锐意进取的表率

改革是经济和社会发展的强大动力，改革只有进行时，没有完成时。党的十一届三中全会作出改革开放的重大决定，标志着我国进入到改革开放的新时期。随着改革开放的不断深入，党的十八届三中全会对全面深化改革作出顶层制度设计，明确提出全面深化改革的目标，党的十九大上习近平同志再次强调坚持全面深化改革。全面深化改革既是过去40多年改革开放实践经验的总结，也是新时代推动中国特色社会主义事业不断前行的直接动力。

创新是一个国家兴旺发达的不竭动力，创新是引领发展的第一动力，是建设现代化经济体系的战略支撑。党的十九大提出加快建设创新型国家，要求全党和全国各族人民要紧密团结在党中央周围，以改革创新精神推动新时代经济社会发展迈上新台阶。

面对激烈的市场竞争，建筑企业如何发挥自身的独特优势，企业领导干部起着关键性作用。中国特色社会主义进入新时代，企业发展面临着新的机遇和挑战，企业领导干部要主动适应新形势变化，坚持以问题为导向，始终保持锐意进取的锐气，勇于创新的勇气，善于用新发展理念和新的工作方法，解决企业发展过程中面临的各种矛盾和问题。

“唯改革者进，唯创新者强，唯改革创新者胜”。[1]不断改革、坚持创新是企业领导干部应具有的一种意识，也是其需要不断增强的一种本领。从中国共产党建立伊始，改革创新就成为共产党人的本质特征，成为我们党在革命、建设、改革各个时期的力量之源。我国现在正处于从科技大国迈向科技强国的新征程，创新驱动发展，改革驱动创新已经成为共识。新时代新机遇，企业领导干部要锐意进取，增强改革创新本领。正如习近平同志强调：“各级党委和政府以及各级领导干部要把自己摆进去想改革、议改革、抓改革，争当击楫中流的改革先锋。”[2]面对纷繁复杂的国际环境，面对激烈的市场竞争，企业领导干部唯有身先士卒、率先垂范、增强改革创新本领，才能带领企业创造辉煌业绩。

改革是中国最大的红利，也是中国发展的直接动力。对于企业而言，改革是激发企业生机和活力的动力之源。企业的发展要不断创新和完善企业的经营理念。经营理念是市场经济条件下，企业在经营中感悟出来的理性思维的升华。要打造自己的特色，不仅要有切合企业实际的经营理念，还要不断转变观念、创新思维。公司领导干部始终强调用先进理念指导企业发展，不断深化企业内部改革。公司原董事长李宝元认识到，企业改革需不断优化内部产权结构，建立起适应市场经济要求的体制机制。创新是一个民族进步的灵魂，是一个国家兴旺发达的不竭动力，也是一个政党永葆生机的源泉。对于企业来讲，创新是企业不断发展、生生不息的源泉。在“强大基础、跃升层次、开拓创新、持续发展”的战略思想指导下，河北建设集团股份有限公司蓄积了加快、加大发展的综合实力，由一个专业单一的土建公司发展为房屋建筑施工总承包为主项跨行业的特级资质企业，可承接房屋建筑、公路、铁路、港口与航道、市政公用、水利水电各类别工程的施工总承包、工程总承包和项目管理业务，同时具备建筑工程设计甲级、人防工程设计甲级、房地产开发一级等行业内 60 多个专业资质，并具备对外援助成套项目和对外劳务合作经营资格。企业领导发挥改革创新、锐意进取表率作用，使河北建设集团股份有限公司在企业的管理、组织、科技的创新方面取得显著成效。

在管理创新上，河北建设集团股份有限公司积极借鉴和引用卓越绩效模式，不断提高企业的绩效管理水平。靠新的视野，不断促进经营创新，企业发展不断迈上新台阶。公司不断摸索、敢于探索，采取 BT、BOT 方式承揽项目，开辟出一片高端发展的“蓝海”，为实现产业结构升级积累了经验。通过管理的创新，为企业发展开辟了广阔的新天地。

在组织创新上，不断调动企业内外两个方面的积极性。一方面，鼓励有能力

① 习近平：《谋求持久发展 共筑亚太梦想——在亚太经合组织工商领导人峰会开幕式上的演讲》，《光明日报》2014 年 11 月 10 日，第 2 版。

② 习近平：《习近平告诉主要负责人改革抓什么》，2017 年 3 月 30 日，http://politics.people.com.cn/n1/2017/0330/c1001-29179828-3.html。

的内部员工积极创办经济实体，动员全体员工创业；另一方面，还要吸纳有实力、讲诚信的外部队伍加盟，实现借力发展。董事长李宝元在2013年公司庆“七一”表彰大会上讲道：成绩的取得，得益于优秀团队的建设与全体员工的共同努力，正是有了大家这种爱厂如家、爱岗敬业、艰苦创业、奋发图强、勇于创新、甘于奉献的精神，才铸就了集团公司今天的崛起和腾飞。在企业的组织管理方面，调动员工的积极性，强调团队精神、肯定职工的付出，激发了全体职工的创新精神和奉献精神。

在科技创新上，积极与高校和科研单位合作，形成技术进步机制，实现借智发展。公司发展的历史证明，科技的力量已成为公司创造高质量精品工程的重要支柱。在科研转化方面，采取内培、外引和联合开发的方式，边研究、边试验、边转化，以管理创新、技术创新推动企业跨越式发展。河北建设集团股份有限公司积极响应国家号召，创建绿色建筑，推动传统建筑业转型升级，公司与天津大学等八家单位联合成立“京津冀建筑产业现代化联盟”，致力于打造产学研用一条龙研发模式，大力加强项目资讯化管理及BIM技术研究应用。2011年，公司喜获“国家科学技术进步二等奖”，荣获3项“中国土木工程詹天佑奖”。截至2017年6月30日，公司获得了国家专利138项，完成国家级及省级工法105项，获得省部级科技进步奖9项。2018年5月9日上午，河北建设集团股份有限公司与中国建筑西南设计研究院签订战略合作协议，双方本着“互惠互利、相互促进、共同发展、保守秘密、长期合作”的原则，建立互信、默契的商业合作战略伙伴关系，充分发挥双方优势，提高竞争力，共同拓展市场。

企业领导干部的创新精神和改革意识，企业领导干部改革创新、锐意进取的表率作用是企业不断提高核心竞争力，在激烈竞争中立于不败之地的关键。

四、企业领导干部做践行群众路线的表率

群众路线是中国共产党根本的政治路线和组织路线。一切为了群众、一切依靠群众，从群众中来到群众中去的群众路线，是我们党在革命、建设、改革各个时期事业不断取得胜利的重要法宝，也是我们党永葆生机与活力的重要源泉。企业领导干部作为党的基层组织的负责人要深刻认识群众路线的重要意义并努力践行。

企业领导干部要从哲学高度和党的宗旨的角度认识群众路线的重要意义。历史唯物主义强调人民群众是生产力中最活跃、最革命的因素，无论是生产力的发展还是生产关系的变革，其主体都是人民群众。企业的主体是广大的职工群众，企业的发展依靠职工发挥其聪明才智，贡献其巨大力量。党的宗旨是全心全意为人民服务，这一宗旨要求广大党员把人民的利益摆在高于一切的位置上，紧紧依靠人民群众，切实为人民谋利益。党的十九大报告指出：“人民是历史的创造者，是决定党和国家前途命运的根本力量。必须坚持人民主体地位，坚持立

党为公、执政为民，践行全心全意为人民服务的根本宗旨，把党的群众路线贯彻到治国理政全部活动之中，把人民对美好生活的向往作为奋斗目标，依靠人民创造历史伟业。”①

首先，企业领导干部做践行群众路线的表率就是在任何时候都要把人民放在心中最高位置，强调以人为本，切实维护企业职工的根本利益。坚持党的群众路线，牢固树立群众观点，尊重、关心、依靠人民群众，以实现人民利益为最终价值取向。企业领导干部要尊重职工、贴近职工、深入职工、依靠职工，把为职工群众谋利益作为全部工作的出发点和归宿，关心职工群众的安危冷暖，维护好、发展好、实现好职工群众的切身利益。

其次，企业领导干部做践行群众路线的表率就是将企业职工群众看作企业发展的主体力量和决定力量，发掘他们身上蕴藏着无限的创造力。因此，企业领导干部要尊重企业职工，牢固树立群众观念，将其视为企业主人，坚持问计于职工群众、问需于职工群众，激发企业职工的工作热情和积极性，推动企业不断向前发展。

最后，企业领导干部要做践行群众路线的表率就是在企业内部营造“和谐的家”。人类因梦想而伟大，企业因文化而繁荣。河北建设集团股份有限公司特色鲜明的“家·人”文化是企业发展的原动力。在河北建设集团股份有限公司内部，以营造“和谐的家”为主题，善待好历史人，保持稳定和谐；激励好现在人，促进快速发展；吸引好未来人，确保基业长青。为改善企业职工的居住条件，河北建设集团股份有限公司先后建设了总面积近50万平方米的住宅，以低于成本的价格让每位员工实现了居者有其屋，并努力实现着“人人都有体面的家”，使广大企业职工安居乐业。此外，为优化企业职工的居住环境，河北建设集团股份有限公司修缮完成省建社区毛主席像广场（保定市历史最为悠久、保存最为完整的广场）。公司高层领导高度关注毛主席像广场修缮项目，从项目立项、设计方案、过程施工等诸多环节都给予了悉心指导与大力支持。广场设计方案以“开放、庄重、大气”为设计原则，并将以人为本理念贯穿方案始终。毛主席像广场的重新修缮不仅美化了省建社区的人文环境，还为保定市的社区建设增添了一颗亮丽的明珠。河北建设集团股份有限公司营造出“万人同做一件事，共谋企业大发展”的和谐局面，被全国总工会授予“全国模范职工之家”称号。

“人民”两字在党的十九大报告中出现多次，充分体现了我们党始终坚持马克思主义群众观，全心全意为人民谋福利。不忘初心，牢记使命，中国共产党人的初心和使命，就是为中国人民谋幸福，为中华民族谋复兴，这个初心和使命是激

① 习近平：《决胜全面建成小康社会 夺取新时代中国特色社会主义伟大胜利——在中国共产党第十九次全国代表大会上的报告》，人民出版社2017年版，第21页。

励中国共产党人不断前进的根本动力。企业领导干部是党的基层组织的负责人，是实现党的初心使命的基础力量。企业领导干部要深入学习贯彻党的十九大精神，把企业职工对美好生活的向往作为奋斗目标，不断提高职工待遇，改善职工福利，以实际行动做践行群众路线的表率。

五、企业领导干部做遵规守纪、廉洁奉公的表率

企业领导干部做遵规守纪、廉洁奉公的表率，不仅是党要管党、从严治党的必然要求，也是提升自身领导能力的内在要求。一个好的企业领导者，要坚持高标准严要求，严格执行党章党规党纪，模范遵守党内政治生活准则和廉洁自律准则，严以律己、身体力行、做好表率。企业发展依赖于坚强的领导核心，企业的领导干部要不忘初心，率先垂范。

首先，企业领导干部要做遵规守纪的表率，就要认真学习和自觉遵守党规党纪。加强党的纪律建设、遵守党规党纪是我们党的优良传统。新民主主义革命时期，我们党根据革命的任务和形势的需要，制定了一系列的党纪条规，为党的队伍的发展与壮大提供了有力保证。中华人民共和国成立以后，我们党和政府制定了一系列的党纪条规，加强党的建设，整肃党风党纪。改革开放以来，我们党不断加强纪律建设和加大反腐败斗争的力度，党的纪律建设逐步迈入制度化、规范化、法治化阶段。党的十八大以来，以习近平同志为核心的党中央根据世情、国情、党情的新变化，把加强党的纪律建设放在更加突出的位置，作出了一系列新部署，要求党员领导干部要遵守党规党纪、廉洁奉公。企业领导干部要加强理论学习，带头遵守党章的各项规定，将党的路线方针政策贯彻落实到企业基层。企业领导干部要带头遵守廉洁自律规范，遵守中央八项规定，知敬畏、明底线、守规矩。

其次，企业领导干部要自觉用党章和党规党纪规范自己的言行。没有规矩，不成方圆。企业领导干部要自觉树立规矩面前人人平等、纪律面前没有特权的意识，自觉以党的规章制度和组织纪律约束自己。《中国共产党章程》明确规定，共产党员必须自觉遵守党的纪律和国家的法律。在党的第十八届中央纪律检查委员会第五次全体会议上习近平同志指出：“讲规矩是对党员干部的重要考验，是对党员干部对党忠诚度的重要检验。”[①]党员领导干部，包括企业领导干部要做到带头遵守党规党纪，忠于党的事业，做好表率作用。在党的十九大报告中，习近平同志强调必须以党章为根本遵循，要尊崇党章。全体党员能够自觉用党章和党规党纪规范自己的言行，用党的理论创新成果武装头脑，在实践中，企

① 习近平：《习近平为党员干部做人做事划出的四条底线》，2016 年 4 月 10 日，http://politics.people.com.cn/n1/2016/0410/c1001-28264053.html。

业领导干部要深入推进“两学一做”学习教育，真正做 “忠诚、干净、担当”的合格党员，真正做遵守党章党规党纪的楷模，为企业全体职工做好表率和示范。

最后，企业领导干部要不断强化党纪党规意识和法纪观念，自觉接受来自各方面的监督。2015 年，中共中央印发了《中国共产党廉洁自律准则》和《中国共产党纪律处分条例》，这两项法规的颁布是实现依法依规管党治党、加强党内监督的重大举措，也是深入开展党风廉政建设和反腐败斗争的有力武器。2016 年党的十八届六中全会以全面从严治党为主题，通过了《关于新形势下党内政治生活的若干准则》和《中国共产党党内监督条例》，为新形势下加强和规范党内政治生活、加强党内监督提供了根本遵循。企业领导干部要按照党员干部廉政建设的要求，加强党性修养，筑牢思想道德防线，经得起各种风险和考验。企业领导干部要认真贯彻落实党风廉政建设责任制，强化监督检查和日常管理，及时发现、纠正本部门本单位违反廉洁自律规定的问题，确保廉洁自律各项规定的落实。企业领导干部肩负着抓党风政风建设的领导责任，要接受来自企业和社会各方面的监督，事事处处争做廉洁奉公的表率。

企业领导干部要坚持高标准、严要求，认真执行党章党规党纪，模范遵守党内政治生活准则和廉洁自律准则，用党纪国法约束自己的行为，做遵规守纪的好党员，做廉洁奉公的好表率。

六、企业领导干部做履行社会责任的表率

随着我国经济实力的增强和国际地位的提升，企业在推动我国经济社会发展和增强国际竞争力方面起到了关键的作用。一个企业的发展依靠科技的创新、科学的管理，同时要具有社会责任意识，这对企业的持续健康发展意义重大。

企业社会责任（corporate social responsibility，CSR）概念自 1924 年美国学者谢尔顿提出以来，受到社会各界的普遍关注。经过将近百年的发展和演变，已形成了相对完善的研究体系。现代营销之父菲利普·科特勒先生在《企业的社会责任》一书中重新定义了“企业社会责任”，即“企业的社会责任是企业通过自由决定的商业时间以及企业资源的捐献来改善社区福利的一种承诺”[①]。一般认为，企业社会责任包括经济、法律、道德和慈善等层面，是企业在创造利润、对股东负责的同时，应承担对员工、消费者、周边环境、地方政府及其他利益相关方的所有责任。[②]

一个企业承担的社会责任越来越多，表现越积极，给公众留下的印象就越好，不仅有助于促进企业自身发展，还有助于提升企业的整体形象。习近平同志在网

① 卢晗：《企业为什么要履行社会责任？》，《中国盐业》2018 年第 3 期，第 24—25 页。

② 牛禄青：《社会责任：企业竞争力之锚》，《新经济导刊》2018 年第 5 期，第 55—59 页。

络安全和信息化工作座谈会上强调：“只有富有爱心的财富才是真正有意义的财富，只有积极承担社会责任的企业才是最有竞争力和生命力的企业。”①企业领导干部作为企业的负责人要做履行社会责任的表率。中国特色社会主义进入新时代，新的时代呼唤新的使命和新的担当，这为中国企业承担更多的社会责任提出更高要求。我国社会主要矛盾的变化也呼唤企业领导干部重新审视企业自身的时代角色和责任担当，做好履行社会责任的表率。

河北建设集团股份有限公司始终把承担社会责任作为公司从不懈怠的使命。原董事长李宝元多年前关于企业社会责任的表述至今仍在公司范围内流传：“无论黄昏把树的影子拉得多长，它总是和根连在一起。国家和社会就是企业发展的根，到任何时候，我们都要有一颗感恩的心。企业回报国家和社会是一种责任，是其存在的基本价值。”他认为，企业的发展就意味着肩上责任的延伸，在企业发展的同时，不仅要感恩员工，为员工谋福利；更要感恩社会，为社会作贡献。在董事长李宝元的带领和影响下，河北建设集团股份有限公司多年来勇担社会责任、积极援助灾区、热心公益事业、助力扶贫攻坚战、倡导环保产业，塑造了良好的公众形象，为打造和谐、善美的社会尽到了一份企业的责任。

河北建设集团前身为中央轻工业部东北工程公司（1952 年成立）和纺织工业部华北纺织管理局第一建筑安装工程公司（1953 年成立），这两支中央部属企业于 1964 年合并后更名为建筑工程部华北工程管理局第二建筑工程公司，1997 年组建为河北建设集团有限公司，2017 年更名为河北建设集团股份有限公司作为央企，从成立之初，就肩负起神圣的使命，承建了石家庄四大棉纺厂、印染厂和华北制药厂，助力石家庄成为全国知名的轻纺城和华北最大的抗生素制药基地；出色地完成了保定热电厂、乐凯胶片厂等保定西郊八大厂的建设，奠定了这座古城的工业基础；参加人民大会堂建设和华北石油大会战，为新中国的发展屡建功勋；唐山大地震后，积极赶赴抢险救灾第一线，十年援唐，为当地人民建造了一座座美好的家园；参加国外援建项目，展示了中国建筑业的风采和国有企业的担当。在改革浪潮的推动下，公司一步步从优秀走向卓越，开始攀上新的高峰。

近年来，河北建设集团股份有限公司在企业领导的带领下，在履行社会责任方面取得了突出的成绩。多年来公司不仅规范经营、依法纳税，而且积极建造绿色建筑，积极倡导环保产业，大力支持公益事业。公司每年为社会提供 6 万多个就业岗位，缓解就业压力；每年用于扶贫、捐赠的费用近百万元，不仅如此，在与社会各界的交往中，集团及各下属单位处处体现着大企业的风范。

在抗震救灾方面，2008 年“5·12”汶川大地震发生后，公司领导带头捐款

---

① 习近平：《习近平在网信工作座谈会上的讲话全文发表》，2016 年 4 月 25 日，http://politics.people.com.cn/n1/2016/0425/c1024-28303283.html。

并组织员工在第一时间自发捐款超 200 万元，顺利完成保定市全部的援建过渡安置房任务，代表保定对口援建四川平武响岩镇和新疆兵团农二师河北现代农业研发基地项目。

在社会公益事业方面，2011 年保定市全力打造的十大重点惠民工程之一的农业生态园建设遇到资金困难，河北建设集团股份有限公司积极响应市政府的号召，以 BT 方式建设农业生态园项目，由公司全额垫资承建，工程造价达 3.8 亿元。这一举措保证了工程及时开工，为建设低碳、高端、协调、善美的保定，打造市民休闲观光的好去处贡献了自己的一份力量。2012 年 4 月 28 日，在农业生态园的开园仪式上，保定市领导高度赞扬该公司大局意识和勇于担当社会责任的行为。

2012 年 6 月 29 日，河北建设集团股份有限公司与其他三家企业共同筹资为廊坊市广阳区万庄镇 9 个村街购置电脑、DVD、乒乓球台等文体设施，丰富和活跃了村民的文化体育活动。万庄镇政府向河北建设集团股份有限公司建安分公司赠送了“造福民众、情系百姓”的荣誉锦旗，此次爱心活动是公司做强公益事业、彰显企业文化的重要体现。

河北建设集团股份有限公司下属路桥分公司京承高速公路项目部先后 70 多次抽调设备支援附近自然村的“村村通公路”工程和生态文明村建设，为避免开山爆破给当地群众特别是孕妇、儿童、老人造成干扰，他们自筹资金租赁房屋，转移、安置村民。公司牢记社会责任，热心公益事业，塑造了良好的公众形象，奠定了长远发展的基础，实现了集团和谐发展。

在扶贫攻坚战方面，在集团领导带领下积极践行企业社会责任，助力打赢扶贫攻坚战，成为脱贫攻坚事业坚定拥护者和积极实践者。2020 年是全面建成小康社会决胜期，在这个决胜期里，现行标准下农村贫困人口实现脱贫，是一项重要的任务。企业是社会财富重要创造者，在推动经济发展同时，要饮水思源，不忘初心，勇于担当，助力扶贫攻坚。

河北建设集团股份有限公司石家庄分公司“萤火虫”爱心团队，怀揣着对贫困儿童的关爱，走进保定唐县西大洋村小学，为该校师生送去 50 套课桌和数百本书籍，受到了师生的欢迎和感谢。在捐赠现场，西大洋村小学的学生代表用稚嫩的话语表达了他们将会努力学习、回报社会，把爱心接力棒传递下去的美好心愿。爱心团队此举也在西大洋村小学生的心中播下关爱的种子，团队成员表示：他们将继续用自己的微弱之光照亮更多需要帮助的人，这是河北建设集团股份有限公司石家庄分公司践行公司“感恩社会，积极为社会做贡献”理念的一个活动缩影。

2018 年 2 月，河北建设集团股份有限公司对阜平县龙泉关镇青羊沟村进行了捐款，表达了自己一份沉甸甸的社会责任。扶危济困、弘扬善举，是当今社会最动人的主旋律，公司全体员工的爱心、希望，坚定了龙泉关镇青羊沟村村民脱贫致富的信心，为当地村民的如期脱贫奠定了基础。

2018 年 5 月 11 日，河北建设集团股份有限公司组织保定市第三中心医院专家来到涞水县九龙镇柏林城村开展健康义诊活动。柏林城村位于县城西北，属于深山区，是深度贫困村，多年来缺医少药，有些村民患病得不到及时救治，此次义诊受到了村民的热烈欢迎。义诊现场医务人员热情接待每一位就诊村民，认真给村民做体检，耐心解答村民的咨询，义诊接诊村民 70 多人。此外，两位专家还深入贫困户家中，为老党员和久病村民入户检查病情，受到了村民的好评。义诊活动也是公司积极落实扶贫政策的一项有益活动。

在倡导环保产业方面，“节能环保”也是公司践行社会责任时首先要考虑的一个重要方面，河北建设集团股份有限公司把“绿色理念”引入建设施工领域，倡导社会节能减排，推动我国环保事业健康发展。

公司先后与保定天威集团有限公司、英利能源（中国）有限公司、宏泰嘉城投资有限公司合作，在太阳能、水能等新型能源工程建设方面展开长期战略合作。2011 年 7 月，公司下属天辰建筑工程有限公司承建的保定市乐凯北大街太阳能消防站工程揭牌并投入使用，成为我国第一座大型太阳能光伏电站与消防站功能相结合的建筑，这一工程把建筑与发电融为一体，体现了绿色、公益、低碳的建设理念。近年来，河北建设集团股份有限公司绿色、节能建筑均达到 100%，建筑节能和环保应用技术领域成果颇丰。

在雄安新区规划建设中，河北建设集团有限公司雄安新区指挥部快速反应，成立了环保志愿者小分队，小分队于每周二、周五早上六点从指挥部出发，晚上七点十五分左右返回指挥部，利用业余时间，在不耽误工作的情况下，步行至白洋淀高铁站站前广场，清理城市废弃物，美化站前广场环境。按照指挥部的具体要求，志愿者统一着装，佩戴环保志愿者标识，活动中他们积极配合，不怕苦、不怕脏、不怕累，把志愿者甘心付出、不求回报的精神阐释得淋漓尽致。作为第一个在雄安新区成立的志愿者组织，他们在宣传公司的形象、落实企业文化、擦亮集团品牌方面起到了积极的推动作用，极大地提高了公司在雄安新区的知名度，为公司拓展雄安新区市场打下了坚实的基础。

新时代，新征程，河北建设集团股份有限公司始终秉承绿色、健康、可持续发展的理念，践行社会责任，热心公益事业，弘扬爱心精神，提倡节能环保，助力脱贫攻坚，塑造了良好的社会形象，树立了建筑行业典范。

第四节　思想政治工作者的中坚作用

思想政治工作是我们党的最大特色、最大优势，是党的全部工作的生命线。

党的十八大以来，以习近平同志为核心的党中央针对思想政治工作领域出现的新情况和新问题，强调：“宣传思想工作就是要巩固马克思主义在意识形态领域的指导地位，巩固全党全国人民团结奋斗的共同思想基础”①。这一表述更加彰显了这一党和国家一切工作“生命线”的时代价值。新时代，河北建设集团股份有限公司思想政治工作者初心不变，步履不停，不断丰富工作内容，拓展工作阵地，创新方式方法，逐步摸索出了一套适合建筑企业思想政治工作的工作方法，取得了思想政治工作的较好效果，有力地推动了企业的健康发展。

一、理论宣传，融入深度

首先，多渠引水，整合资源，打造时代强音。理论上清醒是政治上清醒的前提，理论上的贫乏必然会导致思想上的落伍。没有正确的理论指导，就不可能有坚定的理想信念，不可能有正确的政治观点，不可能有坚定的政治原则。可见，“抓好思想理论建设这个根本”显得尤其重要。河北建设集团股份有限公司结合自身特点，尤其是针对企业内部存在重实干、轻理论、以干代学，或以读文件、看报纸代替理论学习等问题，充分认识到思想理论建设的紧迫性，注重提高思想理论建设的能力和水平，致力于用科学的思想理论凝聚人心、引领发展。同时，公司加大整合中央党校、省委党校、保定市社会科学联合会、文化工作者及优秀教师等宣教资源的力度，组建企业理论宣讲团，不断壮大和充实理论宣讲队伍，采取多层推进的方式，为企业员工提供政策帮扶、理论指导。建立年度集中宣讲长效机制，每年根据党中央各个时期和各个阶段的工作部署，结合群众最关心、最关注的热点问题，深入各地区开展集中宣讲，及时将最新思想理论、最新政策传递到一线。

其次，多位宣传，联推联动，形成思想共识。抓好理论宣传，关键是要用好理论和真理的力量，要实打实、见真章、讲实效，避免“雨过地皮湿”现象，防止敲锣打鼓喊口号、轻轻松松走过场的做法。对基层而言，重点是要抓好面向干部群众的宣讲普及和阐释解读，着力做好大众的思想工作，引导干部群众做到学而信、学而用、学而行。公司立足企业实际，注重以效果为导向，采取一系列措施，抓好落实推进，不断探索生动活泼的宣讲方式，不断拓展形式多样的平台载体。通过知识竞赛、精神解读、专题讲座、系列访谈等方式深入开展社会主义核心价值观、“中国梦”、党的十八大、十九大精神和习近平新时代中国特色社会主义思想的学习宣传活动。同时，结合建筑企业人员分散的特点，创新平台载体，报、刊、网、端，联推联动，加大理论宣讲活动的宣传力度，把党的声音不折不扣、原汁原味地传递到企业内部，充分挖掘、展示出公司贯彻落实党的方针政策

① 习近平：《习近平谈治国理政》，人民出版社 2014 年版，第 153 页。

的新实践、新成效、新风貌。通过理论学习和理论传播的有效推进，进一步夯实了公司员工团结奋斗的思想基础,增强企业的凝聚力和战斗力,助推公司完成“十二五”规划所定的工作目标，成功获得鲁班奖7项、省部级科技成果11项，创造了2007—2016年河北省内的8项“唯一”，部分项目进入了国家同行业前列。

最后，多方促动，学以践行，展现政治担当。责任使人负重，更使人充实和成熟。思想政治工作的内容较多，部分内容往往不能直接作为面向群众的宣教素材，需要结合群众的具体情况进行相应转化，确定切实可行的相应抓手，和群众的思想实际、工作实际、生活实际建立实质关联。公司组织专家学者围绕“经济发展新常态，建筑业如何走向市场”主题进行政策解读、形势剖析，进而引导决策管理层在纷繁复杂的经济发展大潮中准确判断发展趋势。通过学习讨论，集团决策管理层纷纷表示适应乃至引领新常态要有前瞻性眼光和战略性思维，要善于抓住发展机遇，结合本部门实际，针对如何突破传统、因势而谋，实现新一轮发展，提出切实可行的企业发展思路。同样，位于京津冀协同发展战略之重镇保定的省建，更深感“京津冀协同发展”“雄安新区”专题讲座是“及时雨”。京津冀协同发展、雄安新区是国家发展的重要里程碑，在发展机遇面前，公司强调要将以倾心敬业的姿态，与时代发展同频共振，把企业责任和企业发展融入京津冀协同发展、河北雄安新区建设等国家发展战略中，为地区发展贡献新的力量。这既是企业长远重大的政治担当，也是企业内在发展需求。

二、人文关怀，体现温度

思想政治工作从根本上说是做人的工作，它的工作对象和着力点是有着丰富情感的人。因此，思想政治工作必须融入人文关怀，体现情感温度，必须把得人心、暖人心、稳人心的工作做到位，从而使对象在全面发展过程中受教育、得温存、长才干、增福祉。当前在建设社会主义市场经济的过程中，企业职工的思想观念、思维方式、价值趋向都在发生变化，如何切实把人文关怀体现到职工健康成长和全面发展中，是思想政治工作者需要思考的问题，也是企业发展进步的根本保证。公司秉持以人为本的理念，始终把人放在第一位，以“四心”思想加强员工关怀，多方面、多层次、多角度了解员工需求，解决员工实际问题，使所有员工感受到公司与社会的温暖，从而实现了员工走一步、关怀跟一步、思想政治工作进一步的预期效果，为公司未来发展奠定基础。

第一，以“暖心”增强凝聚力、向心力。建筑业员工长期从事地下、高空等高危工作，工作任务异常繁重、工作环境艰苦，甚至为了建设事业，长期居住异地，“抛妻弃子”。如何调动员工高昂的工作热情，保持企业旺盛的斗志，一个首要的前提就是：知员工冷暖，把实事办到他们的心坎儿上。河北建设集团股份有限公司有这样一座“连心桥”，通过领导慰问、员工座谈会、“四百”（进百家门、求百家计、解百家难、连百家心）活动、问卷调查等方式调研员工实际需求和困难，大到公司的方针政策、重大决定，小到员工关心的具体事项，员工均可以充分利用这些渠道和方式发表意见与建议，并会及时给予回复。通过畅通的员工诉求渠道，在大家积极建言献策下，通过开展“民心工程”项目，实实在在为员工解决问题，解决的大事小事不下百余件。为了让员工吃上放心的饭菜，公司自筹资金兴建了餐厅，给工作繁忙的员工带来了极大方便；为了让经常倒班的员工吃上热乎饭，公司还为每个班组都配备了微波炉。异地项目中，员工常年在外征战，工作异常辛苦，公司在薪资福利、休假制度、成长通道上给予一定的政策倾斜，大幅度提高员工的工资标准，建立了与工作业绩紧密联系的激励机制。此外，公司还根据实际情况修改制定了人性化的休假、探亲等制度，而且在干部评先评优时，优先推荐异地项目作出成绩的员工，拓宽他们的上升通道。在关注员工生活质量的同时，公司始终把员工的身体健康挂在心上，在进行安全技术改造的同时，进行工作环境改善，减少施工污染对员工健康的影响，同时每年对员工进行体检，建立员工个人健康档案，使员工真正体验到“企业温暖如家”的感觉。为了提升员工的生活质量，公司投资 150 万元重修了毛主席像广场，美化了社区环境，同时出资对社区道路进行了加宽改造，对社区供暖管道、部分屋顶进行大修，使员工的生活环境得到有效改善。一点一滴的“人文关怀”，体现了关怀和温暖，汇聚成了集团发展的强大动力。

第二，以“连心”解决实际问题。公司始终坚持发展不忘职工、发展不忘社会的宗旨，每年都拿出部分资金落实困难职工补助与暖气费补贴；积极做好“职工互助一日捐”工作，已有百余名患病员工得到救助；开展“金秋助学”活动，设立资助基金，对系统内收入较低家庭的学生给予资助，帮助多名学子圆了大学梦或完成学业。针对项目周围配套设施不完善、员工业余生活贫乏等情况，公司购置了电视、音响、书籍等送到工地，同时心连心艺术团的慰问演出、电影放映也送到了工地，为常年在外的员工送去亲情和欢乐，提升了员工的幸福指数和凝聚力。同时，公司制定了突发事件处理应急预案，以期最大限度地减少事故损失。承德施工中一位工人受伤，伤情较为严重，因当地医疗条件有限，项目组立即决定，在当地医院进行紧急治疗稳定后，调集专门车辆，转到北京医院治疗，专业医护人员全程护送，全部医疗费用公司负责，因救治及时员工迅速康复，其感受到企业的关怀与温暖，表示愿意继续留下工作。近年来，无论是公司职工还是外派农民工，在外工作都非常安心踏实。这得益于公司的安全保障措施全面到位，不仅给予了他们极大的安全感，还解除了他们的后顾之忧。关键时刻的雪中送炭拉近了企业与员工的距离，给予了员工及家属巨大的心灵慰藉。

第三，以“聚心”推动企业发展。员工是企业的财富，“财富”的现实利益和长远发展得到了保障，企业就会显示出巨大的内聚力，继而为企业创造出更好的效益。近年来，该集团加大绩效工资比重，使薪酬更具激励性，同时强化技能培训，不断提高员工技能，以此凝心聚力、推动发展。公司实施360度考核模式，形成上级领导、平级部门、二级公司全方位考核模式，考核体系涵盖目标考核、指标考核、经营目标责任状考核、企业关键指标绩效考核、季度考核与年度360度考核相结合等多种形式，使绩效考核更具全面性和有效性。在此基础上，大力提升绩效工资比重，充分体现多劳多得、贡献大者多得的原则，使职工薪酬更具激励性，目前公司职工平均薪酬达到省内同行业先进水平。同时，公司整合培训资源，建立了“三级四层培训网络”，按识别需求、细分需求、制订计划、确保实施、效果评估五个环节建立教育培训体系，对高管、中层、一般管理、生产操作等四层员工实施知识型、技能型、理论型、实操型全方位培训学习，全年培训人数达4000余人次，178名员工通过一级建造师考试，使公司一级建造师达到767人并获准设立“河北省建设人才培训基地”。公司的多措并举为员工创造了优良的成长环境，最大限度地激发了一线员工岗位成才的激情与奋斗的活力。

三、制度建设，彰显力度

多年来，河北建设集团股份有限公司，坚持“贴近实际、贴近职工、贴近生活”的工作思路，坚持把解决思想问题和解决实际问题紧密结合起来，积极探索思想政治工作的新思路、新途径，尤其是在制度建设上实现了创新性发展，成功探索了思想政治工作“目标化、项目化、规范化”的制度体系，提高了思想政治工作的引领力和实效性。

首先，开展主线教育，实现思想政治工作的目标化。企业思想政治教育千头万绪，如何更好地重点突破、整体推进，影响着思想政治教育的质量与水平。河北建设集团股份有限公司从实际出发，根据市场的需求和自身的状况，抓住企业改革发展目标这一“牛鼻子”，将思想政治工作与改革发展、生产经营融为一体，引导干部职工正确认识企业发展目标并为之而努力奋斗。在多年的思想政治工作实践中，公司坚持开展主线教育，努力实现思想政治工作的目标化，较好地解决了贴近企业实际的问题。主线教育就是根据企业发展不同时期的任务、改革发展的目标和职工的思想实际，确定思想政治工作在一定时期完成一个阶段性任务的目标并针对性地开展内容集中、主题鲜明的教育。例如，20世纪80年代末，结合企业立足保定开拓国内市场的定位，明确思想政治工作的目标就是把企业经营战略体现在工作岗位上，团结奋斗、无私奉献，为开拓国内外建筑市场作贡献。到20世纪90年代中期，公司提出“组建集团，走向世界”的目标，结合企业定位，先后开展了“我靠企业生存，企业靠我发展”“我们的企业，我们的家”等一系列主线教育活动，激发了员工的工作热情。“八五”末期，公司产值大幅增长，在这种情况下，适时提出“深化改革、建设一流企业”的发展目标，围绕这个目标，企业先后提出了追求超越、奉献真诚、组织无界、共创价值、做有思想的企业，做有人格的法人等主线教育活动。党的十八大以来，结合环境保护、攻坚扶贫等一系列新形势新任务新要求，公司适时开展了“聚力担当建家园”形势任务教育，为公司积极担当社会责任、加快发展提供了思想保证。

其次，建立思想政治工作小组，实现思想政治工作项目化。如何使思想工作和经济工作有效结合、彻底消除“两张皮”现象是公司领导班子一直思考的问题。主线教育解决了公司思想政治工作的目标问题，但一线生产单位和辅助单位如何把思想政治工作与生产经营、改革发展的具体实践结合起来，落实渗透到日常工作中，真正把思想政治工作落到实处是公司面临的新课题。从 1999 年开始，河北建设集团股份有限公司将思想政治工作小组建立在项目上，将党小组、团小组、工会小组、质量管理小组、安全生产文明施工小组、综合治理小组合并在一起，统一部署工作，围绕项目管理开展各种活动，贴近职工，实现了思想政治工作项目化管理。项目思想政治工作主要靠开展活动来实现，活动的开展与公司的生产经营有机结合，贴近实际，贴近职工，武装了最基层的员工队伍，保证在各项改革前队伍不垮、思想不乱、步子不慢，体现在企业重点、难点工作上，具有较强的操作性和实效性。

最后，进行制度创新，实现思想政治工作的规范化管理。河北建设集团股份有限公司党委坚持制度先行，用制度规范行为，以适应企业改革和发展的需要。第一，公司党委在坚持和完善党委议事会制度、党政联席会议制度等 10 项工作制度的同时，探索建立了“双向纳入，共同负责”的领导体制，形成“目标同向、决策同定、工作同步、责任同负、考核一体”的企业领导合作上岗制度。注意培养“双重素质”干部，党务领导和行政班子实行交叉任职，对机关政工干部进行整合，将组织、宣传、工会、团委、妇联等融为一体，实现了资源共享、目标一致。各单位实行经理、书记一肩挑，副书记、工会主席兼任行政职务，交叉任职。每年公司下达的责任状既包含经济指标，又包含思想政治工作指标，实现同布置、同检查、同考核、同奖惩，使经济工作同思想政治工作融合在一起，形成了党政工团齐抓共管思想政治工作的良好局面，从而使思想政治工作不是“单兵突进”而是“系统融合”，不是“片面静态”而是“动态全面”，不是“空中楼阁”而是“虚功实做”。第二，政工联查制度是公司坚持多年的一项行之有效的工作制度，将行政工作、政工工作统一纳入联查的范围，实行百分制检查考核，每年检查两次，年终打分排队，将联查结果与班子考核和评先工作紧密结合，保证各项制度的贯彻落实。公司党委明确指出，不会做思想政治工作的行政领导不是好领导，不懂经济工作的政工干部不是好干部。

“思想政治工作目标化、项目化、规范化” 作为公司工作的亮点之一，实施和推广以来，得到了同行业的充分肯定和大力推介。“目标化”抓住了企业改革发展的重点，使思想政治工作与生产经营达到了完美融合；“项目化”使思想政治工作落到实处，避免了“两张皮”现象；“规范化”使思想政治工作由弱变强，形成了公司思想政治教育长效机制，使思想政治工作这一潜在生产力得以顺利转化。思想政治工作目标化、项目化、规范化建设要贴近企业实际，为企业保驾、护航、添力、增劲，有力地推动企业科学发展和跨越发展。

四、载体创新，提升效度

随着互联网和信息技术的迅猛发展，新媒体发展已势不可挡。微博、微信、微电影等新媒体作为网络化的产物，已经成了新的信息传播载体，且具有很强的意识形态性。它既具有众多积极的功能与优势，但也不时呈现出一些消极的负能量。作为新时代思想政治教育工作者应当以强烈的使命感和责任感，积极主动地融入“微时代”，及时形成新媒体思维，充分发挥新媒体的优势，实现新媒体与传统媒体的融合发展，开创思想政治工作新局面。基于此，河北建设集团股份有限公司面对新形势，积极拓展思想政治工作的新阵地，探索企业思想政治工作的新载体，形成“双微”新媒体格局，以实现思想政治工作效度最大化。

第一，微载体建设，构建思想政治工作新格局。为适应新形势，公司积极进行微载体建设，为思想政治工作拓展新空间，推出了基于网络宣传教育的平台——“河北建设集团股份有限公司”官方微信，形成了自上而下、纵向联动的主流声音传播阵地。目前“河北建设集团股份有限公司”官方微信，历经改版优化、功能升级，已形成理论宣讲、成果展播、经验分享、身边故事、综合报道等五个宣传板块，关注用户已达 5 万多人。同时，分别在人民网、新华网、新浪网、腾讯网、央视网五大网站开设认证微博，形成了总粉丝量达 20 多万人的微博群，影响力持续扩大。至此，公司形成了覆盖全员、互联互动、直通基层的“双微”新媒体格局，讲述了身边故事，解决了关注问题，传播了企业文化，展现了企业风采，做到了员工在哪里、思想政治工作就在哪里。

第二，群众视角切入，提升思想政治工作感染力。坚持从群众中来到群众中去，采取“双微”模式，挖掘出群众身边的感人故事，用好员工当中的网络高手，用视频、音频、图片等时尚元素为点缀，引导员工采取自编自演的方式，讲身边人、说身边事，从而转化为接地气、有情感、有温度的新媒体作品。比如，《给地球盖图章的人》讲述了公司原董事长李宝元海纳百川的胸怀和胆力，他坚持企业要“做有思想的企业，做有人格的法人”，正是这一经典论断把做企业的境界提到了前所未有的高度，这一治企名言也永远载入公司的发展史册，推动企业在激烈的市场竞争中不断地做大做强。《天翼传奇》的诗歌传唱则是在公司以雄安第一股的身份进入国际资本市场这一激动时刻，真实地反映了公司生产、经营、市场等各条战线上员工的奋斗历程，生动地再现了他们为企业为国家默默奉献的高尚情怀。《丹青难绘是精神》《自强女儿更胜男》《不怕火炼是真金》等一个个鲜活的故事，一个个努力奋斗的身影，让我们感受到满满的正能量，这是对企业无悔的忠诚，是对职业无言的承诺。实践证明，将新媒体和传统思想政治教育模式相结合，让身边员工群众参与其中，最大的优势就在于提升了思想政治工作的感染力，拉近理论和群众的距离，对受众更具吸引力和感染力。

第三，大众化互动，提升思想政治工作温度。思想政治工作从根本上说是做人的工作，解决职工最关心最直接最现实的利益问题，是提升思想政治工作温度的关键。这需要思想政治工作者在了解员工诉求中解决实际问题，凝聚员工共识。而新媒体不仅是宣传教育的平台，也是思想沟通交流的平台，兼具互动性强、沟通便捷等特点，能够在互动中及时捕捉员工的思想动态、实际诉求，从而摒弃传统的集中宣灌、以自上而下为主导的模式，为把思想政治工作做实做细提供了契机。通过“双微”模式，通过留言、讨论等方式，公司能够及时快速了解员工诉求，通过置顶、推荐精彩发言等方式，提高员工的参与意识。同时，在汇总、分析、梳理问题的基础上，统计职工反映的意见诉求，找准职工关注的热点和焦点问题，并统计问题整改落实等情况。“双微”运行以来，职工共提出 1 万多条问题建议，涉及社会保障、部门管理、工作调动等方面，许多职工通过网络留言，及时解决了自身遇到的各种难题，从而形成了企业和谐的氛围。

第五节　企业文化的灵魂作用

文化是民族的血脉，是人民的精神家园。就企业而言，文化是企业之魂，是员工成长进步的精神纽带，是实现企业基业长青、永续发展的不竭动力。多年来，河北建设集团股份有限公司之所以能够不断成长壮大，靠的是一代又一代的省建人筚路蓝缕、艰苦创业，而省建人之所以能够薪火相传，经风浪而不倒，历挑战而不衰，是优秀的文化基因在企业血脉里生生不息，并内化为强大的精神动力。

近年来，在社会各界的大力支持下，河北建设集团股份有限公司抓住深化改革、跨越发展的重要契机，加快推进战略实施、结构调整和转型升级，实现了资产规模、盈利能力、发展水平的大幅度提升，管理体制更加科学，内部运行更加规范，保持了良好的发展势头。但是，外部环境瞬息万变，企业改革不断深化，文化建设必须领先一步，以文化创新打造科学发展、持续发展新优势。基于这样的共识，公司高度重视企业文化建设。随着市场经济的深入发展，建筑行业的竞争也日趋激烈，像河北建设集团股份有限公司这样规模大、跨度大、有着 5000 多名员工、12 个子公司、14 个分支单位的“大集团军”，管理难度可想而知。如何凝聚万众之心、铸就企业发展之魂，成为摆在公司党委面前的一大课题。党委班子经过认真研究得出一致结论，提出了“以建设企业文化为驱动力，推动经济发展；以企业文化重塑企业形象，规范企业道德行为；以企业文化锻造企业发展之魂”的战略方针。

公司继承中华优秀文化之传统，采集历史文化之精髓，汲取自身文化之精华，致力于把企业塑造成“做有思想的企业，做有人格的法人”，确立使命（用爱，创造空间）、愿景（塑造建筑业国际品牌）、核心价值观（追求超越、奉献真诚、组织无界、共创价值）等要素，形成了河北建设集团股份有限公司以“和谐的家，尽责的人”为主题的企业文化体系，并以此支撑和引领企业的发展，搭建起迈向未来愿景的阶梯。同时，公司积极推动文化体系落地生根，形成更加完善有效、特色鲜明的企业文化体系，专门设计制作了包括以基础系统、应用系统、施工现场 CIS（corporate identity system）评分标准为主要内容的公司 VI 视觉形象操作手册。全面实施 VI 后，壮观的工地门楼、蓝白相间整齐统一的围墙、迎风飘扬的国旗、集团旗、鲜明的宣传标语、颜色一致的机具设备、文明整洁的施工现场，构筑了建筑工地特有的文化氛围和风景线。

公司十年内编写 8 部技术质量专著，省内唯一；2014 年 9 月，公司成为全国建筑业 20 家“全国工程质量管理优秀企业”之一，受到国家住房与城乡建设部通报表扬，成为河北省唯一获此殊荣的建筑企业。“十三五”期间公司制定了更高的目标，力争在“十三五”末期达到权益资产 100 亿元，年产值 1000 亿元，年创利税 50 亿元，为创建文明城市作出更大贡献。之所以取得这样的可喜成绩，企业文化功不可没。

一、企业使命的驱使

企业使命感，是基于企业所肩负的使命而产生的一种经营原动力，是企业终极责任的集中体现。它将引导企业深入寻求存在的意义，摆脱仅仅生存或盈利的低层次定位，从而回答“我们最终为何存在”的核心问题。使命的重要性不言而喻，企业若无长远使命，仅为追求眼前利润和表面风光而征战商场，就无法铸就百年基业长青。世界上大多知名企业能够真正享誉世界的原因，从来不是利润的多少，而是企业的使命。如同爱迪生的企业，提出的口号是——让全世界亮起来（light to world）。从企业首席执行官到门卫都知道他们要做世界上最亮的灯泡。再比如阿里巴巴，它的使命是“让天下没有难做的生意”。使命的明确使阿里巴巴的一切决策有了根本的出发点，无论是淘宝网还是新软件，都立足于帮助客户把生意做得更简单、更容易。在使命感的驱使下，阿里巴巴从最初 18 人的小公司发展至今天的全球最大的零售交易平台。

企业需要使命感，它是一个企业的真正的驱动力。数年来，河北建设集团股份有限公司持续快速发展，其中包括经济形势、经济结构、经营模式等多方面的原因，但恪守社会责任、赢得社会信任、赢得尊重、赢得发展，是其实现可持续发展的关键。公司一直以“用爱，创造空间”的企业使命为引领，不断推进发展方式的转变，推进科学技术的创新，推进社会责任的履行。然而，处于激烈的市场竞争中的企业，长期坚持高度的使命感实为不易，这需要非凡的定力和勇气。使命感源于对赋予使命的深刻感知和认同，既要有立意者的坚定，又要有追随者的感悟。在河北建设集团股份有限公司宣传手册的致辞中，原董事长李宝元的发言意味深长：一个能用事业、理念、使命凝聚人心的企业，才是长盛不衰的企业。所以，企业要有思想，有使命。我们做水泥工程，做大超市，到底我们在干什么，深层次的意义是什么？ 答案是，“用爱，创造空间”。“用爱，创造空间”，一方面是为业主创造人性化的多彩空间，使建筑达成人文与自然的对话，体现人与自然的和谐融洽；另一方面是为员工创造更广阔的发展空间，使员工紧随企业的发展步伐，不断自我完善、自我实现。这两者相结合的外溢效应便是社会效益。这是风雨兼程 60 多年的老企业——河北建设集团股份有限公司与生俱来的强烈使命。正是这种坚定使命感的驱使，作为河北省建筑业的龙头企业，公司始终强调发挥龙头企业的支撑作用，成为全省建筑行业的引领者、“幸福空间”的打造者。

用爱，为客户创造共赢空间。物竞天择，适者生存。面对当前建筑业的激烈竞争，关键要做市场的适者。成为适者直至强者，离不开扎扎实实的内功，需要不断提升为业主服务的能力。业主是上帝，业主是我们的衣食父母，这是公司在波诡云谲的市场竞争中经久不衰的深刻感悟，也是公司一直提倡的企业文化理念。

业主是上帝，为业主服好务，一讲质量，二讲人格。讲质量，就是“1000-1=0”。在公司内部有这样一个著名的公式：1000-1=0。省建人是这样理解的：假如你干了 1000 个工程，而其中一项不合格，就等于全部工程不合格。为此，省建人从公司创立之初，就着手构建质量管理体系，虽几经波折，但质量管理的决心始终未变。从 20 世纪 50 年代开始实行，一直延续到现在的自检、互检、交接检的“三检制”就是一项被实践证明行之有效的质量管理措施。20 世纪 80 年代以来，省建人逐步推行全面质量管理，在分公司、工区、班组建立了质量管理小组，并在实践中收到成效；1997 年，公司又通过了 ISO9002 质量认证。为保证质量目标的实施，当前公司结合自身特点进一步完善并不断创新，坚持“珍爱生命，保护环境，塑造精品工程；遵守法规，注重预防，追求自我超越”的质量、环境和职业健康安全管理方针，严格推进制度化、规范化和标准化管理。公司坚持“现场就是市场”的理念，加大现场投入，狠抓安全施工管理。在现场质量管理中，公司还有一支 600 多人的专兼职质检队伍活跃在施工现场。公司质检部门实行内部监管式的监控体系，每道工序、每个环节都把关检测，做到精益求精，打造精品工程。同时，公司确立了“以目标预控为源头，以前期策划为先导，以精品过程控制为内容，以严格奖惩为手段，以科技创新为支撑，以用户满意为标准”的质量运行机制，形成了过程精品的质量文化。结合质量总体目标及品牌战略，对创优夺杯工程进行前期策划、过程跟踪控制、节点验收评价，开展了质量事故“双归零”的管理活动，有力地促进了质量管理水平的提升。目前公司的质量工作已经成为一张亮丽的名片，翻开公司装帧精美的宣传画册，映入眼帘的是一幅幅大手笔的建筑杰作，有享誉中外、获全国用户好评的北京海洋馆，有亚运会工程的北京体育大学体育馆，还有气势恢宏的北京中科大厦中国科学院软件园、北京万科城市花园。公司荣誉室里一个个奖项、一尊尊鲁班金像，无不诠释着省建人对质量的不懈追求，是省建人对社会的真情回报。

讲人格就是讲诚信，就是诚信第一、操守为重。公司有这样一个共识，要做有思想的企业，做有人格的法人。自然人需要人格，企业法人更需人格魅力。自然人交往注重人品，法人间的经济交往也要考察法人的人格。诚信第一，操守为重，就是省建的法人人格。20 世纪 70 年代以来，公司一直流传这样一个口号“开工前为用户着想，施工中对用户负责，竣工后让用户满意”，这是公司积淀而成的人性化理念，也是公司员工谨记在心并付诸行动的指南。2000 年河北农业大学浴室工程开工，为保证学校开学时学生能按时使用，公司摒弃了冬季不装修施工的旧训，制定了精细的施工措施。为保证室内温度，运用管道全天候加热，采取面帘挡门、双层塑料布遮窗的方式，使室温保持在 10 度以上，从而保证了施工的进度。2003 年河北省疾病预防控制中心 P3 生物安全实验室工程启动，公司深感责任重大，马上调集精兵强将，决心以小汤山的建设者为榜样，保证工程的质量、进度和安全。公司领导不止一次强调，必须要对工程质量承担永久性的历史责任。在 17 天的时间里，施工进度都是精确到小时计算的。每道工序都是边干边验收，施工单位、监理单位、建设单位和省质量监督站共同严把质量关，合格一段，验收一段，浇筑一段。同时，采用了先进的模板施工工艺，打破常规，科学施工，仅用 17 天圆满完成了正常工期为 115 天的建设任务，再次创造河北省内建筑业奇迹。省建人还主动倾听用户意见，接受用户监督。公司每年召开一次用户恳谈会，邀请有关业主、用户代表对本单位工作提意见和要求，以改进工作方法和工作态度，提高工程质量。工程交工后，按国家相关法律规定，装修工程保修 2 年，防水工程保修 5 年，但是对于河北建设集团而言，保修终身，做用户的保护神。公司成立了专门的保修队伍，巡回于各项交工工程之间，进行质量回访，凡使用中出现问题，他们随叫随到，时间不超过 24 小时。精诚所至，金石为开。无微不至的服务换来了业主的认可，也与用户建立了和谐的关系。用户回头率达到 80%以上，各种工程也接踵而来。“你们是及时雨”“和你们合作踏实”“你们真是用户的贴心人啊！”，金杯银杯不如业主的口碑。“靠信誉赢得客户，靠信誉赢得市场，靠信誉赢得发展”，公司原董事长李宝元一语道出了公司发展的奥秘。

用爱，为员工开拓发展空间。员工才华得以展现、梦想得以实现、受到社会尊重、让员工过上幸福有尊严的生活，是公司追求的目标之一。为了实现这一目标，公司始终坚持“人人是人才”的理念，将外部输血与内部造血紧密结合，为各类人才搭建成长的平台，提供广阔的才能施展和提升空间。公司原董事长李宝元常说的一句话就是：“家庭兴旺靠后代，企业兴旺靠来人。只要你们考得上，咱们家就供得起”，集团在人才上敢于投资，谋求双赢，每年投资 100 多万元用于科学技术研究，并从高校引进高层次人才。公司教育中心与天津大学、河北建筑工程学院等学校联办中专、大专、本科班，提高了职工的科学文化素质。2000 年，公司投资 50 万元两次与天津大学合作，联合举办建筑施工技术管理工程硕士班。同时，公司非常注重强化对管理人员和技术人员的培训，每年对管理人员及工人上岗培训达 1600 余人次，适应性培训 800 余人次。随着建筑行业国内市场走向国际化，职业资格越来越凸显其优势，为此公司出台并启动了《注册建筑师奖励办法》。随着市场经济的发展，进城务工人员已经成了社会发展建设的一支重要力量，公司始终关爱农民工，在职代会上，进城务工人员被选为代表参政议政，在企业年度评优表彰中，进城务工人员与企业员工享受同等待遇。多措并举结硕果，目前公司内大专以上学历人数由“七五”末期职工总数的 2.4%上升到 2018 年的 61%，职工的知识水平有了质的提升，塔式人才结构渐趋形成，高智力支持使员工得到了全面的发展，使企业得到了持续、稳定、健康、快速发展。

公司把以人为本的理念提升到人文关怀的层面，创造家的和谐和温暖，营造出万人同做一件事、共谋企业大发展的大好局面。公司原董事长李宝元常说的一句话就是：我们常说以企为家，你不把职工当家人看待，职工怎么会把企业当成自己的家。由于建筑行业的特点，职工常年在外施工，远离家乡亲人，生活范围狭小，业余生活单调。为了丰富外埠职工的生活，公司购置了近百台电视机、60 多套音响和 2 万多册书籍送到工地，各工地基本达到了“一台电视、一套棋牌、一块板报、一份报纸、一个书柜、一场晚会”的要求。每逢节假日，各工地都举行形式多样的文体活动，反映建筑工人风采的节目给常年在外工作的员工送去亲情和欢乐，鼓舞了士气和干劲。为改善职工住房条件，公司实现从人人有其居向人人有个体面的家的转变，为确保职工冬季也能住的温暖舒适，公司每年投入上百万元用于维修改造供暖设施。公司还有一个不成文的规定，凡职工有纠纷、患病、死亡等事项领导必去探望。领导爱兵如子，职工爱企如家。他们共同演绎着一个主题：用爱，创造空间。

用爱，为社会打造幸福空间。社会责任集团一贯秉承，不遗余力。“致富不忘回报社会，发展不忘人民群众”，正是基于这种朴素的人民情怀，多年来，集团始终常怀感恩之心、倡导环保产业、投身公益事业、履行社会责任。公司在捐资助教、扶贫济困、抗震救灾方面捐款达到 2000 多万元。2008 年四川汶川地震发生后，公司先后承建了四川平武县响岩镇染村子沟治理工程等多个项目。2012

年，公司设立了5000万元公益基金，每年公益事业投入不少于300万元。2016年，公司爱心团队与四川阿坝藏族羌族自治州阿坝县政府、学校联系，根据实际情况提供力所能及的帮助。在攻坚扶贫这场硬仗上，公司在原有扶贫模式基础上，探索出“市场化产业开发带动农民增收”新扶贫模式，并成立了河北乾元农业科技开发有限公司，在阜平实施现代农业扶贫开发项目，集中力量解决扶贫特色农业规模小、布局散等问题，这对推动双方互利共赢、实现农业现代化、加快老区脱贫致富具有重要的战略意义。

在生态文明建设提升到“五位一体”总布局大背景下，面对资源约束趋紧、环境污染严重、生态系统退化的严峻形势，公司再次先行一步，坚持“珍爱生命，保护环境，塑造精品工程；遵守法规，注重预防，追求自我超越”的质量、环境与职业健康安全方针，致力于绿色建筑的探索，通过质量、环境与职业健康安全管理体系认证，这使企业跃升到了一个更高的平台。在推进文明城市建设方面，公司始终认真履行施工企业的公共责任，倡导安全、绿色、文明、标准化施工，加大“四节一环保”的贯彻实施力度，积极创新工地施工扬尘治理举措，先后获省级以上文明工地200多项。公司还于2013年底投资建设了河北绿色建筑产业园，主要发展方向为预制构件和装配制造业、设计装配一体化、科技研发和服务等，致力于打造节能省地、生态环保、绿色低碳的产业品牌。李宝元说，建筑工地是建筑企业的“窗口”，加强文明工地建设，打造安全、绿色、文明、标准化工地是推进文明城市建设的重要举措。作为河北省大型综合性建筑企业，未来公司将继续落实国家绿色发展理念，落实“适用、经济、绿色、美观”的建筑方针，围绕海绵城市、建筑垃圾循环利用、建筑节能改造、水处理等专项做好研发应用，提升城市发展品质，助力文明城市建设，促进社会和谐发展。所有的努力都有了回报，公司先后获得了“全国卓越绩效管理先进企业”“全国质量管理先进单位”“全国模范职工之家”“全国用户满意企业”“全国建设系统企业文化建设先进单位”“河北省五一劳动奖状”“保定市社会扶贫先进集体”等殊荣。

（二）企业愿景的感召

著名畅销书《愿景》的作者加里·胡佛认为，伟大的企业之所以伟大，就是因为他们能够看到别人看不到的东西，将洞察力和策略结合起来，描绘适合企业的最佳“愿景”。愿景是人们全力以赴的未来的方向，是通过努力可以一步步实现的未来图景，它回答了“我们将走向哪里”的方向性问题。事实上，当人们对所追求的愿景达成一致，并且超出短期利益，便会产生一股强大的力量，这是一种因追求更远大的愿景而唤醒了内心深处真正的热情所产生的强大力量。企业的愿景亦是如此。《第五项修炼》的作者彼得·圣吉谈到，愿景令人欢欣鼓舞，它使组织跳出庸俗、产生火花。

王充的《论衡·别通篇》写道："夫闭心塞意，不高瞻览者，死人之徒也哉。"不谋万世者，不足以谋一时；不谋全局者，不足以谋一域。对于企业发展而言，必须要有全局观念和长远眼光，否则企业难以实现长久发展。作为中国企业 500 强的河北建设集团股份有限公司，在保障企业获得短期利益的基础上，也走上了"建筑产业国际品牌"塑造的长远发展道路，这一远大愿景与公司原董事长李宝元的高瞻远瞩有很大关系。当李宝元被问及"优秀企业家的素质是什么"的时候，他强调企业家都应该有一种本能，那就是誓争一流、逢先必争的劲头儿，有长远眼光和敢为天下先的精神，从李宝元的言谈中可以看出，谋与勇的相映生辉。正是在锐意进取的李宝元的带领下，企业愿景并非仅仅停留在国内层面，不仅要在国内产生影响力，在国内特级资质企业队伍里领先，还要敢为别人所不能为，尝试向国外发展，塑造建筑产业国际品牌。

品牌，是企业乃至国家综合竞争力的重要体现，也是参与经济全球化的重要资源。拥有国际品牌的数量和质量，体现了一个国家的经济实力和科技水平。习近平同志高度重视品牌建设，2014 年 5 月 10 日，习近平同志视察中铁工程装备集团时发表了"三个转变"重要论述，即"推动中国制造向中国创造转变，中国速度向中国质量转变，中国产品向中国品牌转变"[①]。这"三个转变"为推动我国产业结构转型升级、打造中国品牌指明了方向、目标、任务和路径，具有重大而深远的意义。

"建筑产业国际品牌"并非盲目断言、豪言壮语，而是基于国内外建筑产业行业的发展形势及公司自身的科学分析与定位。一方面，中国建筑企业国际竞争力正在迅速提升。美国《工程新闻记录》发布的 2016 年度全球最大的 250 家国际承包商中，中国公司有 65 家，约占 1/4。上榜的 65 家企业 2015 年营业总额为 6560.60 亿美元，其中海外营业额为 940.58 亿美元，占总营业额的 14.33%。同时，国际工程承包方式向多样化发展，由最初的劳务分包、土建分包和施工总包向更高级的设计-采购-施工（engineering-procurement-construction，EPC）、项目管理总承包（production material control，PMC）、建设-经营-转让（build-operate-transfer，BOT）及其衍生形式、公共部门和私人部门合作模式（public-private partnership，PPP）等方式发展。另一方面，"坚定不移地走出去，努力开拓国际市场"一直是河北建设集团股份有限公司的重要战略，2016 年度公司再次入围"中国承包商和工程设计企业双 60 强"，位列第 21 位，位次创历史新高。此外，1999 年公司取得对外承包工程资质，先后在蒙古国、阿拉伯联合酋长国、俄罗斯等国家承揽工程并施工，并受到当地政府和商界的赞赏，为进一步开拓海外市场奠定了基础。这些发展激发

① 佚名：《中铁装备集团：践行习近平总书记"三个转变"重要论述 打造中国装备的世界名片》，2019 年 5 月 8 日，http://hn.cnr.cn/jt/20190508/t20190508_524605318.shtml。

了这一老牌企业积蓄已久的潜能，也坚定了公司走品牌化发展的道路。

不可否认，目前公司与国内外建筑企业相比差距还较大，特别是在标准、技术等方面。但“未来”成就在“现实”当中。在适逢国家“推动中国产品向中国品牌转变”之时，适逢大力推进“一带一路”倡议之时，中国建筑业迎来了难得的历史性发展机遇。亚洲基础设施投资规模的不断扩大，将为中国建筑企业大规模进军国际建筑市场创造了有利条件，也将给中国建筑业带来新的希望。面对机遇，河北建设集团股份有限公司正以国际眼光、全球视野，乘机而上、顺势而为，积极适应国际建筑新潮流、新趋势，加快推进全球战略布局，加快转变建筑理念，调整产业结构，重建业态模式，加快技术创新，不断提高建筑产业现代化、信息化水平，以更为卓越的国际竞争力走好国际化发展之路。

（三）企业核心价值观的引领

企业文化的核心，是企业的价值追求，它决定了一个企业的个性，展示的是企业生存的活力。河北建设集团股份有限公司是国内为数不多的具备全国房屋建设特级资质的企业之一，多年来始终坚持“追求超越，奉献真诚；组织无界，共创价值”的核心价值观，在质量管理、市场开拓、人才建设等方面均走在了同行业前列。

“追求超越，奉献真诚”，蕴含着省建人对事业发展的永恒追求，凝结着省建人几代人的赤诚之心。六十年是一部史，六十年是一本书。河北建设集团股份有限公司，凭着这种精神追求，经过不懈的努力和奋斗，不断超越过去、超越自我、超越他人，从单一的建筑业发展到路桥、建筑设计、装饰、房地产开发等多种经营的产业链，形成跨地区、跨行业、跨所有制的大型建设集团，先后承建过石家庄四大棉纺厂、华北制药厂、邯郸水泥厂、保定西郊八大厂等国家重点工业项目，为中华人民共和国成立初期的工业基础建设作出了突出贡献。进入新的历史时期，党的改革开放政策的实行和社会主义市场经济体制的建立，公司迎来了发展的第二个春天。在建筑业最先被推向市场的重大转折关头，华北一建转变观念，克服困难，抢抓机遇，迎接挑战，在激烈的市场竞争中，充分展现了企业的风采和实力，使企业得到了新的壮大和发展。1997 年，河北建设集团有限公司的组建奠定了大发展的组织基础，使一个传统的土建公司发展为专业配套功能完善、综合竞争力强大的集团公司，使企业跃升到一个更高的发展平台。

高峰不是顶峰，追求永无止境。随着社会进步和生活水平的改善，人们越来越追求更高质量的产品和服务。关注质量，从产品固有的结构质量、功能质量特性到包括产品、体系、过程的广义质量，进而扩展到人文质量、环保质量、创新质量。当前，公司结合社会、顾客的潜在期望和需求，继承企业对施工质量精益求精的传统，把优质、高速、创名牌、争一流看作自己追求的基本目标，牢固树立创精品、铸名牌、做名企的意识，力求塑造建筑产业国际品牌。为了保证战略的实施，公司勇于担当责任，不辱使命、持续创新，融入了精品样板工程、民心安全工程、节能环保工程、诚信自律工程，为社会和顾客创造更广阔的安全适用、功能齐全、节能环保、美观艺术的建筑空间。同时，公司将科技创新作为铸名牌、做名企的突破口，提出“科技兴企”战略，高度重视科技和质量对企业发展的重大支撑作用。大力营造科技创新氛围、培养科技兴企人才，每年提取总产值的一定比例作为科研开发基金和奖励基金专款专用，调动全体员工科技研发的积极性。公司各部室、分（子）公司、项目部同心协作，形成了稳定并不断壮大的创新团队，同时在河北省内率先建立了自己的省级企业技术中心，重视技术开发和技术积累，积极与清华大学、天津大学等高校科研单位合作，展开技术攻关。60 年只是历史长河中短短的一瞬，但河北建设集团股份有限公司抓住机遇，用实力创出了美名，用人格赢得了市场，用发展树立了丰碑。

成绩的取得，得益于公司始终坚持“百年大计，质量为本”和“科技兴企”战略，更离不开几代省建人的坚守和努力。60 多年来，从燕山脚下到塞外之巅，从南疆滨海到雪域高原，从巍巍高楼到绵延公路，有河北建设集团股份有限公司员工存在的地方，就有一种精神在闪光，这就是省建精神——艰苦奋斗、真诚奉献。这是企业 60 余载的内涵承继，也是市场竞争的真正筹码。正是有了这种精神，才有了呼和浩特白塔国际机场航站楼突兀而起的进度，才有了京承高速挑灯夜战的豪情，才有了两个多月昼夜奋战的誓言。公司原董事长李宝元在视察呼和浩特航站楼项目部时指出：“在这样艰苦的条件下，坚忍不拔的毅力应占到 80%，而精湛的技术只应占到 15%。大家远离家人，为了企业的发展流血流汗，你们每一个来到这里的人，都是勇士，都是最可敬的人！”回头看看我们可敬的人，50 多岁的放线员申喜冬，因为工程独立基础的特殊性，4 个多月没回过一次家；商务经理耿晓薇，孩子上小学三年级，因为忙于工作只好把孩子托付给老人照顾；项目部办公室主任吴晓辉负责接待公司来访人员，每次都是在早晨 6 点准时接站，他那辆越野车两个多月硬是跑了 1.5 万公里；实验员毕凤云已经退休，家有患白内障双目失明老母亲，但当得知公司需要她时，二话没说就回来了。大家工作出门在外，最想念的就是家人。在他们的钱夹里，会经常放着恋人或孩子的照片，可许多时候他们却不愿对人提起。他们说既然来了，就必须安心工作。还有很多很多这样最可敬的人，每个人的背后都有一段感人的故事，他们牺牲着“小我”，成就着“大我”，用“爱心建设大家”。正是这样一支风气正、精神好、勠力同心、艰苦奋斗的优秀队伍，公司才有今日的辉煌，也必将拥有美好的明天。

“组织无界，共创价值”彰显了公司的人格魅力，为企业赢得了更大的发展空间。公司强调，企业的发展需要整合社会资源，整合的资源越多，说明企业发展能力越强大。为此，公司提出“承接一项工程，占领一方市场，诚交一批朋友，塑造一块丰碑”的经营战略。在京承高速公路项目中，集团把这个工程看作展示能力和水平的机会与平台，看作占领承德市场的一个突破口。为了赢得地方乡镇村的理解和支持，公司主动和当地人交朋友，抽调人员和机械设备支援地方建设，用真诚化解矛盾，用行动感动群众。公司先后70多次抽调压路机、挖掘机等支援邢家沟门等五个自然村的“村村通公路、街道硬化、通达旅游景点”工程施工；为群众打井解决村民饮水困难问题；为避免开山爆破对当地群众的生活造成干扰和损害，公司筹集资金租赁房屋，转移、安置邻近村民；为了减少施工机械噪声对村民生活产生的影响，在施工时，他们采用与老百姓同步作息的方法安排作业。他们的真诚感动了当地干部和群众，工作得到了当地政府和村民的理解与支持。人民群众自发地行动起来维护施工环境，制止干扰、破坏施工的行为。中秋、国庆“双节”期间，滦平县付营子乡党委、政府专门给他们送来了活羊和啤酒进行慰问，对他们的工作给予了很高的评价。

河北建设集团股份有限公司60多年的积淀，形成了鲜明的企业特色文化。集团始终牢记“用爱，创造空间”的使命，始终坚持“追求超越，奉献真诚；组织无界，共创价值”的核心价值观，向着“建筑产业国际品牌”的美好愿景不懈努力。新时代，公司毫不动摇地以习近平新时代中国特色社会主义思想为指导，把弘扬社会主义核心价值观、弘扬中华优秀传统文化、借鉴世界优秀文化成果相结合，紧密联系公司实际，以强企报国为根本，以促进发展为目标，以人本管理为核心，积极推动理念、行为、视觉三大系统落地生根，形成更加完善有效、特色鲜明的公司文化体系，实现了企业文化与公司发展战略的和谐统一。

第五章 新时代加强民营企业思想政治工作的现实路径

党的十八届三中全会指出："必须毫不动摇鼓励、支持、引导非公有制经济发展，激发非公有制经济活力和创造力。"①党的十九大报告中提出："支持民营企业发展，激发各类市场主体活力。"②近年来，随着我国经济的发展、社会的进步，民营企业逐渐得到发展，从而推动了整个国民经济的发展，成为国民经济中举足轻重的一部分。因此，加强和改进民营企业思想政治工作，推动民营经济持续健康发展，已经成为发展社会主义市场经济的客观要求。加强和改进民营企业思想政治工作，要以促进企业发展为目标，立足时代发展潮流，探索新方法新路径，着力解决好"为谁抓""靠谁抓""抓什么""怎么抓""如何抓出实效"的问题。

第一节 高度重视民营企业思想政治工作的重要性

思想政治工作是党和国家经济工作及其他各项工作的生命线，关乎国家的前途命运、生死存亡。当今，世界形势纷繁复杂，国内改革不断深化，科技发展不断创新。在激烈的国际竞争中，我国经济发展进入了新常态，处于调结构、保增长、谋发展的关键时期，步入了全面建成小康社会的决胜阶段，社会面临转型发展。经过对外开放的逐渐深入，人们的思想变得异常活跃，思想政治工作的加强和改进需要应对各种考验。民营企业是国民经济的重要组成部分，能否推动其健康发展，思想政治工作的作用显得尤为重要，因此，更加关注民营企业思想政治

---

① 习近平：《习近平谈治国理政》第1卷，外文出版社2018年版，第158页。

② 习近平：《决胜全面建成小康社会 夺取新时代中国特色社会主义伟大胜利——在中国共产党第十九次全国代表大会上的报告》，人民出版社2017年版，第30页。

工作的开展与实施，充分发挥其作用，促进企业又好又快的发展，促进企业的转型升级。

一、把思想政治工作提升到巩固党的执政地位的高度

在企业中要做好党的建设工作需要充分发挥思想政治教育的作用，加强和改进企业思想政治工作对提高企业凝聚力、创造力和生产力有着重要的推动作用。加强和改进民营企业的思想政治工作对于充分发挥民营企业中党组织的战斗堡垒作用和党员的先锋模范作用有着重要意义，有利于建设出更优秀的党组织，有利于培养出更优秀的党员，进而为增强党的执政地位贡献力量。

重视并开展强有力的思想政治工作是中国共产党的执政优势之一。当前社会工作的重点是要保持社会政治稳定、深化改革、促进经济发展，这需要思想政治工作充分发挥作用，要求开展的思想政治工作与其他一切工作密切联系，为经济发展增添动力，促进经济持续平稳发展。要不断发挥思想政治工作的激励功能，不断增强思想政治工作这条生命线的活力，推动其他各项工作顺利开展。

思想政治工作作为经济工作和其他一切工作的生命线，为其提供强有力的政治支撑和政治保障。随着市场经济的深入发展，人们的思想观念日益多元化，在总体向上的同时，也出现了一些错误观念。例如，盲目崇拜西方、主张思想多元化，更有甚者大肆宣扬资产阶级自由化、曲解历史、抹黑英雄等。面对这些错误的观念，我们要不断加强和改进党的思想政治工作，以正确处理人民内部各种矛盾为出发点，充分发挥思想政治工作强大的思想保证功能，抵制各种错误思潮，确保社会团结稳定和国家繁荣发展。在企业开展思想政治工作就是要多关心职工的生活疾苦，倾听员工的心声，尽量帮助员工解决他们遇到的困难，为他们谋福利；要疏导员工的思想，理顺各种不良情绪，倡导和睦相处，营造奋发向上、和谐友善的工作氛围，激发员工的创造潜能，更好地促进企业生产经营的健康发展。

二、把思想政治工作提升到构建社会主义和谐社会的高度

构建社会主义和谐社会最重要的一点就是要处理好人与人之间的关系。和谐的人际关系，在企业中具体表现为职工之间和睦相处，齐心协力为企业发展贡献力量；表现为员工竭力为企业生产经营献计献策，凝心聚力，形成一股巨大的精神力量，推进企业生产经营，从而更好地推动社会主义事业的持续发展。企业作为社会的细胞，企业和谐是社会和谐的重要力量。

构建社会主义和谐社会，归根到底经济基础发挥着决定性的作用。经济要持续发展，需要不断推进深化改革，需要持续加强思想政治工作，以其独特的优势促进广大员工各司其职、各尽其才、各得其所。这种和谐在企业中集中表现为员

工的思想统一于企业生产经营的中心工作，营造人人向上的企业环境。通过充分发挥思想政治工作的激励功能来调动员工的积极性，通过充分发挥思想政治工作的调节功能来正确处理各种矛盾，通过充分发挥思想政治工作的导向功能来优化企业经营制度，通过充分发挥思想政治工作的凝聚作用来增强企业的凝聚力和向心力。毛泽东同志在《论联合政府》中指出："掌握思想教育，是团结全党进行伟大政治斗争的中心环节，如果这个任务不解决，党的一切政治任务是不可能完成的。"① 构建社会主义和谐社会，实现协调可持续发展，是党和国家在新时代发展所面临的一项重大政治任务与历史使命，是国家全面发展的一项重要目标，要求我们牢牢把握思想政治教育工作这一重要方法，要求思想政治工作为和谐社会的建设与党和国家事业的不断进步提供强大的政治保障，不断更新价值观念，创造和谐的文化环境。

加强和改进思想政治工作是构建社会主义和谐社会的一项重要举措。随着市场经济的发展，一些矛盾日益凸显，分配方式、就业方式多样化发展，人们的思想观念呈现多元化。在新时期，更加需要充分发挥思想政治工作强大的凝聚功能，实现社会平稳转型发展。加强和改进思想政治教育工作的方式多种多样，如思想引领、观念导向、更新意识等，利用这些方式方法来协调社会成员之间的利益关系和情感关系，使思想政治工作的作用得到充分发挥。思想政治工作的开展要结合时代需要，有针对性地解决实际问题，创造和谐的企业环境，进一步促进企业的快速发展、优化升级。企业实现和谐发展，从而进一步为社会主义和谐社会的建设提供源源不断的动力。加强和改进思想政治教育工作，一方面有利于激发各种社会活力，创造积极的社会氛围，调动全体职工的积极性；另一方面有助于调节各方面冲突，妥善处理各种利害关系，提高全体员工责任意识，为构建和谐企业、和谐社会而努力奋斗。

三、把思想政治工作提升到实现"两个一百年"奋斗目标的高度

思想政治工作是党和国家一切工作的生命线，是中国共产党最大的政治优势。党的十八大以来，党中央更加重视思想政治工作的加强和改进，并实施了一系列措施加以推进。当前思想政治工作面临着思想观念多元化发展、各方面利益错综复杂、科学技术飞速发展等一系列新的挑战，面对这些新挑战新问题，对思想政治工作的开展与实施来说只能加强不能削弱，只能积极作为不能被动应对。党中央在多种场合、多次强调要开展好并且要有的放矢地加强和改进思想政治工作。新时代，必须高度重视思想政治工作，提高企业职工的责任意识、政治意识，在思想上、行动上始终紧紧跟随党中央的步伐，与其步调一致，为推进"四个全面"战略布局、

① 《毛泽东选集》第 3 卷，人民出版社 1991 年版，第 1094 页。

加快实现“两个一百年”奋斗目标鼓舞人心、凝心聚力。通过加强思想政治工作使得社会成员的责任感不断增强，主动性不断增强，以更大的决心、信心和恒心做好各项社会工作，为早日实现“两个一百年”奋斗目标提供坚实的政治保证。

发展作为党执政兴国的第一要务，同样，加强和改进民营企业思想政治工作的第一任务也是促进发展。思想政治工作要为企业的生存发展和生产经营服务，帮助企业解决面临的重重困难，更好地促进企业的发展，这是企业实现持续发展的需要，也是对企业思想政治工作的重要要求。实现“两个一百年”奋斗目标，需要大力发展经济，需要不断发展民营企业，促进民营企业的平稳发展对增强国家的整体经济实力有重要作用。通过加强和改进思想政治工作为企业开辟出一条经济效益好、环境污染少、人力资源可以充分发挥的新路径。要积极引导企业管理者及广大员工学习和掌握党的十九大精神，贯彻习近平新时代中国特色社会主义思想，为实现“两个一百年”奋斗目标贡献力量。

第二节　科学认识民营企业思想政治工作的原则和规律

当前和今后很长的一段时间里，加强和改进企业思想政治工作要求全面贯彻党的十九大精神，高举中国特色社会主义伟大旗帜，以马克思列宁主义、毛泽东思想、邓小平理论、“三个代表”重要思想、科学发展观、习近平新时代中国特色社会主义思想为指导，坚持和谐发展理念，围绕企业生产经营，唱响主旋律，培养社会主义合格建设者。根据民营企业具体情况，有的放矢地加强和改进思想政治教育工作。

一、民营企业思想政治工作的原则

在社会主义市场经济不断发展的条件下，民营企业发展面临着诸多挑战。民营企业如何在市场中立足、如何在发展中赢得主动，是目前值得深入思考的问题，也是企业思想政治工作者需要深入思考的新问题。在这一背景下，改进民营企业思想政治工作应当遵循如下原则。

第一，坚持马克思主义的指导。马克思主义成为我们党的指导思想，是中国历史和中国人民的选择，坚持马克思主义是我们党发展壮大的法宝。在马克思主义指导下，成立了中国共产党；在马克思主义指导下，取得了新民主主义革命的胜利，成立了中华人民共和国；在马克思主义指导下，完成了社会主义改造，确立了社会主义制度，人民当家做了主人；在马克思主义指导下，开启了改革开放新征程，昂首跨入了新时代。历史已经证明：只有在马克思主义指导下，社会主义革命、建设、改革才能取得巨大成绩。马克思主义是科学的理论观点，是指引中国从贫穷到富强的法宝，我们各项工作的开展都必须坚持马克思主义指导，用马克思主义的立场、观点、方法分析处理各种问题。开展企业思想政治工作，同样要坚持马克思主义的指导，运用马克思主义的科学理论解决企业实际发展中遇到的各种难题，激发员工的积极性、创造性，为企业生产经营服务，营造良好的企业文化环境，推动企业优化升级，奏响主旋律，更好地保障企业在社会主义市场经济条件下持续健康发展。

第二，坚持以人为本。以人为本就是把广大员工的利益需求作为企业各项工作的出发点，企业在追求经济效益的同时，还要考虑员工各种各样的合理需求，肯定人的创造精神和贡献。把以人为本作为企业开展思想政治工作的立足点，能够贴近员工个人的实际，能够调动员工的积极性，能够充分发挥他们的潜能，这样思想政治教育工作的开展就会有所作为，真正发挥其引导性作用。坚持以人为本体现在尊重人、理解人、塑造人三方面。人与人交往的基本前提就是要互相尊重，双方在平等的基础上才能沟通交流。尊重人就是要尊重员工的劳动，尊重员工的创造性，尊重员工的主体地位，虚心听取他们的建议，解决企业面临的各种问题；理解人就是理解员工在复杂形势下的心理变化和利益需求，员工之间及领导与员工之间要相互理解，不能互相埋怨，要通过开展思想政治工作消除矛盾、激发斗志、凝心聚力；塑造人就是通过思想政治工作和教育、学习、培训等具体工作，把员工培养成为企业的当家人、权利的主体和生产经营的骨干，塑造出优秀的职工和企业人才，更好地推动企业的生存发展和优化升级。

第三，坚持以生产经营为中心。企业生存的首要条件就是追求效益，如果一个企业不以追求效益为目标，那么企业就会失去活力，生产经营也就不能持续长久。效益源于生产，如果没有生产企业就难以立足。因此，企业的思想政治工作要渗透到整个生产经营活动中去，为企业创造出更多的效益，更好地促进企业的生产经营和生存发展。开展思想政治工作要以生产活动中出现的热点、重点问题为中心，及时调整思想政治工作的手段、方法使其与企业生产形势相符合，更好地发挥思想政治工作应有的作用和功能，培养更多合格的建设者，培育更良好的企业文化，建设更优秀的企业。

第四，坚持目标与手段相统一。目标与手段是辩证统一的关系，二者统一于企业生产经营当中。手段的选择和运用要随着目的的变化而变化，不然它就会成为僵化模式，手段的作用和价值也就得不到发挥与实现。在企业中加强思想政治工作是为了调动员工的积极性、主动性、创造性，充分激发员工的正能量，实现企业效益最大化。采取手段是为了服务目标，无论是学习思想政治理论还是举办相关活动，都要以充分激发员工积极性为目标，以正面教育和引导为主，树立正面典型，充分发挥榜样的示范作用和带头作用。同时，注重预防，强化事先教育，善于发现问题、分析问题并且及时处理。一切教育手段最终都要以促进企业更好的发展、创造更大的效益、为员工提供更好的福利为归宿。

第五，坚持原则性与灵活性相结合。坚持原则性与灵活性相结合是党在不断发展中积累的成功经验，也是加强和改进思想政治工作需要遵循的一项重要原则。坚持原则性体现为：加强和改进思想政治工作要坚持四项基本原则，坚持中国特色社会主义基本经济制度，坚持中国特色社会主义政治制度，坚持中国特色社会主义文化制度，坚持社会主义市场经济的基本原则等。坚持灵活性体现为：在原则基础上方法和手段的灵活运用。各个企业的背景、人员结构、发展程度不同，可以根据实际情况，实事求是地开展思想政治工作。我们应当在讲究原则性的基础上深刻把握灵活性，在把握灵活性的同时不失原则性，做到二者相统一。

第六，坚持继承与创新相结合。思想政治工作作为党的重要优势之一，是我们党在发展中不断积累的成功经验。随着改革的不断深化，各种文化思潮相互交织、相互激荡，人们的价值理念、活动方式和生活方式都发生了转变。人们获取信息的渠道变得多样且快捷，但同时一些社会问题也日益凸显，有的问题在信息化大潮中被肆意扩大，使思想政治工作面临巨大的考验。面对这种困境，开展思想政治工作的内容、方式方法都需要发生转变，因此加强和改进思想政治工作需要创新内容、方法。民营企业是在改革开放的浪潮中应运而生的，是新时期新型的经济组织，各项工作都有着不同于传统的新模式，当然也需要有与之匹配的新理念、新内容、新方法。因此，在民营企业中开展思想政治工作需要有创新意识。要“取其精华，去其糟粕”，一些传统的行之有效的经验要继承，同时要结合企业自身的特点，摸索出新的思路。总之，加强和改进民营企业思想政治工作需要坚持继承与创新相结合这一原则，继承好的，创造新的，达到二者的有机统一。

第七，坚持开展思想政治工作与解决企业实际问题相结合。思想政治工作最重要的是做人的工作，对人进行教育、指导。人作为企业生产经营中最活跃、最主要的分子，企业在发展过程中需要解决的突出问题也是关于人的问题。人的生产积极性、价值取向、思维方式、各种合理的需求都是企业发展亟待解决的问题，解决这些问题，就必须要充分发挥思想政治工作应有的作用和功能，通过开展思想政治工作来引导人们形成正确的价值观念并使之适应企业的发展。通过加强和改进思想政治工作帮助职工树立正确的思想观念，教育广大职工要有集体责任感，使他们能处理好个人和公司之间的利益关系，充分发挥员工的创造活力，为企业创造出更多的经济效益。加强和改进思想政治工作要与企业整个生产经营活动协调一致，使思想政治工作能逐渐消除企业在发展过程中面临的多方面阻碍，不断优化企业经营管理模式，促进企业生产经营、生存发展和优化升级。

二、民营企业思想政治工作的规律

思想政治工作不是无中生有，更不是空穴来风，每项工作的具体安排都具有一定的针对性。因此，民营企业要做好思想政治工作，前提就是要深入研究企业发展及员工思想活动的规律。在社会主义市场经济条件下，企业生产经营理念与模式在不断变换、创新，与此同时，职工的思想意识也出现了一些从没有过的新情况新问题，这为我们研究企业思想政治工作带来了新机遇新挑战，形成了企业思想政治工作的新规律。

（一）思想教育与物质利益紧密结合的规律

近年来，随着社会主义市场经济的不断发展，一些人越来越看重物质层面的享受，不断强化物质利益观念，这就要求我们把思想政治工作与物质利益紧密结合起来。一方面，要紧跟形势变化的需要，越发注重职工在物质方面的要求，尽可能满足他们的物质需求。“天下熙熙，皆为利来；天下攘攘，皆为利往。”[①] 17 世纪英国唯物论者霍布斯认为：“对于每一个人，其目的都是为着他自己利益的。”[②]18 世纪法国唯物主义者爱尔维修尝试着“以人类的物质需要来解释人类的社会的和智慧的发展”[③]。因此，企业开展思想政治工作必须高度关切员工的个人利益，使员工个人利益与企业经济效益同步同向同行。另一方面，通过对思想政治工作的不断强化和改进，使广大职工知道对物质的追求应当遵循适度原则，正确看待各种非正当利益诱惑。世界上任何事物都具有两面性，对待任何问题不能只看到其好的一面，而不愿意去接受它的消极影响，所以我们应该始终坚持用一分为二的观点看问题，在接受社会主义市场经济发挥重要作用的同时，也要看到其盲目性和自发性所带来的负面影响，面对这些负面效应，我们要切实做好企业的思想政治工作。

（二）加强思想政治教育与开展多样化的精神文明活动相结合的规律

当前，我国社会主义市场经济的发展趋势越来越好，利益多元化作为市场经济的最大特征也越来越显著，在这种情况下，企业员工呈现出思想政治意识容易淡化、个人意愿易于简单化的特点。针对现实情况，解决实际问题，我们就必须要把加强思想政治教育与开展多样化的精神文明活动结合起来。干部职工要团结起来，树立理想、实现梦想，积极接受关于理想信念的教育。习近平同志指出：“人民有信仰，民族有希望，国家有力量。”[④]因此，要引导员工积极培育践行社会主义核心价值观，使广大职工心系祖国，在确定自己人生理想的同时更加坚定

---

① 司马迁：《史记》的第一百二十九章“货殖列传”。

② 石光荣：《略论“国家利益”的基本内涵和本质特征》，《华中理工大学学报（社会科学版）》1997 年第 3 期，第 3—7 页。

③ 王海明：《利他主义与利己主义辨析》，《河南师范大学学报（哲学社会科学版）》2001 年第 1 期，第 19—26 页。

④ 习近平：《习近平谈治国理政》第 2 卷，外文出版社 2017 年版，第 323 页。

中国特色社会主义共同理想。此外，习近平同志还强调说："实现中华民族伟大复兴，物质财富要极大丰富，精神财富也要极大丰富。"① 面对物质利益的巨大诱惑，习近平同志的这句话为我们指明了方向，民营企业在发展经济壮大的同时，还应举办一些精神文明创建活动。比如，举办一些教育、文化和实践活动，要尽可能办得有声有色、多姿多彩，使员工能够缓解劳累、走出困境、减少压力，从而享受到高尚、愉快的精神盛宴。

（三）思想政治工作现代化与传统手段相结合的规律

经济基础对上层建筑起决定性作用，经济现代化意味着思想政治工作也要实现现代化。所以，当前经济在向现代化前进的过程中，企业员工的思想意识、观念想法也应更新、转变。特别是民营企业，大多数员工年龄普遍较小，主要以"80后""90后"为主，现代化因素接触较多，加之信息技术的飞速发展，这些年轻员工思想活跃视野广阔认识比较超前，面对这些新情况，就要求思想政治工作符合现代化的发展趋势，思想政治工作者要更加具有超前思维，紧紧跟随时代发展的步伐，思想政治工作的开展在内容上和手段上要体现现代化，从而使思想政治工作充满时代气息。但只是一味强调思想政治教育的现代化水平是远远不够的，我们还需要在传统的思想政治教育中总结成功经验并加以继承，因为传统教育经验是多年实践积累的宝贵财富。所以，思想政治工作者在开展工作的同时要遵循传统手段与现代化相结合的规律，在二者的和谐共生中创新新时期思想政治工作的途径和方法，争取让符合现代化发展要求的思想政治工作早日变为现实，充分发挥其作用。

（四）思想政治工作与企业文化建设相结合的规律

文化的地位与作用，对民族国家来说，或者对团体和组织来说，都有着不可替代的作用。对企业来说，无论其规模大小、发展程度如何、处于刚刚起步还是已经取得一定成就，文化都扮演着重要的角色。企业文化是企业全体员工在长期的生产经营活动中慢慢积累、培育形成并始终遵循的最高目标、价值标准、基本信念和行为规范。一个企业要想把思想政治工作做好、做到位，最离不开的就是企业文化这一要素。思想政治工作的开展只有与企业文化的发展相结合，才能使思想政治工作的核心作用得以充分发挥；企业文化的建设使思想政治工作的深度和广度在不断拓展，进一步确保了思想政治工作在企业中的地位。思想政治工作的开展，有利于引导员工树立正确的义利观，增强员工集体意识、自强观念，从而形成企业整体的价值观、道德观和行为准则；有利于形成具有亲和力的企业环

---

① 习近平：《习近平谈治国理政》第2卷，外文出版社2017年版，第323页。

境，使员工在自由自在的环境中努力工作，激发员工无穷的潜力，从而为企业的生产经营活动奠定基础。企业将思想政治教育工作的开展与文化创建活动结合在一起，并不是简单的走形式、喊口号，而是要注意方式方法的选择，要采用丰富多彩的文化娱乐方式，吸引员工积极参与，增强员工之间的交流与沟通。除此之外，还要采用一些间接方式，来引导广大职工互相学习、取长补短，使企业职工的个人素质在无形中得到提升，从而让思想政治工作达到最佳效果。员工作为企业的活跃分子，每个人的重要性都是不可小视的，谁都不能轻易被替代，企业员工在提升自己、使自己健康发展的同时要将自己置身于企业发展之中，真正把企业看作一个温暖的大家庭，把自己看作这个大家庭当中的一员，时刻意识到自己的一言一行都在影响着企业的未来，从而在实际工作中，不断增强对企业的信任与认可，为企业各项工作的开展贡献力量。

（五）日常性的思想政治工作与完成中心任务相结合的规律

企业的一切工作都要紧紧围绕生产经营这一中心工作来展开，企业所有的业务都不能离开这个中心，思想政治工作也是如此。人是生产力要素中最活跃的要素，企业就是通过对人进行思想政治教育来化解矛盾、鼓舞士气、激发潜能的，确保员工以饱满的热情投入生产经营工作，促进企业进行技术改造与产品更新、促进企业经营管理科学化、促进劳动生产率的提高，以达到提高经济效益的目的。所以，思想政治工作是常态化的工作，需要渗透于企业生产经营的方方面面，围绕企业中心工作来开展。

加强和改善企业思想政治工作，必须尊重并不断探索企业思想政治工作的规律，努力实施以下几点策略：一要坚持做到解放思想、实事求是、与时俱进。习近平同志指出："实事求是，是马克思主义的根本观点，是中国共产党人认识世界、改造世界的根本要求，是我们党的基本思想方法、工作方法、领导方法。"[①]现实生活中无论从事什么职业、无论做什么工作，唯一不变的就是要始终坚持实事求是，要有敢于实践的勇气，在具体的实践活动中发现问题、找出对策并彻底解决问题。对于企业开展思想政治工作来说，我们也需要坚持实事求是，只有这样才能更加深入地发现思想政治工作的规律。我们要想把思想政治工作做到人人都接受、人人都喜欢，就必须结合企业实际，针对具体问题具体分析，采取具体措施。要想取得思想政治工作的预期效果，就要踏踏实实、大胆实践、深入员工、了解真相，不放过任何一个细节，不断研究现实生活中影响员工思想发生变化的原因，只有这样企业思想政治工作的实际效果才能很好地呈现出来。但是，任何事物都不是一成不变的，企业的工作重点、面临的问题也是不断发展变化的，为

---

① 习近平：《习近平谈治国理政》，外文出版社 2014 年版，第 25 页。

使企业思想政治工作始终充满生机与活力，关键就是要抓住根本、放开思维、大胆想象，坚持做到解放思想、实事求是、与时俱进，根据工作生活中真实发生的情况，不断寻找解决问题的途径和办法。二是要注重总结员工思想变化的规律。物质因素、精神因素、政治因素、社会因素、心理因素等，在相互作用下，都有可能使员工思想发生意想不到的变化。因此，要想做好企业思想政治工作，思想政治工作者就一定要培养自己的超前意识、超前思维，当员工个人思想发生变化时，思想政治工作者要立刻作出分析、总结原因、找出对策，把思想政治工作做在前头。三是要总结员工思想行为的活动规律。一个人会作出什么样的行为，都是受其思想支配的，思想在支配行为时，大体经过需要环节、愿望环节、动机环节、意志环节，深入了解这些环节，从专业角度出发，努力研究这些能使人的思想发生变化的环节，因势利导，趋利避害，这有利于我们在企业思想政治工作中把注意力更多地放在人的需要上面，尽量满足员工的正当需求；有利于更加重视人们行为背后的愿望和动机，从而有效地按照思想支配行为的规律来做好企业的思想政治工作，只有将上述这些具体措施贯彻好、执行好，才能不断增强企业思想政治工作的科学性、针对性和实效性。

第三节　切实推进民营企业思想政治工作的与时俱进

中国特色社会主义进入新时代，社会发展呈现出许多新的特点，各领域的工作内容、工作方式急需改变，我国政治、经济、文化、社会等各方面发展均面临着新的挑战和考验。民营企业作为社会主义市场经济的重要组成部分，在市场经济不断深入发展的新时期，必须不断加强和改进民营企业内外部环境建设，使思想政治工作紧跟时代步伐，努力做到与时俱进。

一、民营企业思想政治工作要体现时代性

当今时代，国内政治经济局势稳定，发展经济成为首要任务，经济建设所依靠的企业的发展也受到普遍关注。随着形势的发展，一些可预想和难以预想的问题层出不穷，社会现实对思想政治工作者的工作提出了新要求。对企业而言，内部的思想政治工作也要随着国家政策的变化进行适当调整，思想政治工作的内容与要求要符合时代的特点，通过一定的改革创新完成向现代化的转变，因此思想工作必须适应新形势，不脱离企业的生产经营，体现时代性，突出新特点。

（一）在更新观念上体现时代性

更新观念，用观念指导人们的现实行动。思想政治工作是对人的头脑进行改

造的活动，对企业员工来说，要做到思想随着时代的发展而改变，跟上社会发展的步伐，树立与时代发展同步的新理念，是新时期企业员工应具备的基本素养。

第一，在经济全球化背景下更新观念。在经济全球化的大背景下，企业的生存发展很大程度上与世界形势和国际市场有着千丝万缕的联系，任何企业都不能关起门来搞生产，必须融入世界经济的大潮中。全球化对企业的发展提出了更高的要求，因此企业的思想政治工作也必须进行相应的调整，做好观点创新、方法创新和手段创新，这也是新时代赋予思想政治工作者的新责任。

首先，要加强企业员工开放意识的培养。在新时代，每个人都要培养开放思维，要有全球视野和世界眼光，不拘泥于自己所属的一个部门、一个车间乃至一个企业。在新形势下，企业员工也应当作出积极反应。一要善于学习，向先进水平看齐，学习发达国家、先进企业的先进技术、管理和理念，在不断学习中提升自己；二要学习掌握同类产品的评价标准，追求高标准，实现高质量；三要培养危机意识，在激烈的市场竞争中锐意进取；四要有前瞻性，把目光放得长远一些，能够在学习改进过程中，预想未来发展趋势，避免墨守成规。

其次，要加强企业员工竞争意识的培养。在全球化浪潮中，国际竞争异常激烈，适者生存，优胜劣汰。为了使企业在激烈的国际竞争中立于不败之地，要加强培养员工的竞争意识。一是增强产品质量竞争意识，质量是企业的生命，要严把产品质量关，树立品牌意识，提高自主创新能力，提高产品质量，以过硬的质量抢占国际市场，这不仅是企业经营者个人的问题，也是每个员工必备的素质。二是增强服务质量竞争意识。要适应新时代的发展，就要加强对新技术新产品的研发，当前市场竞争越来越激烈，我们要做的就是找准方法、更快适应，在服务意识和质量上下工夫，改变过去的服务方式和服务内容，把服务因素打造成企业竞争力的重要组成部分。企业在为顾客提供产品的同时，不仅要满足顾客物质层面的需求，还要关注顾客对精神和心理层面上的需求，满足不同顾客的多重需要，也是企业应该具备的能力。好的服务质量能够为企业赢得回头客，老顾客可以帮助企业宣传产品，形成良好的口碑，从而为企业吸引更多的新顾客。三是增强生产成本竞争意识。随着中国经济对外开放程度日益加深，中国企业不断走出国门，并于 2001 年加入世界贸易组织，廉价劳动力优势同样成为外国企业在我国建立工厂的优势，因此，廉价劳动力已不再是企业的成本竞争力和成本优势，而真正的成本优势是员工的才智。不管是中国企业还是外国企业，竞争优势在本质上是相同的。要加快提升中国企业的竞争力，使我国企业在国际上重新获得竞争优势。四是增强有效竞争意识。社会主义市场经济要求诚信经营，遵循公平竞争的原则，充分尊重市场的自由性，但在实际运行过程中，总会出现这样那样的问题，这就要求企业必须遵循市场竞争规则，有序参与竞争，在道德和法律的约束下进行竞争，在满足本企业利益的同时，绝不能侵犯他人利益，必须以公平正义为道德和法律底线。因此，诚信、正义是每个员工必备的素质和品德，是反对不正当竞争的有力武器。

最后，要加强企业员工规则意识的培养。规则是对人的言行进行限制，使人的言行始终在合理的范围内进行。任何团队要想正常运作并具有持久生命力，必须对员工的不当行为加以约束，提高组织运转的科学性。一要遵守企业内部规章制度，以员工正确的行为规范确保产品质量、企业信誉。二要遵守国家法律法规，市场经济是法治经济，要求企业的生产经营必须在法律允许的范围内进行，必须要对员工进行法律相关知识的培训，提高员工懂法、用法、守法的意识和能力。三要遵守行业规范，任何行业都有自己的行规，都有自己的规章制度。在社会主义市场经济下，企业不但要遵守各行业的规章制度，还要讲诚信守信用，发展信用经济。四要遵守国际惯例。国际惯例是不成文的规则，一般情况下是国际上的习惯做法。企业的发展程度关系到每个员工的切身利益，新时代的企业员工是懂法律、遵道德、守规矩的新型工人，规则意识的培养也恰是对新时代员工的新要求。

第二，在构建社会主义和谐社会中更新理念。非公有制经济作为社会主义市场经济的组成部分，对构建社会主义和谐社会具有重要作用，广大员工作为企业的一分子，更要为构建和谐社会尽心尽力。

首先，培养人企和谐理念。企业的运转离不开员工，员工依靠企业生存，人与企业相互依存、相互影响。营造和谐的人企关系，有利于促进企业的生存和发展，员工与企业要形成共同体。一是员工要与企业形成命运共同体，当企业遇到危机时，员工要勇于承担责任，要有与企业共存亡的决心。二是员工要与企业形成利益共同体，彼此遵循互利原则，彼此不损害对方的利益，努力做到使双方共赢。三是员工与企业要形成事业上的共同体，企业兴旺，员工受益，员工与企业要相互帮衬，共同推动企业向前发展。

其次，培养人际和谐理念。本书讲的人际和谐是企业组织中人与人之间相处较为和谐，和谐的人际关系是企业兴旺的必要条件。要注重化解企业内部矛盾，对待员工一律平等，不得搞特殊、开小灶，领导要关心爱护员工，员工之间也应该友爱互助。协调好企业内部各方面的利益矛盾，民营企业大多实行年薪制和计件工资制，容易出现收入差距问题，利益分配成为影响民营企业人际和谐的最可能的因素。思想政治工作要以利益分配为出发点，引导员工理解收入分配的原则、过程和结果，理解社会主义初级阶段国家鼓励、支持、引导非公有制经济发展的政策，让员工理解人际和谐对企业发展的重要意义，理解新形势下出现收入差距的必然性，在情与理的交融中形成正确认识，促进人际和谐。

最后，培养人与自然和谐的理念。人与自然的和谐是落实科学发展观的需要，是坚持绿色发展理念的必然要求。对企业的考核不仅要看其经济效益，还要看其对社会的贡献；不仅要求生产的产品要绿色低碳环保，而且要求生产的过程要绿色低碳环保；不仅要求力行节约降低成本，而且要求减少消耗降低成本；不仅企业经营管理人员要树立绿色环保理念，而且要求全体员工都要树立绿色环保理念。企业可通过多种渠道宣传环保方面的政策，强调环保的重要性，营造良好的外部环境，让每一位员工明白，企业的发展不仅是为了追求经济利益，还要注意保护环境，为社会的发展作出应有的贡献。

第三，在市场经济条件下更新理念。在社会主义市场经济快速发展的今天，人的思想认识多元化导致价值观念多元化。一些人把市场经济规则引入社会道德领域和政治领域，强调“等价交换”及金钱本位，出现了诸多违背公序良俗甚至违反法律法规和社会主义道德的行为，这种做法与社会主义市场经济完全相违背，应坚决抵制。作为市场经济主体的企业，如何在大潮汹涌中避免泥沙俱下，企业员工必须不断提高认识，正确认识并处理好各方关系，树立与社会主义市场经济要求相一致的科学理念。

首先，协调好义与利的关系。义利观是中国传统哲学的重要精髓，古人曾言“不义而富且贵，于我如浮云”，受我国传统义利观的影响，重义轻利、舍利取义、以义取利、见利思义等正确的义利观成为中华民族所遵循的理念。市场经济的快速发展，带来的不仅是经济的繁荣，还对人们的价值观念产生了极大冲击，一些人在面对义与利的选择时渐渐迷失了方向，金钱至上、唯利是图的思想观念逐渐占据上风，人们追求物质上的幸福大于追求精神上的富足。诚然，这是一个越来越自由开放的时代，我们每个人都有追求更好生活、享受美好生活的权利，但多样化的发展也使得各种问题接踵而来，有些人不择手段去谋取本不该属于自己的利益，甚至不惜背弃道德的约束、触及法律的底线，面对利益的诱惑失去了坚守的道义和良知。“德”是处理义与利关系的一个基本点，安徽桐城的六尺巷目前已经成了一个著名的旅游景点，其发生的故事想必大家都耳熟能详。这个故事给了我们很多启示，如果当时两家人都争相追求自家的利益，互不相让，结果只能是两败俱伤，不仅会给自己的生活徒增烦恼，还会伤了邻里之间的和气。而选择退让，是对对方的尊重，看似是损害了自己的利益，实际上是收获了利益之外更有意义的东西。市场经济要讲究诚信，它能最大限度地激发人们的生产积极性，推动社会各方面的发展。事实上，以道德为基础的义和市场经济本身的逐利特点，两者并非绝对的对立排斥，对利的追求可以促进社会生产力的发展，而对义的提倡则有利于利的实现，如果抛弃了义的约束，人们所追求的利益最终也难以实现。

其次，协调好公与私的关系。从古到今，我国一直以来都在提倡舍小我为大我、当个人利益与集体利益发生冲突时要把集体利益放在第一位。我们每个人心里要有一杆秤，衡量好公与私的关系，把握好个人与社会、国家的关系，在关键时刻作出正确的选择。社会上一些人认为非公有制企业与“公”无关，这是一种错误的认识。在社会主义市场经济条件下，每个人都在为建设中国特色社会主义事业贡献着自己的力量，任何人、任何单位都不可能剥离于中国特色社会主义事业之外。非公有制企业对国家就业、税收等方面都有重要作用，非公有制企业产品的质量关系到国家和社会的声誉，非公有制企业税收的诚信关系到国家的财政收入，非公有制企业员工素质关系到中国的国民素质，非公有制企业的行业风气同样影响着整个社会的风气。因此，正确认识并处理好公与私的关系，让企业经营管理者和每个员工都能树立大公无私的理念，以国家发展的大局为重，以中国特色社会主义事业的大局为重。

最后，协调好奉献与索取的关系。随着社会主义市场经济的迅速发展及改革开放的不断深入，人们的思想观念发生了很大变化，拜金主义、享乐主义等不良社会风气随之出现，甚至有人主张说，“时代不同了谁还讲奉献”“讲奉献就是自欺欺人”“市场经济了讲奉献是傻子”。资本主义社会中，索取利益是资本本性的驱使；我国是社会主义国家，乐于奉献是我国的道德要求，绝不能与资本主义经济混为一谈。金钱固然重要，但奉献精神所蕴含的道德思想对一个人、一个国家、一个民族的成长和发展意义更为重大。相反，索取也许得到了一时之利，但丢掉的可能是一个人的骨气和锐气，丧失的是中华民族宝贵的民族精神和民族品格。

（二）在丰富内容上体现时代性

思想政治工作是一项复杂的系统性工程，要搞好思想政治工作，必须不断丰富相关教育内容。

第一，加强理想信念教育。理想信念是人们实际行动的支撑和指导，人若没有理想信念犹如失去了灵魂，因此要努力提高全党的马克思主义理论水平，坚定马克思主义信仰，在全党进行马克思主义理想信念教育。在企业里，要加强对员工的思想政治教育，把理想信念融入实际行动中。坚定马克思主义信仰，坚定社会主义和共产主义信念，必须弄清楚如下几个问题：我国为什么选择了马克思主义？历史和人民为什么选择了中国共产党？中华人民共和国成立初期我们为什么选择社会主义道路？新时期为什么选择了中国特色社会主义道路？弄清这些问题有助于更好地理解中国共产党的执政理念，坚定走社会主义道路，坚持党的社会主义初级阶段的基本路线，要在学习中认识到中国特色社会主义制度优越性。

第二，加强先进理论教育。理论为人们的实践活动提供理论指导，要不间断地学习马克思列宁主义、毛泽东思想、邓小平理论、“三个代表”重要思想、科学发展观、习近平新时代中国特色社会主义思想，不断提高政治素养。为此，一方面要学习马克思主义基本原理，用马克思主义的立场、观点、方法去分析问题和解决问题，正确认识马克思主义与非马克思主义、中国特色社会主义与资本主义、社会主义市场经济与资本主义市场经济、中国特色社会主义文化与封建文化和资产阶级腐朽文化的区别，坚持走中国特色社会主义道路。另一方面，要重点学习习近平新时代中国特色社会主义思想，把习近平同志的系列讲话贯彻落实到实际行动中。先进理论走进企业，要注意结合经济发展及企业自身的特点，把先进的理论知识和企业的发展变革更好地结合起来，充分发挥先进理论的教化育人作用，引导企业在实现全面建成小康社会、实现中国梦的进程中形成强大的凝聚力和战斗力。

第三，加强社会主义核心价值观教育。社会发展需要主流思想的支撑。伟大时代呼唤伟大精神，在新形势下，党中央高度重视社会主义核心价值体系建设。党的十八大报告创造性地提出“24 个字”——“富强、民主、文明、和谐，自由、平等、公正、法治，爱国、敬业、诚信、友善”，明确了社会主义核心价值观的概念内涵，分别从国家、社会和个人三个维度对人民群众提出了新的要求和期待，这“24 个字”已成为人们生活工作的日常遵循。党的十八大以来，以习近平同志为核心的党中央从建设社会主义文化强国的战略高度指出，要不断推进社会主义核心价值体系建设，大力培育和践行社会主义核心价值观，在全社会弘扬主流文化，以社会主义先进思想文化更好地构筑起中国精神、中国价值、中国力量，为中国特色社会主义事业提供源源不断的精神动力。

第四，加强爱国主义教育。爱国是一个公民最基本的素质要求。爱国主义是一面具有最大号召力的旗帜，是中华民族的优良传统。在我国，爱国主义具体表现为：热爱劳动，艰苦奋斗，继承和发扬中华优秀传统文化，传承中国精神；维护国家安全和统一，反对民族分裂，反对一切企图割裂祖国的言论和行为；牢记责任，勇于担当，把个人发展融入社会和国家发展的过程中，为促进国家的发展贡献自己的力量。爱国主义在中华文化悠久的历史发展过程中孕育形成，同时对中华民族的发展起到十分重要的作用。

第五，加强中国特色社会主义教育。党的十九大报告作出了“中国特色社会主义进入新时代”的重大判断，新时代要有新气象，我们党要有新作为。中国特色社会主义之所以会成为当代中国发展进步的旗帜，全党全国各族人民团结进步的旗帜，就在于它是我们党深刻总结 100 多年来国际共产主义运动的历史经验，结合我国革命和建设实际，经过 90 多年的不懈探索和改革开放 40 多年的辉煌实践，逐渐形成的既坚持了科学社会主义基本原则又具有鲜明中国特色的社会主义。所以，我们要正确把握中国特色社会主义的内涵特征，坚定不移推进中国特色社会主义，不断丰富和发展中国特色社会主义的实践特色、理论特色、民族特色和时代特色。

大力开展中国梦宣传教育，把中国特色社会主义宣传教育和中国梦宣传教育活动结合起来。中国梦是习近平同志就任后提出的一个新的重大战略思想，这一重大战略思想具有强大的时代感召力。要准确把握中国梦的本质是国家富强、民族振兴、人民幸福，实现中国梦必须走中国道路、弘扬中国精神、凝聚中国力量。在宣传教育中，要让中国梦的内涵深入每个人的内心中，成为每一个中国人共同的梦想，引导人们通过辛勤劳动积极追梦，把个人的梦想融入实现中国梦的伟大实践中去。同时，必须重视党的十八大、十九大精神的学习宣传贯彻，在全面建成小康社会的进程中凝聚广大人民群众的梦想和全社会的正能量，引导人们始终坚定不移走中国特色社会主义道路，深化对中国特色社会主义理论体系的认识，不断完善和发展中国特色社会主义制度。

第六，加强世界形势教育。当今世界是开放的世界，全球化的潮流促使企业走向世界，我们每个人都是“地球村”中一员，人人都需要有开放意识，要有对世界形势的总体认知。

首先，和平与发展依然是时代的主题。当前世界形势总体上处于和平、稳定的大环境下，但是局部伴有动荡和威胁和平的隐患。整体的和平环境为我们提供了和平发展的机会，我们唯有抓住机遇、谋求发展，除此之外别无选择。和平环境带来发展机遇的同时也带来了挑战，霸权主义和强权政治等一些不稳定因素依然存在。所以，我们既要看到机遇，又要看到世界竞争给企业生存和发展带来的挑战；既要看到自身的优势，又要发现自身存在的问题，练好内功迎接挑战。要让员工了解企业面临的形势，了解自身优势和存在的问题，增强员工的危机意识和使命感。

其次，科技进步日新月异。创新是民族进步的灵魂，企业的发展更加需要创新。在科学技术迅猛发展的时代，科技对于一个国家综合国力的作用不言而喻。知识更新速度加快，企业只有不断更新技术，才能立足更新变幻的外部世界，企业管理优化升级，才能掌握竞争的主动权。企业只有建设一支思想开放、有高素质、有创新能力的职工团队，才能培养出创新精神，提升企业创新能力，促进企业生产发展。为此，思想政治工作者要引导员工树立终身学习的理念，把每一项工作都视为一个学习的机会，在实践中学习新技能、新方法，增长专业知识，提高专业技能，提升综合素质。

最后，各种思想文化相互激荡。经济全球化快速发展，各国政治、经济交流日益频繁，多种思想文化相互碰撞。在各种文化的相互冲击下，有些人的思想受西方文化的影响，理想信念和价值观念发生了明显的变化，崇尚西方的自由主义，在经济上倡导私有化，否认公有制的主体地位；在政治上反对中国共产党领导，主张多党制、三权分立和“军队国家化”；在思想文化上主张多元化，主张放弃马克思主义指导地位，崇尚拜金主义，宣扬金钱万能论。针对思想动荡的现状，思想政治工作者必须迎难而上，站稳主阵地，弘扬主旋律。

第七，加强国情教育。改革开放以来，中国发生了翻天覆地的变化，一方面，国家经济发展了，人民群众生活水平提高了，中国的综合国力增强了，国际地位有了大幅度提升；另一方面，矛盾也日益突出，社会管理面临前所未有的困难，这是思想政治工作面临的新课题。加强教育，认清形势，统一思想，是思想政治工作者义不容辞的责任。

首先，在取得的成就中看国情。改革开放以来，我国经济有了较大发展，社会生产力显著提高，物质生产水平得到大幅提升。从微观上看，城乡居民收入增加，生活质量有所提高；从宏观上看，国家的经济发展水平显著提升。国内经济蒸蒸日上的同时，我国经济的对外发展也逐渐打开了新的局面，加入世界贸易组织是我国迈向世界的重要一步，从此，中国以更加积极主动的姿态参与到了全球经济的发展和治理当中。改革开放以来，我国的基础教育进入了一个全新的发展阶段，国家全面实施九年义务教育，同时国家高度重视贫困地区的教育事业的发展状况，中央拨专款用于改善贫困地区的办学条件。我国的高等教育得到发展提升，形成了全方面、多形式、学科齐全的教育体系，为现代化建设输送了大批人才。外交方面，我国始终坚定不移地奉行独立自主的和平外交政策，坚持以和平共处五项原则处理国际问题，维护世界和平，促进共同发展，为解决国际争端贡献中国智慧，秉持构建人类命运共同体的理念，有力推动经济全球化朝着均衡、普惠、共赢方向发展，推动建设持久和平、共同繁荣的世界。科学技术发展方面，我国成功研发出了几十万项重大科技成果，其中有超过一万项获得了国家奖励，一些领域已经达到或者接近世界先进水平。在农业、生物医药科技、国防军事科技、信息科技、航天工程和交通运输科技方面都取得了巨大的飞跃和发展。如今，互联网、智能手机已经在人们日常生活中得到普及，支付宝、共享单车、高铁和网购被称为中国的“新四大发明”。文化建设方面，改革开放以来，党中央关于文化发展战略的思想得到了丰富和发展。回顾历史，中国用了仅仅几十年的时间就取得了令世人瞩目的成就，作为中国人，我们没有理由不为取得的成就骄傲和自豪，由此，要帮助人们树立对深化改革的信念，坚定中国特色社会主义道路自信、理论自信、制度自信和文化自信。

其次，在直面问题中看国情。改革开放给中国带来了宝贵的发展机遇，但随着经济的快速发展，社会转型加快，各领域也出现了一些问题。①贫富差距较大。改革开放以来，中国的综合实力不断提升，人民的生活水平不断提高，然而随之而来的是贫富差距逐渐拉大，分配不均问题也逐渐凸显出来。区域间发展不平衡、城乡差距拉大，少数人占据了社会的绝大多数财产和资源，在住房、就医、教育等方面表现尤其明显。②市场经济体制不完善。经过改革开放，社会主义市场经济体制基本建立，然而当前我国的市场经济体制有所欠缺，市场激励机制不健全，影响经济发展的体制机制障碍依然存在，全面深化改革迫在眉睫。③民主法制还不够健全。民主不够充分，人民群众政治参与的积极性不够高，影响民主集中制原则的落实；法治化进程还不尽如人意，有法不依、执法不严甚至无法可依的现象依然存在。④社会问题突出。当今社会，社会利益矛盾格局日渐复杂，过去的社会管理形式和管理观念已经不能适应快速发展的社会。⑤资源环境问题严峻。由于一段时期内发展理念的错位，在追求经济增长的同时，造成了资源的无节制开发和环境的破坏，甚至出现了资源紧缺、环境污染、生态系统退化等问题。⑥腐败滋生蔓延。腐败是国家和社会发展的蛀虫，如果不及时治理，就会后患无穷。党的十八大以来，以习近平同志为核心的党中央铁腕反腐，出台了一系列强有力措施，力图从源头上遏制腐败，“老虎”“苍蝇”一起打，对腐败实行“零容忍”，使我国的反腐工作取得了压倒性胜利，但部分人仍然存在侥幸心理，影响着党在人民群众中的威信，所以在治标同时还要治本，不断健全体制机制。虽然成绩喜人，但也伴随着一些严重的问题，我们必须保持清醒头脑，正视成绩，直面问题，清醒地认识到成绩是在改革中取得的，同时伴有问题出现，必须进一步深化改革，用改革解决现实中存在的问题。坚定深化改革的信念，在改革中把各项工作推向前进。

第八，加强中国经济形势教育。自全球金融危机爆发以来，中国经济“形有波动，势仍看好”。经营管理是企业的中心工作，让员工了解经济发展状况也是企业思想政治工作的重要内容之一。

首先，经济稳步增长。根据世界银行的统计，第二次世界大战结束后连续 25 年以上保持 7%以上高增长的国家只有 13 个。1950—1972 年，日本国内生产总值（Gross Domestic Product，GDP）年均增速为 9.7%，1973—1990 年回落至 4.26%，之后更是回落到 1%以下，甚至出现负增长；1961—1996 年，韩国 GDP 年均增速为 8.02%，之后回落到 4%左右并保持很长时间。环顾世界，不少国家和地区都是从 8%以上的高速，切换到 4%左右的中速，而中国尚能保持在 6%～8%的中高速运行一段时期。[①]中国经济增速在全球依然保持在高水平，且中国已经成为世界第二大经济体，增长速度虽然有所下降但是增量仍然可观。

其次，经济结构进一步优化。2018 年底召开的中央经济工作会议确定了 2019 年经济工作的指导思想、目标任务和方针政策，明确提出：“我国经济运行主要矛盾仍然是供给侧结构性的，必须坚持以供给侧结构性改革为主线不动摇，更多采取改革的办法，更多运用市场化、法治化手段，在‘巩固、增强、提升、畅通’八个字上下功夫。”[②]供给侧结构性改革依然是经济工作的主线，用改革的办法深入推进“三去一降一补”是当前经济工作的主旋律。思想政治工作要与供给侧结构性改革相结合，让员工了解压落后产能保先进产能中“压”与“保”的关系，减产量与增效益中“减”与“增”的关系，让员工在了解中国经济短板的基础上

---

① 佚名:《经济增速:从高速增长转向中高速增长》,2017 年 2 月 13 日,http://theory.people.com.cn/n1/2017/0213/c148980-29076861.html。

② 佚名:《中央经济工作会议:中央提出“八字方针”深化供给侧结构性改革》,2018 年 12 月 21 日,http://www.xinhuanet.com/fortune/2018-12/21/c_1123888021.htm。

知悉本企业的短板在哪里，思考如何补齐短板，从而更好地为企业发展献计献策。

二、民营企业思想政治工作要富于创造性

2013年10月21日，在欧美同学会成立100周年庆祝大会上的讲话中，习近平同志指出："创新是一个民族进步的灵魂，是一个国家兴旺发达的不竭动力，也是中华民族最深沉的民族禀赋。在激烈的国际竞争中，惟创新者进，惟创新者强，惟创新者胜。"[①]同年，在全国宣传思想工作会议上，习近平同志又指出："宣传思想工作要实现理念创新、手段创新、基层工作创新。"[②]习近平同志的重要讲话为思想政治工作的改进与加强明确了方向目标、重点任务和基本遵循。

1. 创新精神

首先，思想政治工作者要以创新的精神不断加强理念上的创新。俗话说万变不离其宗，思想政治理念上的创新要与党的执政理念和工作指导思想相符合，使之符合形势变化的要求，树立与党坚持的解放思想、实事求是、与时俱进的思想路线相符合的理念、树立与市场经济相适应的理念、树立与科学发展观相衔接的理念、树立与构建社会主义和谐社会相匹配的理念、树立与实现"两个百年"目标相一致的理念，在新时代、新面貌、新政策下创新思想政治工作的思路和方法。其次，思想政治工作要大力弘扬创新精神，把培养创新精神作为企业思想政治工作的重中之重，让职工深入了解创新的重大意义，自觉培养创新意识，自觉投入创新实践，形成全员创新的新格局。

2. 创新方法

中共中央发布的《关于加强和改进思想政治工作的若干意见》指出："要坚持解放思想、实事求是，深入基层，深入群众，调查了解新情况、新问题，认真研究新形势下思想政治工作的特点和规律，积极开辟新途径，探索新办法，创造新经验。"[③]

第一，由单向性向多向性拓展。思想政治工作对象的多层次性和问题的多元性决定了思想政治工作的方法要从以前的单向性逐渐向多向性拓展。企业思想政治工作由以前计划经济时期的单向性向现在市场经济条件下的多向性转换。首先，各工作部门要团结起来，形成多方面的合力。思想政治工作的进行涉及企业生产经营活动的方方面面，与企业每个人都息息相关，所以除了思想政治工作部门要做好本职工作外，企业的其他部门也要积极配合，集所有部门的力量形成多方面

---

① 习近平：《在欧美同学会成立100周年庆祝大会上的讲话》，《人民日报》2013年10月22日。

② 习近平：《在全国宣传思想工作会议上的讲话》，《人民日报》2013年8月19日。

③《中共中央关于加强和改进思想政治工作的若干意见》，2015年2月3日，http://cpc.people.com.cn/n1/2019/0227/c419242-30906125.html。

的强大合力。其次，要探索思想政治教育的多种方法。随着经济的发展和社会的进步，企业员工思想意识越来越具有复杂性和多样性等特点，所以传统的、单一的工作方法显然已经不能适应当下员工思想意识的复杂性，那么是理想信念的问题、价值观的问题还是自己认识事物的方法问题等必须逐一理顺，以便做到有的放矢。

第二，从单一性向多样化拓展。思想政治工作不是单纯的理论说教，特别是近年来，民营企业员工的年龄结构趋向年轻化，大多数年轻人思维都比较活跃，自主意识与独立人格比较强，不喜欢传统的说教方式，不愿意接受被说教，面对新对象，传统的工作方法已经不再适应了，必须寻找、摸索新的工作方法，想方设法把思想政治工作渗透到复杂多变的经济活动和各种各样的文化娱乐活动中。

第三，由宣传灌输向解决实际问题转变。不断宣传灌输马克思主义理论，一直以来都是开展思想政治工作的一个重要方法，即使是在新时代，灌输方法仍然具有重要作用。但我们也应当看到，人们自主性意识的不断增强，对传统的灌输式的方法产生了一定的阻力，甚至会使员工产生抵触心理、逆反心理，使这一方法受到诸如环境、时间、地点等众多因素的影响，大大削弱了其实际效果。基于这些新情况，在实际工作中，我们在强调理论灌输的同时，还要着重解决员工的实际问题，先解决问题，让员工切身感受到好处，然后再进行理论的宣传，培育社会主义核心价值观，提升员工思想境界。

第四，“两点论”与“重点论”相结合。企业开展思想政治工作的必然要求就是企业领导干部及全体员工都必须接受常态化的学习教育。同时，又要看到事物的差异性，员工个人因自身条件、文化层次、成长背景不同，认识水平也是千差万别，思想政治工作要尊重个性、具有针对性，对于不同的群体采取不同的方式方法。比如，河北建设集团股份有限公司每年一次的相亲活动，对未婚青年员工是个极大的鼓舞，无论相亲成功与否，至少让员工感受到了组织对他们的关心，从而激起员工对企业的无限热情和奉献企业的强大动力。对部分思想问题比较严重的员工实行重点突破，有针对性地解决现实问题，确保这部分员工的思想问题得到有效解决，以更饱满的热情投身企业、从事生产、创造价值。

3. 创新载体

思想政治教育工作是通过思想政治教育这一载体来实现的。分类标准的不同，使得载体的形式也千差万别。目前人们常用的思想政治教育载体有四种基本形式：文化载体、管理载体、活动载体、大众传媒载体，它们在开展思想政治教育工作上、在创新思想政治教育方法上，各有利弊。对于专业思想政治工作人员来说，一个重大考验在于，新时期如何做好民营企业的思想政治工作，如何用员工乐于接受的、简单易懂的载体，使抽象的思想政治工作变得与众不同，起到积聚力量、凝聚人心的作用，这个时候创新载体就显得尤为重要了。

第一，创新文化载体，发挥企业文化的辐射作用。企业文化是企业全体职工在长期的生产经营活动中培育形成的，不同的企业有着不同的文化内涵。企业文化，对外可以增加企业之间的相互了解程度，唤起外界对企业的认可，提高企业知名度；对内能够增强员工的主人翁责任感，使广大员工树立以厂为家、以厂为傲的信心，促进企业不断发展。当然，任何一个企业的优秀文化，并非凭空出现或一时半刻就能形成的，是企业在漫长的发展过程中不断积聚、扬弃、提炼出来的。比如，河北建设集团股份有限公司培育的“家·人”文化，该公司倡导员工把企业当作自己的家，在企业工作就像在自己家工作一样轻松、愉快，以此来增强员工对企业的安全感和认同感与归属感，对企业做大做强起到了极大的促进作用。

创新文化载体，首先要做的是塑造企业文化的品质、品格、品行。一个企业的价值理念、行为规范，可能很容易就被提出来，但困难的是如何用广大员工易于接受的方式方法，让职工理解、接受并自觉执行这些价值理念与行为规范。企业文化除了要有“高大上”的品质外，还应有接地气的品行，要让高雅的文化走进生活，通过深入实践，从身边事入手、从身边人入手，广泛调查了解员工的真实情况，把员工的亲身经历用讲故事的方法呈现给大家，使高层次的价值理念和行为规范更加生动化、口语化、具体化，从而为职工所认同、所喜爱。其次，企业在从事生产经营活动时，除了需要资金和技术支持以外，还有另一个最不能忽略的因素就是人，人是整个过程的载体，所以企业文化建设要高度重视人文关怀，除了要通过培训来提高他们的专业理论和技术能力以外，还要通过各种激励措施，让员工形成一种以厂为家的高度主人翁责任感，通过企业文化建设使全体员工以企为家，为企业发展贡献自己的无穷力量。

第二，创新管理载体，发挥党组织的核心作用、行政和群团组织的重要作用、班组的基础作用，为企业的生产经营保驾护航。

首先，发挥党组织的核心作用。党组织在做好自己本职工作的同时，还要心系企业，周全考虑生产经营活动的每个环节，自觉把融入中心、服务大局作为党建工作的出发点和落脚点，不断增强政治引导力与组织凝聚力。各级党组织要有计划、有条理地组织开展技术攻关、产品创新、节能减耗等有助于企业更好发展的活动，在全体干部职工中营造攻坚克难当先锋、创业创新促发展，我为企业谋发展、企业为我谋福利的浓厚氛围。通过职工乐于接受的方法，深入开展各种形式、各种内容的宣传教育活动，加强理想信念、责任意识教育，积极引导广大员工干部辩证看待当前形势，理顺思路、振奋精神、提升自信心。要传递正能量，传播好声音。要大力实施“关爱职工行动”，全心全意为员工着想，通过基层调查，全面深入了解情况，从实际生活入手，切实帮助员工解决困难，从而起到鼓舞士气、温暖人心、汇聚合力的作用。各级党组织要时刻提醒自己是为职工服务的，要时刻保持警惕，敢于面对荆棘、正视困难，积极主动到最艰苦的地方去，勇当带头人，用自己的实际行动团结带领广大职工坚守岗位，为企业的发展壮大贡献力量。

其次，发挥行政和群团组织的重要作用。当前，我国处在经济结构调整的关键时期、处在企业深化改革和加快实现跨越式发展的关键时期，在这样的重要时期，各项工作都要认真落实，千万不能掉链子、拖后腿。当然，群团工作也不例外。群团机关工作人员在开展工作之前，最重要的就是要树立强烈的责任感和使命感；群团组织与人民群众的关系十分密切，在这关键时期，群团组织要充分发挥这一得天独厚的优势，通过具体的群众工作，把党的政治思想、执政理念和先进理论贯穿到各个角落，切实做好"责任田"的管理，做好"分内事"。群团组织应立足全局、着眼未来，认真接受党的领导，依法办事。面对新形势新挑战，群团组织必须与时俱进、开拓新思路，在把握工作方向时做到讲政治，在开展群众工作时做到讲团结，在倾听群众心声时做到讲方法，在反映群众意愿时做到讲奉献，为维护和谐稳定勇担重任。

最后，发挥班组的基础作用。班组作为企业最基本的组织细胞，是管理的最终实现者，也是各种具体措施的最终落实者，班组的基础作用不容忽视。班组长作为企业基层管理的领头兵，是一线生产的直接指挥者和组织者，他们在组织中上边连接着领导者，下边管理着一线员工，所以要充分调动班组长的积极性，身先士卒，发挥班组长的示范作用。同时，要开展经常性的学习培训工作，提高班组长的工作技能及管理能力，让每个班组都能成为新时期的创新组，成为企业竞争的动力源。

第三，创新活动载体，发挥企业活动的亲和作用。一场小小的活动，看似微不足道，但却蕴含着巨大威力。各种各样活动的举办，能够使员工的文化生活变得丰富多彩，还可以充分调动职工的工作热情和生产积极性。比如，河北建设集团股份有限公司每年都会举办的"五四"青年演讲比赛、庆"七一"党史知识竞赛、新年联谊活动等，知识性与趣味性融于一体，深受广大员工喜爱。为此，企业思想政治工作应从现实着手，以问题为切口，以活动为依托，以培养员工主动性为目的，采取灵活多样的方式，既可增强企业的亲切感，又能使思想政治工作起到显著效果。

第四，创新大众传媒载体，发挥大众传媒的舆论引导作用。就目前情况来看，载体在思想政治教育中发挥的作用是不可替代的。党的十九大报告指出："高度重视传播手段建设和创新，提高新闻舆论传播力、引导力、影响力、公信力。"[①]大众传播媒介具有速度快、范围广、影响大等特点，它的不断发展深刻影响着人们的现实状况，制约着思想政治工作的实效。加强思想政治教育要充分利用大众传媒载体，充分发挥大众传媒载体的宣传、传播、监督和实用等功能，积极应对

① 习近平：《决胜全面建成小康社会 夺取新时代中国特色社会主义伟大胜利——在中国共产党第十九次全国代表大会上的报告》，人民出版社2017年版，第42页。

当前出现的新机遇、新挑战，增强教育的针对性、实效性，推进企业思想政治工作创新发展，增强思想政治工作的时代性。

4. 创新体制机制

一方面，民营企业与公有制企业最大的不同在于体制，事实上思想政治工作方面也存在着体制上的问题，所以首要的是推进体制上的创新。目前来看，非公有制企业思想政治工作成效不同，且存在较大差异，有的企业特别是改制企业和一些规模较大、发展较好的民营企业，思想政治工作部门比较健全，整个体系相对完善，同时工作人员专业化程度也比较高，运转基本正常。但从基层来看，部分由国有企业或集体企业改制而来的非公有制企业，管理流程发生变化，使思想政治工作的结构性受到一些影响，导致一些基层部门在思想政治工作的落实和实施进度等方面暴露出一些问题。有的企业是个体或由个体发展而来，思想政治工作队伍的理论水平和操作水平都有待提高，思想政治工作仍停留在表面上、口头上；有的企业内部存在大量的协议工、派遣工及临时工，对于这类员工，企业进行的只是管理，而对他们的思想政治工作并未给予足够的重视。所以，必须推进非公有制企业体制创新，不断拓展思想政治工作的新路径。另一方面，推进思想政治工作运行机制的创新。企业思想政治工作的目标始终是要为企业生产经营服务，但在实际的落实上，结果并不尽如人意。思想政治工作作风不端正、被冷落、忽视等问题日益暴露，其本质原因就在于缺少有效的运行机制的保障。为此，要克服企业思想政治工作与管理工作“两张皮”现象，关键在于通过制度方面的创新，一是找到企业思想政治工作对管理工作的合理介入点，使之有效融入管理、支持管理和服务管理；二是思想政治工作本身要克服形式主义，在思想政治工作工程中实施精细化管理，构建责任体系，实行工作标准责任制，将工作任务落实到每一位具体的员工身上，建立人性化、标准化的考核评价体系，进行定性定量考核，使思想政治工作有目标、有方法、有步骤、有考核。此外，还要建立健全对思想政治工作的监督、引导与激励机制。企业思想政治工作有了健全的保障体制、完善的支撑机制，加上自身在作风方面的转变，才能形成与管理工作同步同行的合力，才能更好地服务于企业生产的经营活动，服务于企业的一线员工。

第四节　增强民营企业思想政治工作的广泛性和针对性

企业是财富创造及财政收入的重要来源。企业经济效益及其承担的社会责任与社会主义建设事业息息相关。民营企业是我国企业的重要组成部分，对社会的发展具有十分重要的意义。诚如李克强同志说：“成千成万的中小微企业是就业的主要吸纳器，支持他们发展就是创造社会就业岗位。小微企业发展好了，员工能增加收入，社会能增添财富。”[①]伴随着我国经济的迅猛发展和经济增长方式的快速转变，民营企业数目也在不断增长。为了实现党和国家对民营企业的有效领导，作为企业内部的思想政治教育工作也因此变得更加重要，这项工作关系到民营企业的产业升级和长远发展。

一、注重组织上的广泛性

要坚持从社会主义初级阶段的实际出发，从广大干部群众的思想实际出发，把先进性要求同广泛性要求结合起来，区分层次，有的放矢，注重实际效果。要相信和依靠群众，启发群众自我教育、自我提高。要坚持贯彻民主的原则和疏导的方针，对干部群众的思想认识问题，多做解惑释疑、提高认识、统一思想、凝聚人心的工作。因此，在经济发展的新形势下，民营企业内部的思想政治工作必须要结合深化改革、建立现代企业制度、提高经济效益来开展，为民营企业的改革和发展提供强有力的精神动力与思想保证。

然而，现实中，民营企业的思想政治工作由于思想认识、组织制度和社会文化等各方面的原因，在价值认同方面往往面临着各种冲突。这些冲突主要表现为：生命线与无用论之间的价值冲突；硬指标与软任务之间的价值冲突；社会责任与企业效益之间的价值冲突；可持续发展与短期效益之间的价值冲突；“三贴近”与“三分离”之间的价值冲突等。种种冲突发展的结果，必然会使民营企业内部思想政治工作陷入困境。因此，要走出这种困境，做好民营企业思想政治工作，就需要“上下结合、齐抓共管、协调推进”，在解决各种价值冲突上做文章，必须加强合作，动员各方面的力量，整合各种资源，发挥党组织整合利益化解矛盾的优势，维护劳资各方的合法权益。例如，可以通过“维权”活动，密切联系群众，注重人文关怀和心理疏导，主动关心、热忱服务党员和职工群众，帮助员工解决实际困难，把广大职工群众团结在党组织周围，使思想政治工作与企业生产经营“目标同向，思想同心，工作同步”。这种上下结合、齐抓共管式的工作理念，在一定意义上就突出了新时期民营企业思想政治工作的广泛性。

新时期，有关民营企业思想政治工作的研究，学界已有诸多成果：或整体宏观论述，或探究其背景原因；或研究其作用和意义；或分析其困境与发展路径；抑或进行思想政治工作与其他工作的交叉研究。然而，有关民营企业思想政治工作广泛性的研究，虽然诸多学者从不同角度、不同程度上对其有所涉及，但系统性、整体性论述尚有继续进行的必要。

根据民营企业党组织在宣传贯彻党的路线方针政策、团结凝聚职工群众、维

---

① 李克强：《支持小微企业发展就是增添社会财富》，2013 年 8 月 18 日，http://www.chinanews.com/gn/2013/08-18/5175372.shtml。

护各方合法权益、建设先进企业文化、促进企业健康发展、加强自身建设等六个方面的主要职责，民营企业内部的思想政治工作就具有一定的广泛性，要求实现思想政治工作与其他各项工作有机结合，实现协同发展。

（一）思想政治工作与企业主及职工的政治素养和业务技术水平提高相契合

与国有企业不同，民营企业思想政治工作的对象包括民营企业主和企业职工两部分。作为追求经济利益的实体，民营企业并不是完成政治任务的工具，而思想政治工作开展及推进的程度取决于企业主的认可和支持程度。因此，民营企业思想政治工作的关键和切入点就是要做好企业主的工作， 通过教育引导、制度约束、法律规范，引领企业主自觉加强思想政治工作。另外，必须适应市场经济要求，锻造政治素养高、技术水平过硬的职工队伍。

1. 思想政治工作与民营企业主的政治素养的提高

民营企业思想政治工作的推进程度，与民营企业主对此工作的重视程度密切相关。提高民营企业主的政治素养，使其从思想上重视企业的思想政治工作，并在企业的实际发展中以各种方式推动思想政治工作的顺利进行，是新时期加强民营企业思想政治工作的首要一环。中共中央发布的《关于加强和改进非公有制企业党的建设工作的意见（试行）》明确指出：“建立非公有制企业出资人教育培训制度，着力加强中国特色社会主义理论体系、党的知识和国家法律法规教育。对党员出资人，要教育引导他们遵守党规党纪和执行党的决议，自觉履行党员义务，服从党组织的教育、管理和监督。对非党员出资人，要教育引导他们树立中国特色社会主义共同理想，在党的领导下坚定走中国特色社会主义道路，努力成为中国特色社会主义事业合格建设者。各级党委组织、统战部门要共同抓好企业出资人教育培训工作。”①通过教育培训和政治引导，加强民营企业主对思想政治工作的重视，确保从根本上将思想政治工作落实到企业日常的工作中，并充分有效地发挥其在企业中所具备的组织及引导作用。

2. 思想政治工作与民营企业职工政治素养及业务水平的提高

人是企业各要素中最活跃、最有潜力的发展因素，企业发展要紧紧依靠员工。企业职工更是民营企业生产和发展的基础与根本，因此，民营企业职工的政治素养和业务水平直接影响着企业发展的程度，更与思想政治工作的推进程度密切相关。以河北建设集团股份有限公司为例，由于其员工思想政治素养的层次多样，因此企业的思想政治工作针对这些具体的问题，为职工搭建提高自身政治素养和业务水平的良好平台。从这个角度来说，民营企业思想政治工作的开展与职工的政治素养和业务水平的提高相契合。

---

①《关于加强和改进非公有制企业党的建设工作的意见（试行）》，《北京日报》2012 年 5 月 25 日。

党的十八大报告指出："加强和改进思想政治工作，注重人文关怀和心理疏导，培育自尊自信、理性平和、积极向上的社会心态。"① 新时期，企业之间的竞争在很大程度上是人才的竞争。企业要想吸引人才、留住人才，必须要做好人才的思想政治工作。因此，新形势下，民营企业的思想政治工作要针对生产经营和员工实际思想，根据企业参与市场竞争的需要及员工队伍实际情况，着力提高员工队伍的整体素质，增强企业的竞争力。首先，要努力促进员工队伍依赖思想的转变。通过思想政治工作的开展进行宣传教育，引导职工树立与市场经济相适应的思想观念，增强竞争意识、效益意识和快速应变能力。其次，要努力提高队伍的业务技术素质，员工队伍业务技术素质直接决定着一个企业的综合实力。通过建立各种激励机制，激发员工争当技术能手的热情。例如，河北建设集团股份有限公司每年拨出专项经费用于职工继续教育工程，激发职工队伍创新创效，提高职工队伍的业务水平。

（二）思想政治工作与企业政工队伍建设相契合

政工干部不但是民营企业干部队伍的重要组成部分，也是企业思想政治工作开展的前提。因此，民营企业要加强思想政治工作，就需要建立一支业务精良、作风端正的思想政治工作队伍，为思想宣传工作做好保障。从这个意义上说，民营企业思想政治工作的开展与企业政工队伍的建设具有内在的一致性，其内容高度契合。因此，为了保证企业思想政治工作的效果，就有必要建立一支素质过硬的政工队伍。对思想政治工作者要注意关心和培养，帮助他们提高思想政治素质和业务能力，对作出突出成绩的要给予表彰和奖励。为此，民营企业要通过多样化选用、规范化管理、专业化培训、制度化激励等途径和方式，建设一支素质优良、结构合理、数量充足、专兼职结合的非公有制企业党务工作者队伍。规模大、党员数量多的企业，要配备专职党务工作者。探索设立党建工作论坛，为党务工作者搭建工作交流平台。加强党建工作指导员队伍建设，充分发挥其组织宣传、联系服务、协调指导作用。尤其要定期开展针对政工干部综合素养的培训，根据不同类型政工干部的具体要求及自身的特点来进行培训，使培训工作更有针对性，培训内容重点是加强党的路线方针政策、党务知识、群众工作、企业生产经营管理等方面，提高做好群众工作本领和服务企业发展能力。此外，企业的政工干部也要不断通过自我教育和自我学习来完善自身知识结构，能够对党的方针政策进行全面的了解和掌握，能够运用科学的理论指导思想政治工作的开展，探索思想政治工作的规律。企业政工干部在做职工的思想政治工作时，必须要掌握一定的技巧，注意处理问题的方式方法，注重人文关怀和心理疏导，保障职工的切身利益，帮助其形成自尊自信、理性平和、积极向上的社会心态，自觉遵守企业规章

①《胡锦涛文选》第 3 卷，人民出版社 2016 年版，第 638 页。

制度，维护企业共同利益，使企业拥有一支稳定的高质量的职工队伍，实现企业人际关系的和谐。此外，管理者还要科学合理地引导职工需求，满足职工的合理需求，以提高企业思想政治工作的实效性。

关于政工队伍建设，河北建设集团股份有限公司根据中央文件精神投入了大量经费，与河北地方高校建立联系，从党员队伍建设抓起，通过培训选拔优秀的党员干部开展企业思想政治工作，并将政工队伍建设纳入企业发展的规划日程，由此形成企业发展与思想政治工作的顺利开展及政工队伍高平台建设的多赢局面。

（三）思想政治工作与以人为本理念相结合

实现人的自由而全面的发展是马克思主义的最终奋斗目标。在马克思主义中国化的过程中，中国共产党领导人也十分重视该问题，尤其是党的十六大就明确提出了“以人为本”的理念。中国共产党提出的科学发展观就是将马克思主义历史观和价值观与中国实际相结合，落实到企业就是要以企业员工的发展为本，这种理念在企业经营管理中同样具有重要意义。民营企业要坚持党的领导，始终与党的方针政策保持高度一致，做到企业发展为了人，实现人的全面发展。把思想政治工作深深扎根于生活之中，扎根于员工之中，了解员工需求。 企业思想政治工作的指向是人的思想认识问题，但解决思想认识问题不能靠“我说你记，我讲你听”，更不能靠“高压政策”，而应该把关心人、爱护人、体贴人、尊重人作为思想政治工作的出发点，把员工当作家人一样来对待，让员工在企业感受到家的温馨。在思想政治工作中坚持以人为本的理念，就必须树立全心全意依靠员工办企业的思想，把企业的发展与全体员工的共同发展协调起来。要教育和引导员工牢固树立“我为企业谋发展，企业为我谋福利”的理念。新时期，要切实有效地促进民营企业思想政治工作的创新，首先就必须确保民营企业在思想政治工作方面具备创新精神，确保在日常的思想政治工作中能顺应时代的发展需求，以促进企业在激烈的市场竞争中能够实现健康有序发展。一方面，要求民营企业的管理者要高度重视思想政治工作，本着实事求是的态度充分有效地抓好思想政治工作的落实，以确保民营企业在时代不断更新发展的背景下充分抓住市场为企业发展所带来的新机遇；另一方面，要对思想政治工作的整体方式进行创新，通过宣传的方式为员工营造更加和谐的工作氛围，进而可以有效地发挥员工潜力，激发员工的积极性和创造性，培养员工的敬业精神和合作意识，从而增强企业的向心力和核心竞争力。

（四）思想政治工作与企业文化相融合

积极的、健康的、充满活力的企业文化是我国社会主义文化的重要组成部分，同时是先进文化在企业中的一种体现。企业文化是企业经过长期的发展积淀形成的，良好的企业文化能够营造良好的企业发展环境，可以提升员工的道德素质和文化素养，使员工产生喜悦感、安全感、归属感和责任感，对内形成凝聚力、向心力和约束力，进而提高企业的综合实力和竞争力。

民营企业思想政治工作与企业文化在基本目标上具有一致性，无论是企业文化还是思想政治工作都必须坚持社会主义方向。企业文化建设是运用特有的价值观、信念、理想来引导、熏陶和激励全体人员，增强企业的向心力和凝聚力，强化员工的归属感和成就感，使全体员工在企业精神和共同价值观的引导下，将个人追求与组织目标结合在一起，共同推动企业发展。由此，企业文化在基本目标和工作内容上是企业思想政治工作的延伸和具体化。所以，企业要本着以人为本的管理理念，加强思想政治工作，从而真正体现先进文化的前进方向。

首先，建设以人为本的企业文化。民营企业要积极关心员工的精神文化生活，开展各类文化活动，形成具有本企业特色的文化品牌，组织培养职工热爱企业文化的感情，并以此文化品牌作为思想政治工作的载体，孕育“文化搭台，思想政治工作唱戏”的良好态势，使两者有机结合，促进企业发展。

其次，加大企业文化的宣传力度。民营企业要高度重视职工思想工作和新闻媒体工作，尤其是要利用广播、电视、报刊和新媒体宣传企业的文化、企业的精神，讲好企业故事，传播正能量。还可以加大力度组织群众讨论、制作公益广告、文艺演出等多种有效形式，努力形成浓厚的舆论氛围，以此调动企业职工参与企业思想政治工作的积极性。

最后，民营企业要加大培训力度，做到全员教育。民营企业家是企业文化的倡导者和设计者，但和企业员工一样也是企业文化的践行者。在实施过程中，企业家和员工要不断提升自身的文化素质、道德素质和专业素质，加强企业形象建设，使企业精神、企业价值观具体化并成为每个员工为之奋斗的目标，自觉把自身价值追求同企业目标结合起来。

因此，新时期为了推进民营企业思想政治工作的有序开展，企业思想政治工作要采用物质激励、精神激励和情感激励等多种手段，并与企业文化建设相融合，丰富企业思想政治工作的内容和形式。河北建设集团股份有限公司在思想政治工作与企业文化融合方面做了大量的工作，使思想政治工作的核心内容通过多种文化形式表达出来，形成了“家·人”文化品牌，使企业员工有深切的获得感和归属感，有效促进了企业思想政治工作的有序开展。

（五）实现思想政治工作与企业制度建设相结合

思想政治工作是企业做好经济工作的重要法宝和生命线，对企业的发展和职工的精神培养具有重要作用。为推动思想政治工作健康、有序发展，企业有必要建立思想政治工作的有效机制和长效机制，完善企业的制度建设，以制度来保障民营企业思想政治工作的顺利进行。

第一，建立理论政策研究机制。以制度的建设为保障，加快研究制定关于加强和改进民营经济思想政治工作的指导意见与相关政策。明确思想政治工作的目标、职责及管理制度等，为民营企业思想政治工作的开展提供政策依据和指导方针。同时，要鼓励政策研究团体加强研究，围绕民营企业思想政治工作中的重大理论和实践问题，深入调研，及时总结，推动思想政治工作的深入开展。

第二，完善人才选拔和培养机制。要在民营企业中培养政工干部也是企业人才的理念，政工队伍必须具备“专兼结合，功能互补，政治坚定，品德优良，业务精湛，作风正派”的特征，做好政工人才的选拔和培养工作，并把思想政治工作人员的职称与待遇挂钩，调动思想政治工作人员工作的积极性与主动性。

第三，民营企业要建立思想政治工作的长效机制，丰富工作内涵，提升工作质量，采取多种方法，多渠道关心员工，了解他们的思想动态，增强工作活力。

二、增强思想政治工作的针对性

与国有企业相比，民营企业有着不同的特点，主要表现为：趋利性特点更加突出；民营企业主的思想素质参差不齐；民营企业的员工流动性较大等。因此，针对不同对象的具体特点，抓好思想政治工作是民营企业思想政治工作的必然要求，也是民营企业发展中必须重视的工作。党的十八大以来，我国已进入全面深化改革转型发展阶段，改革进入深水区，各种深层次矛盾不断出现，这种情况要求民营企业更要重视思想政治工作。新时期、新机遇，为了更好地推进民营企业思想政治工作的开展，必须坚持从实际出发，增强针对性和实效性，根据民营企业中思想政治工作的企业主、员工及政工队伍三个主体对象存在的具体问题，寻求解决问题的有效办法，以期民营企业思想政治工作能够取得实效。

（一）针对民营企业主的思想政治工作

作为民营企业的主要投资者、主要经营者和主要受益者，随着投资领域越来越开放，非公有制经济社会作用日益显著，民营企业主正成为一个备受关注的群体。然而，现阶段的民营企业主由于受成长环境、文化背景、文化素质等因素的影响，导致部分民营企业在发展过程中出现了一些负面问题，如偷税漏税、侵犯劳动者合法权益、假冒伪劣、污染环境等。一些民营企业主投机与暴富心理严重，往往只关注企业利润增长，缺乏双赢和共赢的思维观念，不考虑权利和义务的平衡，很少重视企业伦理道德与员工思想政治工作，不注重企业长远规划和可持续发展，这些问题将会影响企业的健康发展。

面对民营企业主存在的诸多问题，为了从根本上提升民营企业主的社会责任意识和政治素养，培养民营企业主的大利益观，将政治保障和经济利益有机结合，就有必要加强针对企业主的思想政治工作。

第一，要重视政治引导，增强民营企业主的政策意识。加强对民营企业主的形势政策教育，帮助其认清当前社会发展的形势，明确奋斗目标和工作任务，使其更加自觉地贯彻落实党的路线、方针、政策，在思想上与党中央保持高度一致，从而推动企业朝着正确的方向发展。

第二，要加强法治教育，增强民营企业主的规则意识。加强民营企业主的法治教育，要着力于宪法、经济法、民商法、刑法等法律制度的教育。要有针对性地加强与民营企业主直接相关的法律法规教育，使其在知法、学法、懂法、用法的良性循环中加深对法治教育的认知，从而进一步推进企业发展在法律允许的范围内正常运转。

第三，要加强道德教育，增强民营企业主的诚信意识。新形势下，按照社会主义核心价值观的要求和防微杜渐的原则，针对一些企业主在企业发展过程中存在的不诚信现象，通过加强道德教育，纠正企业主在诚信方面存在的各种问题。在此基础上，思想政治工作还应推动企业建立一套企业道德标准，通过道德标准的制定和实施促进企业变革与企业主的道德自律。

第四，要积极引导，增强民营企业主的参与意识。支持民营企业主参政议政，通过建立有效途径让民营企业主表达自己的利益诉求，形成在党的领导下的协商对话机制。在民营企业主群体中培养入党积极分子，注意发现和吸收民营企业主中的优秀分子入党，改善民营企业中党建工作和思想政治工作薄弱的状况。

第五，要弘扬精神，鼓励民营企业主的超越意识。面对激烈的市场竞争，企业的发展必然要求企业主具有较高的素质和能力，具有企业家精神。为了培养民营企业主的企业家精神，必须有针对性地加强对他们的教育培养，通过思想政治工作，营造有利于企业家发展的环境氛围，促进企业家价值观念的转变，防止“小富即安”思想，培养企业发展的大安全观意识。思想政治工作在做好日常教育工作的同时，还要推动制订企业人才培养计划，加大对企业主的职业化和专业化培训，促使其向着职业化方向发展，提高其素养与能力。

在以上针对民营企业家开展的思想政治工作中，河北建设集团股份有限公司历任董事长通过思想政治工作的开展和推进，提高了政治观和大局意识，提升了其自觉学习的意识，在法律允许的范围内，通过改革创新推动企业发展，在增加国家财政收入、转移地方劳动力和促进就业等方面起了十分重要的作用。

（二）针对企业员工的思想政治工作

民营企业员工来自社会的各个层次，文化程度差别比较大，由于受教育程度所限，对党的方针政策认识不足，对企业规章制度的理解不够，这给企业开展思想政治工作带来了一定的难度。改革开放以来，外向型民营企业纷纷在沿海地区投资办厂，受西方社会思潮的影响，部分企业职工对党的执政能力产生了怀疑，对企业思想政治工作不够重视，加上部分企业政工干部自身素质不够高，企业思想政治工作开展的方法不当，这也给企业思想政治工作的有效开展带来了较大的困难。

目前"80后""90后"逐渐成为企业员工队伍的主力军，而且大多是独生子女，这些员工的独立能力和承受挫折的能力相对较弱、自我排解抑郁烦闷等能力较差、心理承受力相对脆弱、对待事物时的态度极易偏激和固执、处理问题时自身的耐心不足，因此面对难题和失败以后，他们容易意志消沉、萎靡不振、自怨自艾。同时，这部分年轻人大多出生在改革开放以后，随着计算机和网络的普及，他们已成为使用网络的主力军，在网络编就的虚拟世界与现实世界的交替中，容易促使这部分人在思想上和文化上形成多元化思维模式，其思想意识和心理诉求的差异性越来越大，同时呈现出多元化特征。民营企业员工的心理诉求是多方面的，既有物质方面的，更有精神文化方面、人际关系方面及自我价值实现方面的。据调查分析，民营企业员工对工作的满意度，主要受以下因素的制约和影响：一是员工对工作本身的看法；二是企业工资待遇与他们所付出的劳动是否成正比；三是职业培训是否有利于个人发展；四是员工的人际关系是否和谐；五是对企业管理的认可程度；六是自我价值实现程度。

针对民营企业员工存在的以上诸多问题，民营企业思想政治工作应具体问题具体分析，抓住矛盾的主要方面，有针对性地、有重点地解决员工中最普遍、最直接、最现实的问题。具体说来，民营企业针对员工的思想政治工作主要从以下几个方面展开。

第一，通过网络开展工作。当前大部分青年员工和网络接触比较多，可以通过互联网开展企业思想政治教育工作。结合企业思想政治工作的实际，利用新媒体的特点，借鉴传统教育的优势，不断创新和拓展企业员工思想政治教育的渠道与空间。通过微信、微博、网站等，构建民营企业思想政治工作新平台，从而增强民营企业思想政治工作对员工的吸引力。这些举措有诸多好处：一是可以增强思想政治工作的信息量及教育的及时性；二是可以增强教育的主动性，同时体现教育者和受教育者之间的平等；三是可以增强思想政治工作的吸引力和感染力，使教育内容和形式更加丰富多彩；四是可以提高政工干部的工作效率，节约资源和时间；五是可以通过一对一的个性化教育方式增强教育的针对性。因此，企业要高度重视互联网在思想政治工作中的载体作用，认真研究、充分发挥其作用，从而提高企业思想政治工作的实效性。

第二，坚持以人为本的理念。民营企业思想政治工作要坚持以人为本的理念，尊重职工的主体地位，满足职工的要求，激发职工的潜能，培养职工的创新意识，从而促进职工的发展。企业发展与职工的发展是相互依存的关系。只有职工个人价值得以体现，民营企业的发展才能突飞猛进。一是对于每个员工在人生观、世界观、价值观、物质文化和精神文化多个方面有着不同追求，党务工作者都要认真对待，并且承认和满足职工的不同需求。二是要重视员工在企业发展过程中的实际价值，要让员工树立起为企业承担风险的思想观念。三是要加大职工的培训力度，为员工提供学习和成长的机会，在满足员工自身发展愿望的同时，充分激发员工的潜力，为企业的发展贡献力量。四是要注重员工创新意识的培养，搭建员工成长成才的平台，为员工提供创新和出彩的机会，让员工充分实现自身价值，共同促进企业的发展。

第三，将企业文化建设与员工思想政治教育结合起来。企业文化建设指的是依靠企业文化所具有的凝聚力及推动力来鼓舞职工的斗志，使其积极进取，勇于拼搏。用镜头记录员工为企业发展作出的贡献，宣传和报道每个员工的成长与进步，这样有利于增强员工的主人翁意识，更加积极主动地把自身发展与企业的发展紧密联系在一起。这种依靠员工成就企业发展的宗旨，可以充分调动员工的积极性，使员工在企业发展中认识自身的价值，提高员工对企业的信任感和荣誉感，企业文化建设可以作为改善员工思想政治工作的具体途径。员工思想政治教育要以企业自身发展为中心，只有坚持这一中心，才能使思想政治工作的作用能够充分发挥出来。在思想教育工作开展过程中，党务工作者必须做到以身作则，言传身教，认真做好本职工作，用行动为员工做好榜样，带动员工积极进取。

河北建设集团股份有限公司的“家·人”文化，有针对性地将企业员工与企业发展紧密结合，在充分尊重员工创造性的前提下，使企业员工感受到安全感、归宿感和获得感。在此基础上，河北建设集团股份有限公司的思想政治工作才得以不断创新形式并顺利推进。

第四，有针对性地加强民营企业员工的教育。随着科技的突飞猛进，互联网的迅猛发展，自媒体时代已经到来。为全面、及时地双向互动提供了可能，大众获取信息的及时性和选择面大大加强。新形势下，应在继承的基础上不断转变民营企业思想政治工作的方式，实现民营企业思想政治工作的突破和创新。首先，应加强理论教育。通过互联网、自媒体等载体进行理论学习，提高企业员工的政治素养和理论水平。其次，应加强实践教育。通过企业文化活动，如报告会、座谈会和社会参观等活动的渗透作用，潜移默化地影响企业员工的思想行为。最后，重视典型教育。通过新媒体推送企业的道德模范、先进工作者等典型人物，介绍他们的事迹，可以为企业员工形成一种正面的示范效应，对企业员工形成一种精神上的鼓舞，激励员工为企业的发展作出贡献。

（三）针对党组织和政工队伍的思想政治工作

企业党组织是企业思想政治工作开展的主要力量。企业中的党员是人民群众中的先进分子，有较高的思想觉悟及良好的道德素质，理应承担起教育和带动普通职工为企业发展献计献策、尽心竭力的任务。但是，在企业体制深化改革的新时期，有的企业由于受认识、企业规模及经济实力所限，党建工作较为滞后，严重影响了企业思想政治工作的实效性。其存在的问题主要表现在以下几方面。

第一，党务工作者的素质有待提高。民营企业中的部分党务工作者或政工干部对创新思想政治工作方法缺乏积极性，处理和看待问题的时候不能以大局为重，工作上缺乏主动性、预见性及应变能力。

第二，思想政治工作人员的地位被动。受民营企业性质的影响，民营企业党组织的负责人和政工干部也是企业的雇员，与普通员工之间的上下级关系不明显，领导力、号召力及驱动力明显不足。同时，与企业的雇员关系使得工作开展受到影响，导致思想政治工作人员工作主动性不够强，不能及时发现问题、解决问题。

第三，民营企业的党务工作者在帮助职工通过学习和培训建立起正确的道德观念等方面工作做得不够。随着时代的发展、改革的逐渐深入，人们的思想也发生了改变，拜金主义及个人享乐主义的思想也随之膨胀起来。因此，作为党务工作者必须做好职工的思想教育工作。通过培训、学习、讲座等多种形式，帮助职工树立正确的道德观，正确认识理想与现实之间的差距，提高自身的品德修养，培养服务意识和大局意识。

针对当前民营企业党组织和政工干部中存在的问题，为了有效提高政工干部的自身素养和业务水平，需要加强以下三方面的工作。

第一，精细打造政工干部队伍，保证民营企业思想政治工作开展的组织性。构建民营企业思想政治工作机构或部门，打造专业背景深厚理论素养较高的思想政治工作队伍，应是新形势下企业思想政治工作的新任务。首先，要加强政工干部队伍的理论学习，提高干部队伍的政治素养和理论水平。其次，应重视思想政治工作业务人员的教育培训，提高其认识问题、分析问题和解决问题的能力，运用科学的理论指导民营企业思想政治工作实践。最后，应重视对民营企业政工干部和企业思想政治工作业务人员进行客观评估，在提高素质的基础上壮大民营企业思想政治工作队伍。

第二，发挥企业各部门的合力作用，推动民营企业思想政治工作的最优化。民营企业思想政治工作是一项系统化的管理活动，需要协调整合企业各要素的功能，实现民营企业思想政治工作效果的最优化。首先，应构建保障机制，加大经费投入，保证民营企业思想政治工作的物质基础。其次，应构建激励机制，激励机制应坚持物质激励和精神激励相统一的原则，充分发挥企业员工的创造力。最后，应构建考核机制，把思想政治工作与企业的生产经营管理工作一并纳入考核体系，防止出现“两张皮”的现象，共同促进企业管理水平的提升。通过对企业员工思想政治工作进行定期定量的考核，了解企业员工的思想动态，从而发现问题，对症下药。

第三，创新政工干部开展思想政治工作的形式。民营企业党组织和政工干部开展思想政治工作要本着“小型、灵活、多样、实效”的原则进行。党的组织生活一定要坚持，但要从企业的实际出发，时间、内容、形式都要从有利于经济建设、业务工作的实效出发，在党建工作和经济业务工作的结合点上做文章，有针对性地确定活动内容，采取小型多样的方式，灵活地安排时间，注重实效。根据党员流动性、复杂性的特点，宜把每月党员学习日固定，预前“提醒”，让党员处理好生产事务，按时到会，保证党员的到会率，这也需要主动征得企业主的同意并获得其支持，绝不能有意无意地同企业主“唱对台戏”。

河北建设集团股份有限公司在政工干部队伍建设方面的成效显著，公司具有比较完善的工作机制和人员配备，政工干部自身具有较强的学习能力和工作能力，在提高自身政治素养的基础上，不断创新工作方法。除了充分利用企业自身具有的各种有利条件外，河北建设集团股份有限公司还利用驻地校企合作的方式，与当地高校建立联系，运用高校思想政治理论宣传的主阵地、主渠道的特性，定期为企业各级干部和不同工种的员工进行思想政治教育的相关培训与讲座，以提高政工干部的理论深度和政治素养，提升企业思想政治工作的实效性。

第五节　着力提高民营企业思想政治工作实效性

强化思想政治工作是增强思想政治工作实效性的前提。新时期，企业肩负着贯彻执行党中央决策部署、贯彻新发展理念、全面深化改革、促进经济社会发展、保障和改善民生等重大使命，完成这些使命需要强化企业思想政治工作，不能因为思想政治工作短期难以带来利润就忽视思想政治工作的地位和意义。在市场经济条件下，人力资本是企业的重要资源，思想政治工作也是生产力，特别是作为民营企业，更不能忽视思想政治工作这个政治优势和组织优势，通过强有力的思想政治工作，引导职工坚定理想信念、增强发展信心、引导员工正确看待、理解和支持改革，切实把全体员工的思想统一到推动企业转型上来，把力量凝聚到实现企业持续健康发展上来。这些举措有利于化解矛盾，提高企业应对各种困难和抵御风险的能力，有利于增强企业的创新、发展和竞争优势，实现“两个巩固”，推动企业和谐发展。

一、坚持以人为本，强化思想政治工作

过去开展思想政治工作一味地强调灌输，甚至用行政命令代替思想政治工作，忽视了员工的主体属性，大大减弱了思想政治工作的效果。新时代，企业思想政治工作者必须转变观念，确立以人为本的工作理念，把员工视为思想政治工作的主体，在员工的需求“痛点”中寻求思想政治工作的着力点。“以人为本”是党的执政理念，也是新时期做好企业思想政治工作的关键。

（一）思想政治工作必须尊重个体价值

心理学研究表明，重视人的主体能动性，关注人本身的性格差异、价值追求、文化塑造等内在的社会属性，对提高员工的积极性、主动性至关重要。思想政治工作是做人的思想工作，就是通过转变员工的态度和认知，增强员工的主人翁意识和谋求发展的主动性、积极性。

新时期的员工大都接受过良好的教育，思想活跃，学习能力强，思想开放，视野开阔，具有多元的价值取向。他们有主见、有个性，不喜欢循规蹈矩，有较强的创新精神，自我意识、独立意识都比较强，敢于表达自我，具有朝气和锐气，不甘于平庸。思想政治工作要把握对象的这些新特点，尊重他们的个性，发挥他们的优势。知识经济时代，人才是企业生存和发展的法宝与利器。要尊重员工、依靠员工、服务员工，让员工感受到尊严和价值，只有这样员工对企业才有家的归宿感，才能最大程度发挥自己的创造性。

在“大众创新、万众创业”的时代背景下，创新成为企业和国家的重要软实力。企业思想政治工作必须顺应时代要求，尊重个体价值，改变过去一把尺子量到底的做法，充分发挥员工的主体创造性。企业在制定规章、制度时，要多倾听基层员工的意见和建议，让员工真正体会到他们不仅是企业的未来还是企业的主人，切实激发员工的内在动力。

（二）思想政治工作必须弘扬团队精神

人是社会的人，良好的团队合作是创新的重要条件，也是个人成功的重要基础。员工不仅要有个体积极性，也要在团队中实现自己的价值，满足自己对社会性的要求。因此，一方面要调动个体积极性，提高创新力。在由中国制造进入中国创造、中国智造的创新时代，企业必须尊重员工的个体性、多样性，发挥员工个体的创造性。另一方面，要增强团队合作能力，提高凝聚力，利用团队的力量打造企业的品牌产品和特色文化，共同促进企业的发展。

一些员工成长过程大多顺风顺水，没经历过多少挫折，缺乏社会经验，自我约束能力和抗压能力比较弱，同时又比较自我，集体意识和团队协作精神相对较弱。但另一方面，企业员工的进取心、求胜心又都比较强，渴望有所成就，工作中希望能够得到周围人特别是领导的充分肯定，他们在追求个人价值实现的同时，迫切希望证明自己的价值，希望被理解、被信任、被尊重，希望获得集体和社会的认可。企业思想政治工作通过创造平等待人、相互尊重、相互信任、宽松活跃的企业氛围，让他们感受到安心归属感。通过淡化“官本位”和等级观念，加强优秀企业文化的建设，加强对员工的关心和支持，增强企业的亲和力和感召力，使员工主动为企业贡献智慧和力量，把个体的积极性和团队的合作有机结合起来，使个体的成长和企业的发展相得益彰，推动企业的可持续发展。

（三）思想政治工作必须切实维护员工的合法权益

“以人为本”不能仅停留在口头上，要落实到维护员工的合法权益上来。不能只讲集体，不讲个体；不能只讲奉献，不讲待遇；不能只讲政治，不讲经济；不能只讲服从，不讲意见。要切实把员工看作企业发展的主体，尊重员工的兴趣和选择，多关心，多激励，相信员工有自我管理、自我发展的能力，把思想政治工作更多地体现在解惑和服务上来，体现在为员工搭建民主平台、创新平台上来，要切实关心他们的现实生活，使他们得到全面发展。

建筑施工企业的一些员工经常工作在外地，有的为“房奴”“孩奴”所累，有的为婚恋和“剩男”“剩女”问题所烦，有的为在企业受到不公正待遇所恼，承受着生活和精神的双重压力。思想政治工作者不能轻视员工的这些琐碎小事，要善于“自找麻烦”，做员工的贴心人。在员工和企业出现利益冲突时，思想政治工作者要善于协调，找准双方利益的结合点，使员工、企业和国家同心同向，同频共振。

（四）思想政治工作必须顺应“单位人”向“社会人”的转变

民营企业的思想政治工作必须顺应员工多元化的需求，尊重员工的自主性、选择性，为员工提供实现自我价值的平台，让员工有更大的发展空间，增强员工的主体感、归宿感，用精准贴心的服务留住人，以豁达的胸襟培养人、造就人。

二、要有问题意识，创新工作方法

问题是实践的起点、创新的起点。在“两学一做”学习教育中，习近平同志指出：“学要带着问题学，做要针对问题改。”①7·26 重要讲话中，他又强调指出：“我们要在迅速变化的时代中赢得主动，要在新的伟大斗争中赢得胜利，就要在坚持马克思主义基本原理的基础上，以更宽广的视野、更长远的眼光来思考和把握国家未来发展面临的一系列重大战略问题，在理论上不断拓展新视野、作出新概括。”②

当前我国正处在供给侧结构性改革的攻坚克难阶段，大数据、智能化、全球化，对企业提出了巨大的挑战。特别是民营企业，在中国特色社会主义大变革中起着不可替代的作用，转型发展的任务相当繁重。员工也必须跟上时代发展的步伐，转变思维方式，提高创新能力。这些都对企业思想政治工作提出了新的要求。

企业员工的特点各自不同，有些员工常年在外，流动性较大；新进员工学历普遍较高，更加关注自身价值实现，对工作环境、人际关系比较在意；一些员工集中居住在企业集体宿舍，离开家庭亲属，有的还远离市区，业余生活单调；还

---

① 习近平：《习近平谈治国理政》第 2 卷，外文出版社 2017 年版，第 173 页。

② 习近平：《习近平谈治国理政》第 2 卷，外文出版社 2017 年版，第 62—63 页。

有一些员工劳动关系薄弱，主人翁意识不够高，企业认同感偏低。思想政治工作必须全面把握这些新情况，在吸取以往经验的基础上，系统学习思想政治工作理论方法，主动应用，不断实践，解决问题。思想政治工作者要跟上改革的步伐，转变观念，创新方法，助力企业壮大发展。

新时代民营企业思想政治工作的环境、对象、理念等都发生了很大变化，思想政治工作要想有所作为，必须坚持以问题为导向，强化问题意识，以新的状态、新的机制、新的思维和新的担当，不断创新工作方法，特别是要在增强时代感、针对性、实效性、主动性上下工夫。

（一）坚持思想政治工作的导向性

党的十八大以来，企业思想政治工作部门响应党中央号召，认真落实中央八项规定和加强作风建设，要求党员干部起带头作用，特别是重大节假日，通过召开会议、发通知、打招呼等形式，强调“懂规矩、守纪律”，倡导节俭廉洁之风，使企业的内外部环境更加风清气正，上下级关系更加明明白白，企业和员工把更多的精力投入踏踏实实干事业上来，进一步增强企业的发展后劲，进一步增大国有企业的优势和增强国有企业的市场竞争力。

在全体党员干部中，通过播放《永远在路上》《人民的名义》等反腐题材片，大力营造风清气正的干事创业环境。民营企业思想政治工作还通过举办学习班，结合“四个全面”战略、新发展理念和供给侧结构性改革等国家的大政方针，讲清企业的发展战略和具体决策，使员工了解世情、国情、行情，多为企业发展出谋划策，不断在企业的发展壮大中增强获得感。思想政治工作部门可举办相关知识讲座和竞赛，使员工了解最新理论创新成果，调动其参与改革的主动性和积极性。企业和高等教育机构联合举办创新创业大赛，鼓励创新，支持创业，培养创新文化，落实新发展理念。

（二）增强思想政治工作的群众性

要使思想政治工作真正入心、入脑、见于行动，首先必须消除员工的抵触情绪，采取丰富多样的形式，了解员工的所感、所思、所想，用员工喜闻乐见的故事和语言做思想政治工作，关心员工的诉求，汇聚员工的智慧，将思想政治工作和企业的目标联系起来，融思想教育与工作实际于一体，和员工的生活联系起来，让员工感受到企业发展的成果，感受到自己在企业发展中的价值，将思想政治工作生活化、仪式化、日常化，做精做细思想政治工作，使思想政治工作达到“随风潜入夜，润物细无声”的效果。

企业思想政治工作者要深入员工中间调查研究，与员工沟通交流，及时了解员工的思想动态和诉求，了解影响职工思想和行为的因素，对员工在想什么、关心什么、需要什么做到心中有数，把握思想政治工作的有利契机。同时，让员工积极参与制定本单位或本部门决策机制，认真调查研究，广泛征求各方面的意见，慎重决策，只有这样才能进一步提高思想政治工作的实效。

（三）增强思想政治工作的针对性

针对员工更加多元化、个性化的特点，教育方法上要摆脱自上而下、说教式的单向灌输模式，坚持多样性和灵活性相统一，变指令型为指导型，并始终坚持教育形式上的整体性和协调性相统一，多做管理、服务工作，给足员工自我活动的空间，改变过去统一要求、统一模式、统一方法的做法。

应该针对员工的实际情况因企制宜、因事制宜、因人制宜，引导员工独立进行思考和分析，提高员工的自我调控和抗干扰能力。思想政治工作内容上思想性、针对性、知识性和趣味性要相互统一，相互作用，使其努力或积极朝员工适应和乐于接受的方向发展，做到寓教于乐。榜样的力量是无穷的，俗话说“喊破嗓子，不如做出样子”，思想政治工作要注重树立标杆，让员工承担重任，积极投身本企业持续快速发展的潮流之中，使员工消除顾虑、增强信心、自觉学习、用心做事。

（四）创新思想政治工作的活动形式

思想政治工作必须以全体职工喜闻乐见的活动为载体，方能收到良好的效果。河北建设集团股份有限公司在这方面给我们作出了榜样，公司长期开展多种系列活动，诸如“岗位能手”“青年文明号”“先进党、团支部”“优秀党、团员”的评选，以及“法律法规知识演讲”“业务技术比赛”等活动；企业还通过宣传孝顺典型事迹，将社会主义核心价值观、中华优秀传统文化和日常生活结合起来。通过召开民主评议会，党员干部带头互相咬咬耳朵，扯扯袖子，设立意见箱，依法管理企业事务，宣传民主法治理念。企业还注意创造氛围，形成积极向上的精神风气；利用节假日，帮扶困难职工，让职工感受到企业的关怀和温暖；组织集体文艺活动、运动会、歌咏比赛，促进职工身心全面发展；组织技能比赛、创新创业大赛，创造创新创业氛围，打造创新创业平台；参访老干部、老职工、老工程师，增强企业是职工之家的归宿感；广泛开展志愿者活动，增强员工的社会参与感和幸福感，促进和谐社会建设和员工的全面发展；安排员工参加拓展训练营活动，使员工既能得到“充电”放松，又增进了团队合作和凝聚力。

（五）注重人文关怀和心理疏导

过去做思想政治工作，注重外在的灌输和简单的说教，忽视了工作对象的心理感受，没有科学把握员工的认知过程，结果导致思想政治工作对象产生反感情绪。随着科学的发展，思想政治工作者越来越认识到认知心理学、积极心理学、社会心理学等学科知识在思想政治工作中的价值，并不断将其理论成果运用到思想政治教育当中。

民营企业的思想政治工作必须注重人文关怀和心理疏导，准确把握员工的心理特征，切准思想脉搏，改进方式方法。思想政治工作必须在员工的心理障碍形成前去做，要未雨绸缪，科学引导干部职工用正确方式处理人际关系、表达利益诉求，高度重视和密切关注干部职工多方面心理感受与情绪反应。

思想政治工作部门通过座谈了解、问卷调查、个别谈心等方式，从不同层次、不同角度、不同侧面获取思想信息，认真分析研究，充分估计员工对即将出台的改革措施的认识程度和承受能力，提供及时有效的心理咨询服务，引导干部职工正确对待自己、他人和社会，正确对待困难、挫折和荣誉，培育奋发进取、理性平和、开放包容的社会心态。为此，企业要建立心理咨询机构，加强心理危机干预工作，妥善应对重大心理危机事件。

企业思想政治工作部门根据不同群体的特点，按照“一把钥匙开一把锁”的原则，开展了心理健康教育，不断健全心理咨询网络。比如，近年来企业中农民工越来越多，要给予他们更多的关心关爱，维护他们的合法权益；有的企业由于工作原因个人婚姻问题无法解决，通过联谊会、介绍所等方式解决员工的情感问题。

（六）充分发挥网络社交的功能

新兴媒体是重要的舆论阵地，微信群、QQ 群等现代社交工具已经在社会中广泛使用，思想政治工作者可以充分利用网络，建立群矩阵，通过纵横密集的矩阵群，实时了解员工的思想动态和困惑，澄清与消除思想理论上的困惑和疑虑，搜集员工的创新点子，分享项目成果和成功经验，使员工得到更多关怀。利用现代网络技术做好员工的思想政治工作，及时推送甚至直播企业的决策部署和发展变化。同时，企业还要做到管理公开化、透明化，及时澄清不实言论，引领主旋律，传播正能量，确保企业有一个良好的信息共享场和一个可控的舆论场。

三、融入企业文化，厚植“铸魂”土壤

精神动力是社会发展的动力，也是企业发展的内在推动力，必须高度重视。

（一）凝练企业价值观，注重员工价值实现

价值观是一个企业的灵魂，对员工的行为有深刻而持久的影响。企业的管理者负责管理人财物，在个性化、多元化、信息化时代，管理者还承担着精神引导者的重要角色。在新时代，员工特别是青年员工，胸怀远大志向，渴望充分展现自己的聪明才智，成为对国家、对集体的有用之人。企业思想政治工作通过不断创新方式方法，用科学的世界观、方法论去启发人、教育人，从而不断解决员工的观念与思想问

题，使员工能从各种误区和偏见中走出来，不断提高认识世界和改造世界的能力。

企业需要不断研究社会发展变化，把握社会价值链的变动，明确自身在价值链中的定位，不断完善价值观，使其具有持续的正当性，使全体职工明白企业追求的价值在社会价值当中的定位，以增强员工自身的主动性、积极性和创造性。同时，企业的价值观建设又必须基于员工的积极主动性和创造性，并在此基础上凝练企业价值观引领利益相关者的价值，发挥企业自身对社会价值的创造作用，充分体现企业自身的价值。

《战争论》中有这样一段话："统帅必须用自己内心之火和精神之光，重新点燃全体部下的信念之火和希望之光。要在茫茫的黑暗中，发出内心之火，点燃精神之光，在茫茫的黑暗中，带领队伍走向胜利的曙光。"对于企业所面对的不确定性和变化的复杂性，管理者要具备坚定的信念和明确的价值判断。在和每个人的交流中，寻找每个人的正能量而对于激发员工的工作热情，引导员工树立正确的价值理念，正是企业思想政治工作需要做到的事情。

行为心理学认为，价值观在很大程度上决定着人们的行为。社会主义核心价值观、新发展理念、依法治国、清廉为民等都是新时期先进的价值追求，是中国特色社会主义的价值引领。思想政治工作者必须深刻认识这些价值的时代内涵和科学性，并努力将自己的认知传递到其企业的业务模式和团队成员当中。

Facebook 创始人马克· 扎克伯格在哈佛大学毕业典礼上曾经动情地讲道："我们应该重新定义公平，让每个人都有追求目标的自由"，"每代人都重新改写了他们对平等的定义……现在是我们这代人书写崭新社会契约的时候了"，"我们需要这样的新社会，不以 GDP 这样的经济指标来衡量社会的进步与否，而是看多少人找到了有意义的存在。"农夫山泉股份有限公司何以把一瓶水的企业做到那么大，原因就在于它隐含在广告中的价值理念："我们不生产水，我们只是大自然的搬运工。"作为一个管理者，就是把企业目标及自己对所有问题的判断和选择，满腔热情地向员工诉说，向员工灌输坚定的信念，不断地使员工意识到危机，观察到变化，激发每一位成员的潜力，进而清晰地指引其行动。现代企业的价值观要紧紧围绕社会主义核心价值观这个主题，适应知识经济时代对主体思维和创新的要求，崇尚民主和个性。

（二）培育企业文化，增强企业凝聚力

企业文化主要通过文化手段，形成以企业价值观为核心的企业群体意识，营造特定的文化环境和氛围，从而影响企业员工的思想，制约其行为，使员工产生亲近感和归属感，增强企业的凝聚力，提高员工的综合素质，促进企业生产经营效益的提高。企业文化建设通过物质文化、制度文化和精神文化等领域的建设作用于员工的思想、心理和行为等方面，全方位地影响员工。

企业文化注重运用教育、诱导、吸引、激励等手段来激发员工主体的主观自觉性和生产积极性。企业文化建设包括文学、艺术、音乐、体育、科技培训和现代经营理念等内容，将思想政治工作的内容融入大文化当中，能够有效地开拓思想政治工作的视野，充实和扩展企业思想政治工作的内容。企业文化中的观念内容，建立在自觉自愿的基础上，企业文化建设的操作方法生动、活泼，容易吸引人们参与其中。企业思想政治工作紧密地结合企业的经营活动与文化娱乐活动来开展，可以减少心理障碍与逆反心理，改善思想政治工作的效果。

价值观建设要通过企业环境氛围建设，通过企业文化建设，将价值观有形化，实现价值观的创造性生成和共享，将价值理念制度化，构建价值创造的沟通平台。思想政治工作要善于在社会主义核心价值观与企业文化、企业精神之间寻找共同点、结合点，实现思想政治教育“以文化人”，既能使员工在“润物细无声”中受到熏陶，又能共享共建共赢，使员工体验到参与感。

企业文化是企业长期生产经营活动中形成的，并为广大员工恪守的经营宗旨、价值观念和道德行为准则的综合反映。塑造浓厚的企业文化氛围，把企业员工个人的价值观引导到企业价值观上加以融合，引导员工把事业心融入企业的发展目标，使企业精神变成员工的精神支柱，使员工的思想和命运与企业的兴衰联系起来。

河北建设集团股份有限公司注重加强企业文化建设，丰富职工的精神文化生活，公司诚信经营，扶贫济困，树立了良好的社会形象，增强了职工的团队意识，激发了职工的创造力。企业坚守“做有思想的企业，做有人格的法人”的理念，不断丰富企业文化建设。通过加强企业文化建设，激发干部职工爱岗敬业、奉献社会的热情。企业大力开展社会责任教育，引导企业和职工深刻认识企业的特殊性质与历史使命，正确处理国家、企业、职工三者之间的利益关系，履行好企业的经济责任、政治责任、社会责任。

企业价值理念、企业形象建设是企业文化建设的重要内容。企业价值理念是企业发展的灵魂，企业形象承载着企业的价值、担当、责任，是企业自我约束、自我发展的重要手段。河北建设集团股份有限公司紧密结合企业实际，深入挖掘企业历史与文化资源，总结凝练并不断完善企业价值理念，注重企业形象建设，塑造“亲、清”的政商关系，大大增强了企业文化对职工的号召力和影响力。同时，公司扎实推进以爱岗敬业、诚实守信为主要内容的职业道德建设和以廉洁从业为重点的廉洁文化建设，增强干部职工的职业精神和廉洁意识。弘扬劳模精神，树立生产经营一线涌现出的先进典型，广泛宣传劳动模范的感人事迹和崇高精神，充分发挥模范人物的示范带动作用，形成劳动光荣、知识崇高、人才宝贵、创造伟大的浓厚氛围。重视精神文明创建活动，广泛开展“创建学习型企业、争做知识型员工”活动，在干部职工中形成热爱学习、积极上进、岗位建功、奉献社会的风气。组织开展内容丰富、形式多样的群众性文化体育活动，使干部职工在参与活动中满足精神文化需求，陶冶道德情操。

（三）关注社会问题，承担社会责任

思想政治工作要引导企业关注社会问题，承担社会责任，提升企业社会责任在社会公众心目中的认知程度。企业积极承担社会责任既有助于在竞争中立于不败之地，也有助于提升企业的良好形象。

企业社会责任主要指企业在自身发展中，如何对待其人力资源，如何对待股东、消费者、社区、客户、政府等利益相关者，如何对待环境和社会发展等。从企业和社会相互关系角度看，企业是主体，社会也有自己的运行发展规则，企业必须处理好与社会的关系。企业主动服务社会，员工会感受到自己所在企业存在的社会价值，就会体会到自己的价值，找到一种社会归宿感、正当感。企业的思想政治工作，不仅要关注内部员工，还要研究企业外部利益相关者及社会的思想动态，推广企业的价值，做好企业与社会的互动。企业是社会的经济细胞，要引领社会、服务社会，就必须关注社会问题，关注国家政策的调整，主动融入社会，自觉从社会和市场中寻找项目，把握商机，使企业不断发展壮大。

在欧美国家，企业社会责任感与可持续发展大略挂钩，甚至纳入了法律程序。2000 年 3 月欧洲理事会通过了“里斯本战略”，其战略目标是“以更多良好的就业和坚强的社会团结，构建能够实现可持续经济增长的、在世界上最具有竞争力及活力的经济体”。其中，企业社会责任这一构想被看作实现“里斯本战略”目标的组成部分，并认为承担好企业社会责任将会给劳资双方带来共赢。越来越多的企业把可持续发展战略与自身商业战略结合到一起，并将相关数据纳入报告中。

中国越来越多的企业开始关注社会问题，积极承担社会责任。在国家加速转型、实现跨越式发展、雄安新区建设、供给侧结构性改革、京津冀一体化及创新驱动等国家战略中找准自己的价值定位并承担责任。企业应主动到高校宣讲自己的价值理念和服务，实现校企联合；主动参与到社区建设、扶贫建设、文化事业发展当中，既丰富了企业文化建设，又树立了企业形象，这些非经济利益因素和经济利益的结合是企业持续性发展的重要手段。

随着改革开放的深入发展，我国部分企业开始走出国门，在共建人类命运共同体的大背景下主动承担国际责任。在承担国际责任过程中，企业要认识到各国因其历史背景、文化背景不同而产生不同的国别文化、种族文化，在进行生产经营之前要详细研究当地的风俗习惯和风土人情，在进行思想政治工作时必须谨记这一点，要了解当地的风土人情，要尊重当地人的风俗习惯，具有跨文化交际能力。例如，山东科瑞控股集团中西非分公司作为一家石油和天然气勘探开发领域的综合解决方案提供公司，尽管企业进入非洲市场的时间不算长，但销售额增长势头良好。投资非洲要注意规避风险，赵昆仑经理认为，一定要尊重当地的文化和风俗习惯。例如，西非一个企业提出要采购石油钻机，但两年多一直不签约，不是没钱也不是不需要，就是决策效率低，拖的时间长变数比较大，这是当地的实际情况，在非洲经营发展就要适应这种文化，一个项目可能要跟踪很长时间，要有耐心，为客户着想，帮助客户制订好计划，才能取得客户的信任与支持。思想政治工作必须学会在多元文化中，凝练价值、完善价值、弘扬优秀价值，为企业走出去、做大做强保驾护航。

四、做好民生兜底，构筑创新平台

民生是为政之要，是中国最大的政治，也是员工的生存之本，加强思想政治工作，必须考虑民生、关注民生、帮助解决民生问题。

（一）注意把解决思想问题同解决实际问题结合起来

“情到理方至，情阻理难通。”实实在在为员工排忧解难，办实事好事，就是最直接、最生动、最有说服力的思想政治工作。新时代的员工特别是青年员工文化水平普遍较高，责任意识、纪律意识和法律意识都较强，大都有自己的追求，如果企业能解决他们的现实生活困难，就能在更大程度上调动他们的积极性。

毛泽东在谈到动员群众参加革命的工作方法时曾说：“如果我们单单动员人民进行战争，一点别的工作也不做，能不能达到战胜敌人的目的呢？当然不能。我们要胜利，一定还要做很多的工作。领导农民的土地斗争，分土地给农民；提高农民的劳动热情，增加农业生产；保障工人的利益；建立合作社；发展对外贸易；解决群众的穿衣问题，吃饭问题，住房问题，柴米油盐问题，疾病卫生问题，婚姻问题。总之，一切群众的实际生活问题，都是我们应当注意的问题。假如我们对这些问题注意了，解决了，满足了群众的需要，我们就真正成了群众生活的组织者，群众就会真正围绕在我们的周围，热烈地拥护我们。”①

马斯洛需求层次理论已经为大家所熟知。他指出，人类需求像阶梯一样从低到高按层次分为五种，分别是生理需求、安全需求、社交需求、尊重需求和自我实现需求。户籍、住房、子女就学、职级晋升、个人婚姻、医疗保障、学历提高等问题，都是关乎员工切身利益的很现实的基本问题。关心职工疾苦、倾听职工心声，并利用企业优势，尽最大努力帮助员工解决这些实际问题，在解决实际问题的过程中解决好思想问题，是增强思想政治工作有效性的重要方法。

在深化改革的过程中，企业要始终贯彻全心全意依靠工人阶级的方针，尊重职工群众主体地位，依法保障职工政治权益、经济权益、文化权益、劳动权益，努力形成企业和职工利益共享机制，建立和谐的劳动关系。企业应建立并不断完

---

①《毛泽东选集》第1卷，人民出版社1991年版，第136—137页。

善利益协调机制、诉求表达机制、矛盾调处机制、权益保障机制、职工工资正常增长和支付保障机制，确保企业改革发展成果惠及全体职工。

（二）完善制度保障民生

要想持续不断提高员工的劳动收入，就必须注重完善制度和抓好制度的落实。首先，逐步提高工资水平，建立起一整套与市场接轨的符合企业实际的薪酬分配制度；其次，确保工资分配制度的有效落实，确保按时足额发放工资，避免工资被截留、被挤占现象的发生；最后，建立合理有效的激励机制，使员工的收入与贡献挂钩，对在科技攻关、技术革新、经营管理等方面做出突出贡献的员工给予物质奖励和精神奖励。

看得见摸得着，实实在在不断提高员工生活福利，使得思想政治工作更具说服力和感召力，注重企业安全保障和养老保障建设，解除员工的后顾之忧。一是为他们按时足额缴纳养老保险、工伤保险、医疗保险和住房公积金等社会保障基金，充分保障他们的合法权益；二是根据企业生产实际，为员工适当安排休假；三是加强劳动保护，尤其是在工作环境比较恶劣的生产一线，为员工提供必要的劳动保护工具，采取有效的安全防护措施。

住房困难、员工子女上学问题等不是单靠个人就能解决的，企业必须动员集体的力量，帮助员工解决这些困难。早在 2011 年，阿里巴巴宣布将提供 30 亿元无息贷款，帮助员工解决首次置业问题，每人最高可申请 30 万元。2012 年，京东也宣布推出名为“安居计划”的员工无息贷款购房购车计划。河北建设集团股份有限公司作为主业搞建筑的企业，更是利用自己的优势解决员工的住房困难，公司以低于市场的价格将商品房卖给员工，对于实在付不起首付款的困难员工，公司和政府相关部门沟通，为一些员工争取到了保障性住房。公司还和当地教育部门沟通，解决了租房职工子女上学难的问题。公司思想政治工作部门用丰富多彩的文化体育活动帮助年轻人释放压力，用多种形式的关爱活动帮助年轻人解决实际困难。由于建筑企业的员工常年在外地作业，很多青年员工找对象困难，公司通过建立网络群、组织联谊活动等，帮助大龄青年员工解决婚恋问题。公司还积极、审慎地研究员工休假制度，改变传统观念，认识到“白+黑”“5+2”的工作方式不应该成为施工生产的常态，坚决纠正并制定了新的休假条例。公司高度重视劳务派遣员工身体健康和生活状况，每年安排员工全员体检，预防疾病。公司不断改善员工生活服务设施、丰富食堂伙食品种花样、装修改造员工浴池、建塑胶篮球场地、建造员工书屋等，从一切力所能及的方面入手，改善生活质量，丰富业余文化生活，使他们能够安心舒心，把精力投入工作当中。

（三）尽力满足员工日益增长的物质文化需求

人的需求层次是不断上升的，在满足员工工作生活较低层次需求以后，企业还要不断满足员工的高层次需求。特别是青年员工十分看重自己未来的成长进步与发展，十分珍惜接受继续教育和培训的机会，并把这样的机会看作企业对自己的肯定、信任和栽培，他们真切地希望企业能够不断发展壮大，以使自身也能享受到更多的实惠。因此，为了帮助他们尽快成长成才，为了进一步增强他们对企业的感情，为了更好地实现企业与青年员工的共同发展，需要建立科学的培养体系，加大专业技能的继续教育和培训力度，把学习和培训贯穿于员工的整个工作过程，使他们在学习中工作，在工作中学习，不断激发他们的创新能力。为满足员工进一步学知识、提技能的需求，企业要系统编制岗位技能培训计划，不间断地进行技能比赛，使他们感受到现代企业发展对劳动、知识技能的重视，真切体验到自我发展的价值。

职业生涯规划立足于企业价值、员工主体价值、工作与幸福满意度，使企业发展和员工成长实现共赢。通过对员工职业生涯进行管理，企业能达到自身人力资源需求与员工职业生涯需求之间的平衡，创造高效率的工作环境和吸引人、培育人、留住人的企业氛围。青年员工一般都有强烈的事业心和成就动机，希望自己在专业方面有所建树，希望自己的劳动能得到大家的肯定，希望自己能够通过努力拼搏尽快成长起来，希望单位能够给自己提供良好的发展空间。企业思想政治工作要顺应时代发展和员工的新要求，大力营造干事、创新的氛围，善于发现员工的优点、发掘他们的潜力，鼓励创新，容忍失败，对员工的自由创造既不“放任自流”，也不能老是带着偏见 “一棍子打死”，要关心、爱护新思想的萌芽，贴心服务，实时跟进，既不打草惊蛇又要给及时雨，还要锦上添花。

企业思想政治工作者要充分创设条件，结合企业的发展帮助员工制订科学的职业规划，促进员工的个体发展，增强员工和企业之间的协调与共享。帮助员工进行职业生涯的设计与规划，指导他们进行个人目标的设计，与他们共同勾勒出企业和个人的可预见性的发展前景，将企业战略目标和员工个人的职业发展规划相结合，结成命运共同体，使员工在为企业实现经营目标的同时，也实现了个人的职业目标，使他们明确奋斗目标和路径。

企业在用人方面要德才并重，任人唯贤，不可任人唯亲。当前企业用人制度改革取得很大的实效，但仍然存在一些不完善的地方，与员工的期待还有一定的差距。有的部门在选人用人上统筹协调力度还不够大，任人唯亲、论资排辈的现象仍然存在，公平竞争、唯贤是举的人才使用氛围尚未完全形成；有的基层领导在管人上方法简单粗暴、不科学，没有形成一套奖优罚劣的合理机制，员工的积极性没有很好地调动起来；还有的领导对青年员工重使用轻培养，不能很好地协助他们对自身的成长、培训和发展等。为此，企业思想政治工作部门要大力宣传、监督企业用人条例，大力创造“能者上、平者让、庸者下”的氛围，让贤人能人感到光荣，让尸位素餐、投机取巧人士无地自容。

五、健全保障机制 推进工作创新

思想政治工作的主客体都是人本身，相对于其他工作难度更大，需要把它作为一项系统工程去开展，需要人力、财力、物力多方面的保障。

（一）加强企业思想政治工作队伍建设

有一个思想重视、统一协调的企业思想政治工作领导班子，是做好民营企业思想政治工作的前提。领导必须把思想政治工作作为自身很重要的一项内功修炼，并且要将思想政治工作内嵌于企业的整个组织体系中，使各级管理者都要重视此项工作，使各项工作都能体现企业的价值和追求。作为企业的领导干部，要根据本单位的具体情况，制订出切实可行的思想政治工作规划，确定具体的措施和方法，并身体力行。坚持领导主抓，实施“一把手”工程，落实主管领导和班子成员职责，推行逐级负责制度。党委统一领导，党政工团齐抓共管，按照精简、高效、协调、务实的原则，设置专门的思想政治工作机构，负责组织协调，其他有关部门分工负责，形成一个方向把控、思想引导、组织保障、员工基础、社会互动的开放体系。采取党委（党组）成员、董事会成员和经理班子成员“双向进入、交叉任职”“专兼结合、一岗双责”等任职方式，建立健全一套目标明确、责权分明、运转协调、渠道畅通的思想政治工作领导体制和工作机制。

企业党委（党组）对思想政治工作负总责，党委（党组）书记是企业思想政治工作的第一责任人。领导干部要增强思想政治意识，不断提高思想认识，坚持一切从实际出发，在继承和发扬优良传统与吸取经验的基础上，总结新经验，形成新认识，开拓新思路，以高度的责任意识对待党建和思想政治工作，用系统工程的办法谋划党建和思想政治工作，以改革创新精神推进党建和思想政治工作，不断加强思想政治工作的力度，把思想政治工作落到实处。企业领导班子和领导干部要讲党性、重品行、做表率，模范践行社会主义核心价值观，带头搞好“三严三实”专题教育，自觉遵守廉洁自律各项规定，以实际行动赢得职工群众的信赖。

充分调动企业基层党组织做好思想政治工作的积极性创造性。要建立思想政治工作领导小组，明确分工，责任到人，提出任务和要求，落实“一岗双责”，做到既抓业务工作又抓思想政治工作。定期召开例会，分析员工思想动态变化，及时掌握员工的思想变化。要有效发挥分厂分公司、车间、班组等企业基层党组织教育群众、服务群众的重要作用，严格执行“三会一课”制度，大力推广“党员责任区”“党员先锋岗”等做法，动员组织广大党员做好群众工作，团结带领全体职工干事创业。要认真组织政治理论学习和主题教育，把党的理论路线方针政策传达到每位职工、落实到基层一线。要经常举办座谈会、恳谈会，做好面对面沟通和一对一谈心，了解职工思想、学习和工作情况，听取职工意见和建议，找准思想政治工作与职工所思所盼所忧的契合点。

思想政治工作融入人才队伍培养中，通过开展辅导报告、宣讲比赛、技术比武和实践考察，培养一批政治可靠、业务精湛的骨干人才。通过选派、招聘、内选等形式，把政治素质好、懂经营管理、善于做思想政治工作的党员选配到企业党组织岗位上，解决政工人员进修培训机会较少、思想政治工作人员不足的问题。要把懂网络、公关、广告、突发事件处理的相关人员吸收到思想政治工作队伍中来，壮大思想政治工作队伍。必须用习近平新时代中国特色社会主义思想武装头脑，制定严格的考核机制和激励机制，切实解决企业思想政治工作者队伍专业化水平不高、精神动力不足的问题。要关心政工干部的工作和生活，确保他们在学习培训、职称评定、职务晋升等方面与其他管理干部享受同等待遇。在培养打造优秀专职政工干部队伍的同时，要合理配置兼职政工干部，并团结和带领他们在抓好业务工作的同时，积极主动地服务思想政治工作。

思想政治工作者要不断学习，掌握科学的世界观和方法论，提高自身的理论素质、政治素质和思想素质，增强党性，做坚持党的基本路线、方针、政策的表率；热爱本职工作，具备忘我的工作态度，清正廉洁、平易近人。思想政治工作队伍要运用中心组学习、“三会一课”、专题讨论、座谈会等多种形式强化理论学习，深化对中国特色社会主义、中国梦、社会主义核心价值观的认识，筑牢思想基石，全面、正确掌握马克思主义中国化最新理论成果，深刻认识“四个全面”战略布局和新发展理念的科学内涵，增强“四个意识”，自觉把言行统一到企业的发展改革大格局当中。企业思想政治工作如果仅仅依靠少数人去做，是做不好的，也是做不出成效的，要组成有宣传、工会、共青团、妇联等部门的企业思想政治工作协调指导机构，重视班组等基层组织的作用，定期召开联席会议，集中讨论解决企业思想政治工作中遇到的问题。形成依托企业党组织，以企业思想政治工作队伍为骨干，企业厂长（董事长）积极支持，工青妇等群团组织齐抓共管，广大职工广泛参与的思想政治工作运行机制和良好的工作局面，将党群部门、工团组织、纪检监察部门的资源整合到思想政治工作“大循环”中来，形成聚合效应，确保思想政治工作取得实效。

（二）围绕中心任务展开，建立立体矩阵体系

企业思想政治工作要围绕中心任务展开，企业的中心任务是思想政治工作的依托。一方面，在市场经济条件下，企业的一切工作都必须紧密围绕企业的生产经营而开展，企业的生产目的是追求经济效益，如果抛开这个中心，认为思想政治工作高于一切，或者孤立地看思想政治工作，使思想政治工作游离于经济建设

这个中心之外，思想政治工作就失去了根本。另一方面，中国特色社会主义市场经济的属性是社会主义，企业发展必须坚持社会主义方向，追求的是和社会效益相结合的经济利益。企业的思想政治工作创新只有牢牢服务于生产经营这个中心，使企业的改革和经营始终沿着社会主义的正确方向前进，才能充分发挥思想政治工作的保证作用，才能充分地将企业的精神力量转化为生产力。

思想政治工作必须明确中心任务，找准自己的位置。当前我国正处于全面深化改革的攻坚阶段、全面建成小康社会的收官阶段、全面依法治国的深化阶段和全面从严治党的巩固阶段，供给侧结构性改革进入关键时期，企业在贯彻落实“创新、绿色、协调、开放、共享”新发展理念过程中发挥着越来越重要的作用。企业是弘扬和践行社会主义核心价值观，发展和完善社会主义市场经济，保持国家和社会稳定，不断增进人民群众福利的重要力量。企业改革关乎亿万员工的生计和发展，关乎“四个全面”发展战略的成效，使命光荣，任务繁重。新时期思想政治工作的开展必须围绕党中央的战略部署，结合企业改革的要求，系统谋划，全面推进。

思想政治工作要围绕中心任务，发挥主体职能。思想政治工作必须以企业的经济发展为中心，从改革和发展社会主义市场经济的实际出发，从当前本企业的经营、管理重点出发，从当前企业所面临的主要工作任务和主要矛盾出发，从当前员工群众最关注的热点、难点、疑点问题出发，找到企业思想政治工作的切入点，确定思想政治工作的日程安排和重点。充分体现思想政治工作在企业中的位置与作用，更好地保证企业持续、健康、和谐发展，要把思想政治工作同生产经营、后勤保障、人力资源开发、企业精神培育、企业文化建设、管理服务等领域工作结合起来，将公司、分厂、车间、班组等不同层面工作贯通起来，本着实事求是的原则，把思想政治工作与企业的其他工作一起研究、一起布置、一起考核、一起奖罚，使思想政治工作研究紧扣企业改革发展实际，并渗透到中心工作的每个环节，增强思想政治工作研究的针对性，有效克服思想政治工作“两张皮”现象，促进了企业中心工作的顺利开展。

融入企业中心工作，建立立体矩阵，全方位发挥思想政治工作的保障功能。思想政治工作要全方位、多层次，主动融入企业生产经营管理的各个环节，融入整个管理大体系当中，形成一个相互传递、相互促进、相互制约的回路。充分发挥基层党组织服务员工、推动发展、凝聚人心、协调共享的战斗堡垒作用，建立一个机制规范、方法灵活、内容科学、活动经常的完整工作体系，改进思想政治工作，增强其感受性、时效性、针对性、群众性，进一步提升思想政治工作的绩效和品质。企业思想政治工作要全方位跟进生产管理的各个环节，在揽工程、设计、材料供应、施工生产、验收、外包等各个环节都不能出现思想政治工作缺位的现象，使思想政治工作覆盖企业的决策、计划、项目开拓、项目管理、财务、后勤、库管、设备维修、人力资源管理等各个部门，及时把握思想问题，更好地掌握员工的思想动态，及时疏通思想疙瘩，扎实完成鼓舞干劲、凝聚思想的职能任务。

围绕企业中心任务，主动有效开展各种形式的活动，彰显思想政治工作的职能。一是围绕提高员工素质，深入开展岗位成才活动，完善岗位培训，岗位练兵，技术比武并制定相匹配的奖励政策，使员工岗位成才进一步规范化。二是围绕提高效益，认真开展岗位创优活动。广泛开展以提高工作质量为突破口和主要内容的达标评优活动，强化工程质量意识，最终实现良好的经济效益。三是积极开展生产突击活动，急生产所急，想生产所想，充分发挥生力军作用。四是围绕企业管理，深入开展献计献策活动。通过各种渠道，大力开展以完善企业管理、促进技术创新为主要内容的合理化建议活动，充分发挥员工的参与意识。

完善机制，重视思想政治工作体系建设。企业发挥自身优势，重视青年突击队、作业服务队、安全生产教育小组、心理服务队等组织的作用；建立健全职工思想动态分析、舆情调研分析、领导接待日、职工谈心和压力释放等制度；建立有问题共同商量、有风险共同承担、有困难共同克服、有信息共同分享的协作机制；不断完善情况通报、经验交流、碰头会、分析会、项目联络小组、总结调度制度，使思想政治工作进一步体系化、活动进一步常态化，思想政治工作更加融入管理，为发挥好政治的核心作用，促进科学发展、服务工作大局、保障和谐稳定提供科学的制度体系保障。

（三）完善思想政治工作考核体系

考核是手段，既是检验思想政治工作效果的重要抓手，也是增强全员思想政治意识，促进思想政治工作自我发展的重要动力。考核包括对思想政治工作者的考核和对员工思想政治学习的考核。例如，河北建设集团股份有限公司根据思想政治工作对象和内容的变化，不断改进完善考核体系，有效促进思想政治工作不断强化和创新。

为使思想政治工作成为各层领导干部的自觉行动，公司把思想政治工作列入年度目标管理和领导干部任期任务。把思想政治工作摆在更加突出的位置，与经济工作同谋划、同安排、同落实、同督查、同考评、同奖惩，努力克服一手硬一手软、一时松一时紧的弊端，建立一套适合时代发展要求、行之有效、科学的思想政治工作体制，完善和推行领导负责机制、目标管理机制、考核激励机制、工作保障机制、信息反馈机制等“五项机制”。公司把思想政治工作纳入企业管理目标考核体系，把职业精神和职业道德融入岗位职责与工作标准，把解决好职工的思想、工作、生活等方面问题放在与抓好生产经营同等重要的位置来抓，各部门都要签订目标管理责任书，明确思想政治工作任务，严格领导干部的“一岗双责”。在党员干部中实行“三挂钩”（考核结果与党员干部的年终考核、业务绩效、评优创先挂钩）奖惩制度，推动思想政治工作驶入经常性、规范性、制度化管理轨道，使各级在思想政治工作领域由“可做可不做”转为“必须做”，由“被动做”转为“主动做”，特别使一些行业由过去的“配角”转为“主角”，成为思想政治工作的主体。

公司像抓经济工作那样，注重采取重激励、硬约束、严考核的工作机制抓思想政治工作，制定了规范化的思想政治工作检查、考核和评估制度，开展思想政治工作评优选佳活动。年初计划安排、年中督查通报、年终考核奖惩，每年对部门的经济工作和思想政治工作进行综合评估，每两年评选表彰一批思想政治工作先进集体和优秀思想政治工作者，并把思想政治工作开展情况作为干部年度考核的重要内容和提拔使用的重要依据。把思想政治工作考评结果运用到干部选拔任用、培养教育、管理监督、激励约束的各个环节，让不少基层宣传干部眼前一亮、干劲十足。

公司特别注意关心、爱护思想政治工作者，为他们创造有利的条件和环境，关心和帮助政工干部解决工作、生活、学习方面的困难与问题。企业思想政治工作干部的职务晋升、职称评聘及工资、奖金、福利等待遇，与行政管理干部一视同仁，充分体现了公司对思想政治工作的尊重和支持，大大鼓励了思想政治工作者的信心和斗志，决心为公司加强和改进思想政治工作作出自己的贡献。

任何工作都有一个效益问题，思想政治工作同样要讲效益、讲产出、讲结果，只有这样思想政治工作干部才更有积极性。因此，建立效益评估、督导落实机制来推进思想政治工作，势在必行。思想政治工作的对象是人及人的思想，效果不像产品那样有显性、具体、可量化的特性，在思想政治工作效益的评估标准上，要坚持精神成果与物质成果、短期效益与长期效益、个体效益与群体效益、静态效益与动态效益、定性分析与定量分析的统一，借助管理科学中的检测、评估方法，对思想政治工作的实践结果进行多形式、多层次、多方面的综合性评估，实行科学的奖惩激励政策，有效克服思想政治工作领域出现的干与不干、干好干坏一个样的现象，有效调动思想政治工作者的工作积极性。

对于思想政治工作的对象员工来说，考核要从实际出发，制定严格的标准，宜细不宜粗。思想政治考核的难点在于，很难根据一个人的说辞判断他的思想政治素养，也不能简单看有多少人缘来判定一个人的觉悟程度。考核一个人的思想政治素养，必须制定详细科学的规则，坚持公开、公平、公正、言行一致、主观和客观相统一、匿名评和实名评相结合、实绩和口碑结合的原则与标准，把那些真正有担当、有理想、有作为、有文化、讲道德的员工选拔上来。

完善思想政治考核机制，必须符合思想政治工作特点，符合思想政治发展规律，慎重对待思想政治工作考核机制的创新。随着经济社会的发展，党中央提出新发展理念、社会主义核心价值观、“三严三实”等一些新的理念和行为标准，这些新的理念和标准对人们提出了更高的要求。社会的多元化、个性化、信息化、民主化等使思想政治的工作对象发生了很大的变化，思想政治工作考核必须顺应这些新要求和变化，创新思想政治工作考核的内容和方式，如果仍简单采用过去做思想政治工作的标准，对思想政治工作部门和工作者进行考核是不行的。思想政治工作考核必须坚持以考核促发展的原则，宜粗不宜细，坚持形式和实效相一致、自评和他评相结合、示范和考评相统一的原则，促进思想政治工作不断创新。

（四）注重平台建设，落实经费保障

凡是成功的企业大都高度重视企业思想政治工作，重视人才的选拔和培养，重视落实经费保障，重视思想政治工作者工作环境和生活条件的改善，绝不能因为思想政治工作者不能直接创造效益而不对其加以重视，河北建设集团股份有限公司在这方面为我们提供了成功的经验。公司一方面积极争取上级的支持，争取思想政治工作专项资金，另一方面加大资金投入，根据单位经营情况和思想政治建设工作任务，每年会从盈利中拿出一定比例作为经费，并把日常的思想政治工作经费列入单位年度经费总体预算，确保思想政治建设工作经费的投入和保障。新时期，工人的流动性较大，企业思想政治工作者需要深入一线，经费上也需要给予支持，确保思想政治工作者能够深入一线，下沉作业。

公司思想政治工部门要注重阵地建设，发挥战斗堡垒作用，使思想政治工作阵地成为包括流动员工、农民工和普通员工的精神家园，专门划拨经费完善了单位报刊、图书室、活动室等思想文化阵地建设，使其既成为员工精神充电和交流的平台，又成为展示企业形象的宣传平台，增进了企业的和谐，增强了员工的创造性。企业发展壮大的历史，是一部广大职工艰苦创业、开拓进取、不断创造辉煌的光荣历史，公司为此出资建设厂史馆，使广大职工从公司的历史发展中感受更多的自信和责任。

企业思想政治工作的最终落实，离不开各种形式活动的开展。为丰富职工业余文化生活，集团投巨资建立了职工之家、卡拉 OK 厅、图书室、广播室、健身房等职工活动场所，利用节假日、纪念日开展形式多样的文体活动，使职工在活动中受到教育和熏陶，在参与中增进彼此的了解，增强了企业的凝聚力。企业通过开展篮球、拔河、卡拉 OK 演唱会、劳动技能比赛、参观红色革命圣地开展党史教育等活动，把员工紧密团结在党组织的周围，为企业的发展创造了良好的工作氛围。公司还设专人管理微信圈、QQ 群，促进思想交流，及时发布公司生活小贴士，极大地活跃了企业职工的工作气氛和信息共享，传播了正能量。公司在领导班子中建立中心组理论学习平台，在各级思想政治工作者中建立厂史学习和主题教育平台，在员工中建立读书活动和形势政策培训平台，拍摄了反映本企业一线工人工作和企业奋斗史的宣传片，向社会大力宣传集团的精神风貌和辉煌业绩，提高了企业的社会知名度。

实践是理论之源，实践发展永无止境。企业要想高质量发展，就必须在理论上大胆探索和不断突破。新时代思想政治工作必须提高政治站位，聚焦企业实际，强化问题导向，善于调查研究，加大思想政治科研项目的研发，开创思想政治工作的新局面。近年来，河北建设集团股份有限公司和河北大学马克思主义学院建立了学习交流的合作关系，通过校企合作，为企业思想政治工作的开展提供了创新平台和智力支持，河北建设集团股份有限公司也成为河北大学思想政治理论课教师“三走进”的社会实践基地。

此外，思想政治工作部门应该管理好、使用好经费，将经费用在刀刃上，使经费获得最大的项目效用和实际思想效用。除此，思想政治工作者还可以利用自身的资源，并整合社会力量，这样既可以了解社会，练就本领，又可以宣传企业的文化形象。比如，企业可以和地方政府合作，共建城市工业展览馆、街心公园等。再如，企业的文化场馆、球场可以对外开放，企业也可以将厂史遗迹遗物开发成旅游资源，这样既服务了社会，又获得了经济效益。

后　　记

党的十八届三中全会提出“使市场在资源配置中起决定性作用”，强调公有制经济与非公有制经济公平竞争，凸显了党中央坚持市场化改革方向的决心。党的十九大进一步坚定了社会主义市场经济的改革方向，全面实施市场准入负面清单制度，各类市场主体可依法平等进入清单之外领域，为民营企业的发展开辟了更为广阔的空间。民营企业是经济发展的关键力量，是社会主义市场经济的重要组成部分，在决胜全面建成小康社会和实现中华民族伟大复兴的历史征程中，肩负着神圣的使命和责任担当，作为“经济工作和其他一切工作生命线”的思想政治工作在企业的生存、发展和壮大过程中是不可或缺的，新时代加强和创新思想政治工作显得尤为重要。

思想政治工作是企业工作的重要组成部分，是企业生产经营顺利进行的基础，是助力企业创造更大的物质财富，满足人们日益增长的美好生活需要的重要因素，为企业发展提供政治保障和精神动力，在企业发展中发挥着不可替代的作用。但从民营企业的特点看，一是具有很大的变动性，企业的开业、歇业、停业受市场波动影响很大，由于变化快、流动性大，因此难以建立固定的机构把它们纳入稳定规范的管理之中；二是在分布上具有分散性，有的企业规模较小、分布散，企业处于游离状态；三是民营企业成分复杂、规模大小不一、员工队伍来源广泛，这些差异必然导致这些企业对思想政治工作的接纳程度有所不同；四是在设施上具有一定的制约性，有的企业缺乏开展思想政治工作的场地、条件等，无法组织灵活多样的思想教育和文化娱乐活动。因此，民营企业开展思想政治工作具有一定的难度。在复杂的国内外形势下，尽管思想政治工作面临着重重困难，但必须解决好企业思想政治工作“为谁抓”“靠谁抓”“抓什么”“怎么抓”“如何抓出实效”的问题。河北建设集团股份有限公司在实践中走出了一条极具自身特色的思想政治工作之路，打造出了“五位一体”的思想政治工作模式：注重发挥党组织的政治核心作用、群众组织的桥梁作用、企业文化的灵魂作用、领导干部的表率作用、思想政治工作者的中坚作用，多向发力，为生产经营保驾护航。目前，河北建设集团股份有限公司已成功上市，成为中国企业 500 强之一，在企业由小到大、由弱变强的成长历程中，思想政治工作功不可没。

新时代新气象，结合企业特点，探索民营企业思想政治工作新思路是时代的期许。民营企业要紧紧围绕企业生产经营这个中心工作，强调开展思想政治工作的重要性，体现时代性、把握规律性、富于创造性，要不断增强思想政治工作内容的丰富性，注重组织工作的广泛性，强化思想政治工作的针对性，提高思想政治工作的实效性。

近年来，相关研究已经取得了丰硕成果，在此基础上，本书更加注重“新时代”特征，力求在新的时代背景下探索民营企业思想政治工作的新思路。本书是河北大学马克思主义学院“思政课教师‘三走进’”的理论成果，是河北大学马克思主义学院《毛泽东思想和中国特色社会主义理论体系概论》教研室会同第四党支部与河北建设集团股份有限公司共建的横向研究项目“基于河北建设集团实践的非公企业思想政治工作研究”（项目编号 706800016079）的研究成果，也是 2016 年度教育部高校示范马克思主义学院和优秀教学团队建设项目重点项目“高校思想政治理论课教师社会实践模式研究”（项目编号 16JDSZK022）的研究成果。

本书由陈海英担任主编，负责本书的总体框架、提纲拟定、结构编排及统稿工作。参加编写的人员及分工为：李昊辰撰写第一章；杨月娟、米亭撰写第二章；郭杰斌撰写第三章；李慧娟、李新艳、蔡征超撰写第四章；张露红、陈海英、王华玲、左华撰写第五章。

特别需要指出的是，“思政课教师‘三走进’”活动得到了河北大学原党委书记王洪瑞、现任党委书记郭健、党委常委杨立海的高度重视与支持，得到了河北大学马克思主义学院院长黄云明、党总支书记张露红、副院长柴素芳的全力支持。河北大学原党委书记王洪瑞、河北建设集团股份有限公司原董事长李宝元先生为本书欣然作序；张露红书记亲自参与研究；得到了河北建设集团股份有限公司办公室主任刘景乔、办公室副主任尹春秀的全力协助；得到了科学出版社刘英红女士的鼎力支持，在此一并表示崇高的敬意和最诚挚的感谢！本书编写过程中也参阅了一些专家学者的研究成果，在此深表谢忱！

受笔者知识所限，书中可能存有不足之处，敬请各位专家学者不吝赐教批评指正！